新心理学ライブラリ **6** 梅本堯夫・大山　正監修

学習心理学への招待
［改訂版］

学習・記憶のしくみを探る

篠原彰一著

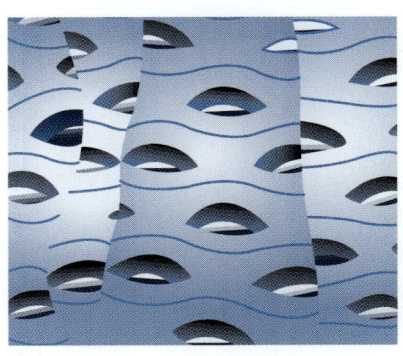

サイエンス社

監修のことば

　「心」の科学である心理学は近年目覚ましい発展を遂げて，その研究領域も大きく広がってきている。そしてまた一方で，今日の社会においては，「心」にかかわる数々の問題がクローズアップされてきており，心理学は人間理解の学問としてかつてない重要性を高めているのではないだろうか。

　これからの心理学の解説書は，このような状況に鑑み，新しい時代にふさわしい清新な書として刊行されるべきであろう。本「新心理学ライブラリ」は，そのような要請を満たし，内容，体裁について出来るだけ配慮をこらして，心理学の精髄を，親しみやすく，多くの人々に伝えてゆこうとするものである。

　内容としては，まず最近の心理学の進展——特に現在発展中の認知心理学の成果など——を，積極的に採り入れることを考慮した。さらに各研究分野それぞれについて，網羅的に記述するというよりも，項目を厳選し，何が重要であるかという立場で，より本質的な理解が得られるように解説されている。そして各巻は一貫した視点による解説ということを重視し，完結した一冊の書として統一性を保つようにしている。

　一方，体裁面については，視覚的な理解にも訴えるという意味から，できるだけ図版を多用して，またレイアウト等についても工夫をして，わかりやすく，親しみやすい書となるように構成した。

　以上のようなことに意を尽くし，従来にない，新鮮にして使いやすい教科書，参考書として，各分野にわたって，順次刊行してゆく予定である。

　学際的研究が行われつつある今，本ライブラリは，心理学のみならず，隣接する他の領域の読者にも有益な知見を与えるものと信じている。

監修者　梅本　堯夫
大山　正

改訂版へのまえがき

　今回の改訂版が旧版と異なる大きな点は，2色刷となり読みやすくなったことである。図表は特に見やすくなった。また，古くなった用語は新しくして，最近の読者に違和感なく読めるように気を配ったつもりである。旧版の最大の目的は，予備知識なしに学習心理学の考え方を理解してもらうことであったが，この考え方は改訂版でも受け継がれている。記述をなるべく簡潔に行うという方針も旧版と同じである。

　旧版が刊行されてからもう10年になる。その間本書で扱う学習心理学の分野ではどのような発展があったのだろうか。本書は学習を広くとらえる考え方をとった。そして前半では，動物実験を主要な方法とする条件づけの研究，すなわち連合学習をとりあげている。この分野においては，ここ数年細かい事実についての知見は蓄積されているが，それらは従来の理論を変更するものではないと考えられる。

　本書の後半部分は記憶や思考の章からなる。この領域で最近まず目につくのは，記憶と脳の研究が急速に増えていることである。機能的MRIなどの非侵襲的な手法を用いて，年々驚くべき速度でデータが産出されている。ただし，学習心理学の観点からみると，これらの研究の理論的貢献は必ずしも明らかではない。少なくとも，従来の理論を覆すものではないといえるであろう。学習と脳機能の研究は非常に重要であるが，脳の画像処理研究が安定した成果を示し，学習理論の基礎となるのはまだ大分先のことではないだろうか。

改訂にあたっては，サイエンス社の清水匡太氏，佐藤佳宏氏に大変お世話になった．お二人のお陰で改訂版の刊行が可能になった．心からお礼を申し上げたい．

2008 年 6 月

篠原　彰一

旧版へのまえがき

　学習心理学は，学習の基礎的過程を扱う領域です。学習心理学の研究には，大きく分けて2つの流れがありました。主として動物を対象として行われた条件づけの研究と，人間の記憶の研究です。条件づけの研究は行動主義の枠組みの中で発展しました。そしてその課題は，行動が経験により変容する過程を明らかにすることでした。こうした行動主義の影響は，学習心理学の域を越えて心理学の諸領域に広く及びました。

　筆者が大学で心理学を専攻することを決めたときのことですが，先生に心理学を勉強していく上で読むべき本を1冊あげて下さるようお願いしたことがあります。そのとき先生は，ヒルガードとマークスの『条件づけと学習』を読むようにといわれました。この本は条件づけの研究をまとめたもので，当時の学習研究者の座右の書でしたが，また一般に心理学を勉強するための基礎として学生が読むべき適当な書物であるとも考えられていたわけです。その後筆者は結局動物の条件づけを行うことになり，ネズミの迷路学習やサルの弁別訓練に日夜明け暮れていた時期があります。薄暗い実験室で土曜日も日曜日もなく毎日動物と何時間も過ごすのは退屈のように思えますが，それなりに興味もありました。

　そうした動物実験のデータにもとづく学習心理学は，今は以前に比べると影響力は少なくなっています。これにはいくつか理由があると考えられますが，一つには理論が複雑になり，理解しにくくなったためだと考えられます。また，条件づけの研究は行動主義の枠組みで行われてきましたが，心理学において行動主義の影響が弱くなったこともあります。

しかしながら，上に述べた学習の問題が重要であることは，現在も過去も変わりはないと思います。学習心理学を学ぶ一つの利点は，私たちの行動がどういう要因に影響されているのか，という問題について考える機会を与えられることだと思います。そうした問題について考えることにより，私たちは自分の行動をよりよい方向にコントロールしていく手がかりを得ることができると思います。

条件づけと並ぶ，もう一つの学習心理学の流れは記憶の研究です。人間の記憶，および思考の研究は以前から行われていましたが，認知心理学あるいは認知科学の発展に伴い，研究の範囲が広がり，大変盛んになりました。情報を取り入れる，あるいは推論により新しい情報を得るということは重要な学習として関心を引いています。そこで，本書ではそうした意味での学習も重視し，とくに記憶の研究にはかなりの頁を当てることにしました。

本書を執筆する上で気をつけたことは，単なる事実の列挙に終わることがないようにということでした。複雑さを避け，簡潔に述べるようにも努めたつもりです。なるべく平易に，予備知識なしに読み進めることができるようにしたいと考えましたが，これは読者の御判断を待つしかありません。なお，学習に関する新しいトピックスも出来るかぎり取り入れるようにしました。

本書の執筆の機会を与えて下さった梅本堯夫先生，大山　正先生に心から感謝いたします。また，サイエンス社の御園生晴彦さん，清水匡太さん，小林あかねさんには本当にいろいろお世話になりました。末尾ですが，感謝の意を表したいと思います。

1998 年 4 月

篠原　彰一

目　次

改訂版へのまえがき ……………………………………………………… i
旧版へのまえがき ………………………………………………………… iii

1章　学習心理学の領域　1
1.1　学習とは何か ……………………………………………………… 1
1.2　行動主義と認知論 ………………………………………………… 3
1.3　学習研究の始まり ………………………………………………… 3
1.4　本書の構成 ………………………………………………………… 9
　　むすび ………………………………………………………………… 11
　　参考図書 ……………………………………………………………… 11

2章　古典的条件づけ　13
2.1　古典的条件づけの実験 …………………………………………… 13
2.2　条件反射について ………………………………………………… 20
2.3　条件反射を引き起こす刺激 ……………………………………… 22
2.4　古典的条件づけで何が学習されるのか ………………………… 22
2.5　時間的接近と随伴性 ……………………………………………… 25
2.6　条件づけと刺激の選択 …………………………………………… 27
2.7　古典的条件づけの応用 …………………………………………… 34
　　むすび ………………………………………………………………… 34
　　参考図書 ……………………………………………………………… 35

3章 オペラント条件づけ　36

- 3.1　オペラント条件づけの実験 …………………………………… 36
- 3.2　オペラント条件づけにおける時間的接近と随伴性 …………… 42
- 3.3　般化と弁別 ………………………………………………………… 48
- むすび ………………………………………………………………… 60
- 参考図書 ……………………………………………………………… 60

4章 強化と行動　61

- 4.1　行動と結果の関係 ………………………………………………… 61
- 4.2　強化スケジュール ………………………………………………… 62
- 4.3　選択的行動 ………………………………………………………… 65
- 4.4　嫌悪刺激を用いた条件づけ ……………………………………… 67
- 4.5　強化の性質 ………………………………………………………… 72
- むすび ………………………………………………………………… 76
- 参考図書 ……………………………………………………………… 76

5章 条件づけの制約　78

- 5.1　刷り込み …………………………………………………………… 78
- 5.2　条件づけの生物学的制約 ………………………………………… 80
- 5.3　条件づけの神経メカニズム ……………………………………… 85
- むすび ………………………………………………………………… 90
- 参考図書 ……………………………………………………………… 90

6章 一時的な記憶　91

- 6.1　条件づけと記憶 …………………………………………………… 91
- 6.2　知覚と記憶の間 …………………………………………………… 92
- 6.3　短期記憶 …………………………………………………………… 97
- 6.4　ワーキング・メモリーの概念 …………………………………… 106
- むすび ………………………………………………………………… 118

目　次　　　　　vii

　　参考図書 ··· 118

7章　長期記憶の多様性　119
　7.1　長期記憶の区分 ··· 119
　7.2　記憶の表現 ·· 127
　7.3　メタ記憶 ··· 130
　むすび ··· 133
　参考図書 ··· 133

8章　長期記憶への取り入れ　134
　8.1　学習の要因 ·· 134
　8.2　記憶と選択 ·· 143
　8.3　スキーマと記憶 ··· 146
　8.4　意図と学習 ·· 149
　8.5　処理水準説 ·· 152
　むすび ··· 157
　参考図書 ··· 157

9章　保持と忘却　158
　9.1　忘却の経過 ·· 158
　9.2　忘却の要因 ·· 161
　9.3　記憶の変容 ·· 169
　9.4　記憶の分布 ·· 173
　むすび ··· 178
　参考図書 ··· 180

10章　検索　181
　10.1　記憶のテスト，再生と再認 ····································· 181
　10.2　検索の理論 ··· 182

10.3 文脈と記憶 ……………………………………………… 187
10.4 再認の過程 ……………………………………………… 189
むすび ……………………………………………………… 190
参考図書 ……………………………………………………… 190

11章　学習と思考　193

11.1 推　　理 ……………………………………………… 193
11.2 帰納推理と学習 ……………………………………… 195
11.3 類　　推 ……………………………………………… 205
むすび ……………………………………………………… 209
参考図書 ……………………………………………………… 209

12章　技　　能　210

12.1 技能の学習 …………………………………………… 210
12.2 運動技能 ……………………………………………… 211
12.3 認知技能 ……………………………………………… 221
12.4 知覚技能 ……………………………………………… 223
12.5 学習曲線とベキ関数 ………………………………… 224
12.6 技能の転移 …………………………………………… 225
むすび ……………………………………………………… 226
参考図書 ……………………………………………………… 226

引用文献 …………………………………………………………… 227
人名索引 …………………………………………………………… 239
事項索引 …………………………………………………………… 241

学習心理学の領域

本章では，まず学習という用語がどのような意味で用いられているかということを述べ，次に学習心理学の起源が次の3つの研究にあることを述べる。それらは，エビングハウスの記憶の研究，ソーンダイクの問題箱の実験，およびパヴロフの条件反射の研究である。さらに本書の各章の内容を紹介する。

1.1 学習とは何か

ファーブルの昆虫記にたまこがねが食物を運ぶ次のような描写がある。

「さて弁当はできた。今度は混雑のちまたから退いて，気に入った場所に食物を運ぶことだ。ここでたまこがねの習性上一番珍しいお家芸がはじまるのだ。虫はただちに出発する。彼は二本の長い後肢で団子を抱え，末端の爪を塊に突き刺し，回転の軸にしている。彼は中肢に身をもたせ，前肢の歯のついた腕を梃子に使って交互に地面を押している」（ファーブル（著）山田吉彦・林　達夫（訳）『ファーブル昆虫記』（一）p.17　岩波書店より。強調を省く）

ファーブルの書物にはこうした昆虫の興味深いエピソードがあふれている。昆虫ばかりでなく，多くの動物にみられる生得的な行動パターンの複雑さには不思議な感じを受ける。

私たち人間にとってももちろん，生得的な行動パターンは重要な役割を演じている。たとえば，生まれたばかりの赤ちゃんがお母さんの乳房を吸う行動は生得的な反射である。しかし，複雑で変化に富んだ環境においては生得的な行動パターンだけでは生きていくことはできない。このことは私たちの生活を振り返ってみると自明のことであろう。たとえば育児を例にとってみても，多くの動物の場合とは異なり，私たちは子育ての知識を得るために育児の本を読ん

だり，誰かに教えてもらって子どもを育てている。私たちの考え方や行動はいわば経験により支えられている。行動やものの考え方は日々刻々経験の影響を受け，それにより変容しているという言い方もできるであろう。

学習心理学は，このような経験による行動の変容を対象とする領域である。学校の授業に出席したり本を読んだりすることも大切な学習であるが，学習心理学でいう「学習」はもっと広い意味を持っている。食事の仕方や食べ物の好き嫌いなど，日常生活の一例をとってもそれらは毎日の経験の影響を受けている。そこには学習がみられる。

「学習」はこれまで述べてきたことからもわかるように，「経験による行動の変化，あるいは行動の可能性の変化」ということができるであろう。もちろんこの定義は十分ではない。しかし，この定義から学習という用語が広い意味で用いられるということはよくわかる。

多くの学習は意図的である。たとえば，楽器の練習をする人はその楽器を上手に演奏したいという目的があるはずである。ただし，学習は意図的でない場合にも行われているということにも注意しておくべきである。たとえば病院で注射をした子どもが，その後白衣を見ると恐れを感じることがある。それは自分で抑えることができない感情である。こうした学習は学習者の意図に関わらず進行する。

私たちの学習は，必ずしも外から観察できない。知識を習得しても行動には変化が現れないのが普通である。そのため学習が行われたかどうかは，行動だけを見たのではわからず，いろいろテストをしてはじめてわかることがある。たとえば，勉強の効果がどのくらいあるかということはテストをしてみないと判断できない。一般的に学習は行動から推測されるものであるといえる。

学習は人間生活の全般に関わっているので，それをどのようにとらえたらよいかという問題があると思われるかもしれない。学習心理学の課題は，端的に述べれば，学習の基礎的過程は何かということである。行動の変容の基礎にはどのような過程があるのだろうか。それを実験的に検討するにはどうしたらよいであろうか。人間の記憶の理論をデータにもとづいて作っていくにはどうしたらよいであろうか。これらは学習心理学の課題である。

学習心理学と記憶心理学は別の領域であるという考え方もある。学習心理学は条件づけの研究などにより，行動の変容のみを問題にするという考え方もあるかもしれない。しかし，経験によりさまざまな情報を記憶に取り入れることはむしろ重要な学習である。本書ではそうした考え方に立ち，対象を条件づけに限らず，記憶，思考の問題なども扱っていきたい。

1.2 行動主義と認知論

行動主義は20世紀のはじめにアメリカの心理学者ワトソン（Watson, J. B.；1878-1958）により提唱された心理学の立場である。彼は心理学の資料として主観的体験を用いることに反対し，客観的に観察できる行動のみを心理学の資料とするべきであると主張した。行動主義は心の中で何が起こっているかということに言及せずに心理学の理論を作ろうとした，ともいえる。行動主義の中心課題は学習であり，学習の過程を明らかにすることにより人間や動物の行動を理解できると考えた。その後行動主義は，1930年代から1950年代までのアメリカにおける心理学の中心的枠組みとなった。

1950年代後半になると行動主義に代わって，複雑な人間の心的過程の研究が重要であると考える認知論が有力になった。学習の問題は認知論の立場からは，行動の変容というよりも情報がどのように獲得され保存されるのかという問題として関心を引くこととなった。

1.3 学習研究の始まり

心理学の最初の実験室はヴント（Wundt, W.；1832-1920）により開設された。当時ヴントの実験室で行われていたのは知覚の研究であった。学習の実験的研究はそれに少し遅れて始められた。学習研究のパイオニアとしては3人の名前をあげることができる。エビングハウス（Ebbinghaus, H.；1850-1909），ソーンダイク（Thorndike, E. L.；1874-1949），パヴロフ（Pavlov, I.P.；1849-1936）である。（図 1.1）。

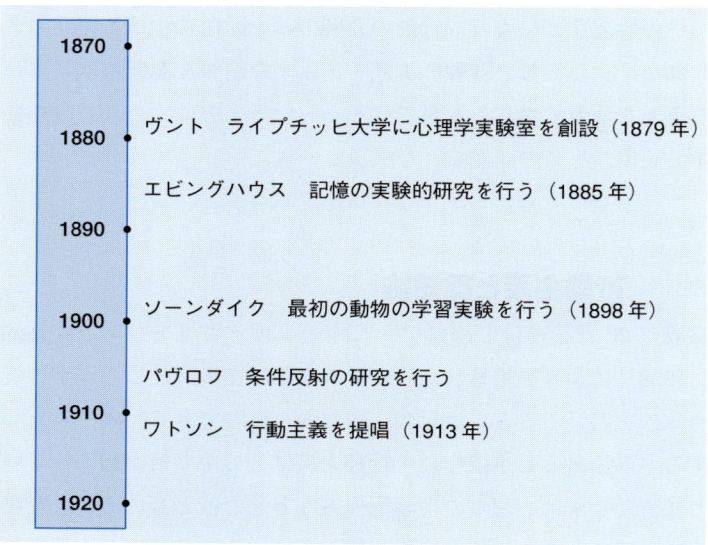

図 1.1　学習研究の起源

1.3.1　エビングハウスの記憶の研究

　ドイツの心理学者エビングハウスは今から 100 年あまり前に記憶の実験をはじめて行った人物として知られている。彼の研究は人間を対象とした学習の実験的研究の第一歩として重要な意味を持っている。実験という用語からもわかるように，彼は自然科学の方法にならって記憶を数量化することを目指した。記憶の実験を行うには，まずある事柄を覚えて，その後時間をおいてから，それらをどのくらい思い出すことができるかということを測定する必要がある。しかし問題は実験にどのような材料を用いるかということである。単語は手頃な実験の材料であるが，よく使用されているものやそうでないものもあり，覚えやすいものもあれば覚えにくいものもある。使用頻度だけでなく単語の知識に関する個人差もあるであろう。そのためどのくらい覚えているかということを調べても，それは客観的な資料とはいえない。

そこで彼は覚えやすさを一様にした材料が必要であると考え，記憶の実験材料として子音，母音，子音の 3 文字の意味のない組合せ，すなわち**無意味綴り**を考案した。そうした無意味綴りを用いて，自分自身が実験者および参加者となって実験を行い，1885 年にその成果を著書『記憶について』に発表した（Ebbinghaus, 1885）。

エビングハウスの実験の手続きは以下のようであった。はじめに無意味綴りのリストを暗記し，それに要した時間を計る。次に一定期間後に再びそのリストを学習し，リストを暗記するまでの時間がどのくらい節約されたかを調べる。時間が節約されれば前に行ったリスト学習の効果が残っていると考えられる。そうした時間の節約の程度を記憶の測度としたのである。この方法は**節約法**ないし**再学習法**といわれるが，自分が実験者になり，かつまた参加者となったためにこうした方法をとらざるをえなかったのであろう（9 章 9.1 を参照）。

記憶の研究はその後エビングハウスの考え方を継承しながら発展していく。1930 年代になると，そうした流れは当時大きな勢力を持っていた行動主義の影響を受けながら続いていく。当時，記憶は言語学習といわれ，忘却の研究など多くの研究が行われた。このエビングハウスの名残は 1960 年ごろの記憶研究までみられる。この後，記憶の研究は大きく変わって情報処理の枠組みのもとに行われるようになり，研究対象の範囲も広がった。

1.3.2　ソーンダイクの問題箱の実験

動物を対象とする学習の実験はソーンダイクに始まる。ソーンダイクは，**図 1.2** に示される実験装置，すなわち**問題箱**（puzzle box）を用いて実験を行った。この箱には，たとえばひもを引くと扉が開くなどの仕掛けがしてある。彼は空腹のネコをこの箱に入れ，ネコの行動を観察した。ネコははじめは箱の中を嗅ぎまわったり，壁に登ろうとしたりいろいろな行動をとるが，偶然ひもに脚がかかると扉が開いて外に出ることができる。こうしたことを繰り返すと，ネコは少しずつ早く箱から出ることができるようになる。ソーンダイクはこのようなネコの行動を観察して，学習を，**試行錯誤**（trial and error）により徐々に事態と反応の結合が生じることである，とみなした。満足のいく行動はその

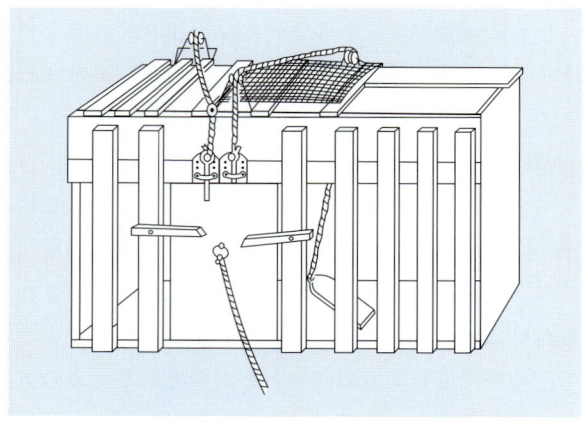

図 1.2 問題箱 (Thorndike, 1898)

後生じやすくなり，不満足な行動は生じにくくなるという**効果の法則**（law of effect）もソーンダイクが明示した法則としてよく知られている。彼の研究は 1898 年に出版された「動物の知能」という論文に述べられている（Thorndike, 1898）。

20 世紀に入り，一時期アメリカでは条件づけにもとづく学習理論が心理学の重要な領域となる。とくにオペラント条件づけ（道具的条件づけ）の研究は重視された。このオペラント条件づけの起源がソーンダイクの研究である。

1.3.3　パヴロフの条件反射の研究

20 世紀初頭，条件づけの体系的研究がロシアの生理学者パヴロフにより始められた。**古典的条件づけ**，あるいはパヴロフ型条件づけといわれる研究である。パヴロフは消化腺の研究でノーベル生理学・医学賞を受賞した生理学者であったが，その後条件反射の研究に移った。彼の関心は中枢神経系の研究であり，条件反射はその研究の手段としてとりあげられた。彼の著書『条件反射』（1927 年）は広く読まれた。

食物を口に入れると唾液の分泌が生じる。これは生得的な反射である。パヴ

BOX 1.1　洞 察 学 習

　ゲシュタルト心理学者のケーラー（Köhler, W.; 1887–1968）は1913年から1917年にわたってテネリフェ島でチンパンジーを対象として実験を行い，ソーンダイクの試行錯誤による学習とはまったく異なる学習があることを示した。

　ケーラーの対象とした事態は，ソーンダイクの実験事態とは異なっていた。天井から釣り下げた果物に手が届かないときに，近くにある木の箱を踏み台として使うことをチンパンジーはどのようにして学習するだろうか。あるいは柵の外にある果物を棒を利用して取ることをどのように学習するだろうか。ケーラーが観察したのはこのような事態であった。このような場合には，学習はある準備期間の後に突然生じる。それは，試行錯誤により刺激と行動の結合が少しずつ強まるという性質のものではなかった。むしろ状況を把握することが学習の要因であるとみなされた。すなわち，学習における洞察の重要性が示されたのである。

　ズルタン（図1.3）はこのような学習に対して高い能力を示したチンパンジーであったが，ケーラーはズルタンが柵の外にある果物を取る課題の学習の経過を以下のように述べている。

　「ズルタンは柵のところに座っている。柵の外には果物があるが，彼が利用できる短い棒はそれに届かない。柵の外には，柵と平行に果物から2メートル離れて長い棒が置いてある。それは手ではつかむことはできないが，短い棒で引き寄せることができる距離にある。ズルタンは短い棒で果物に触れようとする。うまくいかないので，自分の檻の針金の網をかきむしるが，そんなことをしても無駄である。それから，彼は自分のまわりをじっと見つめる（いつもこうしたテストの過程には長い静止時間があり，動物はこの間視界に入る周囲の事物を調べる）。突然ズルタンは短い棒をもう一度とりあげ，長い棒のある柵のところに行き，長い棒を補助棒（短い棒）で引きよせてつかみ，果物のところに行き，果物を手に入れる」（Köhler, 1927, p.174）

図1.3　ズルタンが2本の棒をつなぎ合わせて長い棒を作っているところ
（Köhler, 1927）

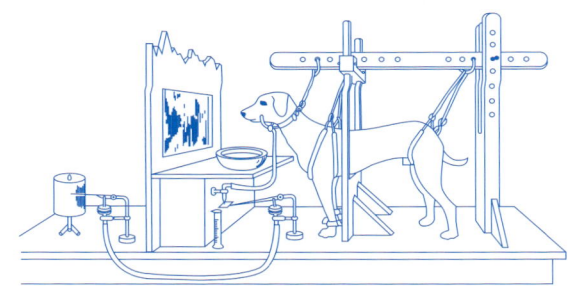

図1.4 古典的条件づけの実験（Yerkes & Morgulis, 1909）
イヌの唾液は管を通って容器に集められる。

ロフは消化の研究をしているときに，唾液の分泌は食物を摂取したときだけでなく，食物を運ぶ人の足音を聞いたり食物を見ただけでも生じることに着目した。このような観察から条件づけの実験は始められた。

パヴロフの実験では，条件づけの実験は次のような手続きで行われた（図1.4）。唾液腺に手術をして唾液の量を観察できるようにしたイヌを実験室で動かないように索具で止める。イヌにメトロノームの音を数秒間聞かせて餌を与える。そして，そのときの唾液の量を記録する。はじめのうちは，イヌはメトロノームの音に注意を向けるだけである。そして餌を与えられてから唾液を分泌する。

しかしこのようにして，メトロノームの音と餌の対提示を繰り返すと，そのうちイヌはメトロノームの音を聞いただけで，餌を与えられる前に唾液を分泌するようになる。メトロノームの音に対する唾液の分泌はそれまでみられなかった新しい反射であり，**条件反射**といわれる。餌に対する唾液は生得的な反射であり，**無条件反射**という。餌に対する唾液の分泌と，メトロノームの音に対する唾液の分泌を区別するためには，ときどきメトロノームの音のみを聞かせ餌は与えないようにして唾液の量を観察すればよい。このときの唾液の量で条件反射の大きさを測定することができる。こうした刺激の対提示による反射の変容の手続きないし現象を**古典的条件づけ**といっている。

すでに述べたように，エビングハウスにより始められた人間の学習の研究はその後記憶の研究として発展した。ソーンダイクの研究およびパヴロフの研究は条件づけ研究の始まりとなり，その後の学習研究に大きな影響を及ぼした。

1.4 本書の構成

　本書は，条件づけから推理に及ぶ広い範囲にわたる学習の問題を扱っている。まず，2章から5章までは条件づけについて解説をした。また6章から10章までは記憶をとりあげている。さらに11章では推理と学習の問題を，12章では技能の学習を対象とした。全体として，事柄を網羅的に述べるよりも学習心理学の考え方をなるべく煩雑にならずに説明するよう心がけた。また学習心理学全般の問題について広くとりあげるようにした。

　2章ではパヴロフの研究に始まる古典的条件づけをとりあげた。古典的条件づけとはどのようなものか具体的な例を引いて説明した。また条件づけに影響する諸要因についてもふれた。さらに条件づけの理論的な面にも言及するようにして，条件づけの研究の分野でどのようなことが問題になっているのかということも述べるように努力した。この章を含めた以下の4章は主として動物実験のデータにもとづいている。

　3章ではオペラント条件づけをとりあげた。本書ではオペラント条件づけという用語を用いているが道具的条件づけといってもよいであろう。この章では実験例をとりあげながらオペラント条件づけがどのようなものか説明を試みた。またオペラント条件づけにより，動物が刺激を区別したり，異なる刺激に同じ反応をするようになるが，このような弁別や般化にもふれる。

　4章では強化の問題をとりあげた。強化はオペラント条件づけにおいて重要な概念である。強化がどのように行動を変容させていくのかということをまずとりあげた。また電気ショックなど嫌悪刺激を用いる条件づけはこの章で説明した。

　条件づけには動物の遺伝的な要因が影響を与えていることが示されている。このことは条件づけの生物学的制約として研究の対象となってきた。5章では

まずその例をあげた。次に学習と脳の問題にもふれた。

　6章と7章は記憶の構造について述べている。記憶は，最近は情報処理の枠組みで研究が行われている。そのような研究の中から短期記憶と長期記憶を分ける考え方が生まれた。6章の主要な内容は短期記憶のモデルとワーキング・メモリーのモデルの説明である。また，短期記憶の概念からワーキング・メモリーの概念へと移っていく経過についても述べた。6章を含めた本書の残りの7章は，人間を対象とした実験のデータにもとづいている。

　7章では長期記憶をとりあげた。長期記憶は最近さまざまな区分が試みられている。7章でははじめにエピソード記憶，意味記憶，手続き記憶の区分について述べた。次に，潜在記憶や展望記憶についても説明を試みた。また記憶の区分からは少しはずれるが記憶についての知識，すなわちメタ記憶の実験例もこの章に入れた。

　8章から10章までは記憶と学習の問題である。8章では記銘に関する問題をとりあげた。記憶は，記銘，保持，検索の3つの過程に分けて考えることができる。長期記憶へ情報が残っていくにはどのような要因が関与しているのかということがこの章の問題である。この章で扱う事柄は，以前言語学習といわれていた領域の問題も含んでいる。分散学習と集中学習の問題，記憶におけるイメージの効果などについても述べた。またこの章では処理水準と記憶について説明した。

　9章でとりあげたのは保持と忘却の問題である。保持と忘却は表裏をなしているので切り放すことはできない。この章では忘却の要因について述べた。また記憶の変容についてもこの章でとりあげることにした。さらに私たちは自分が生きてきた年月のいつのころのことをよく覚えているかという問題，すなわち記憶の分布に関する研究にもふれた。

　10章で扱うのは検索である。はじめに記憶のテストである再生と再認の関係について研究例をあげながら説明した。次に，気分などの内的要因が記憶にどのように関係するかという問題について実験例をあげた。

　11章は学習と思考の問題を扱っている。私たちは事実を学習するだけではない。事実からさまざまな推理をしてその結果を知識として蓄えていく。とく

に帰納推理は学習に大きな役割を果たしている．11章では帰納推理の研究例として，概念形成や因果関係の学習などの例をあげて説明した．

　12章は技能の学習が対象となる．技能学習は古くから学習心理学の重要な領域とされていた．12章では技能学習を，運動技能，認知技能，知覚技能に分けた．技能学習の分野においては，従来運動技能の学習が主要なテーマとなってきたので，12章でもそれに関する要因の説明に重点をおいた．ただし認知技能についても頁を割くようにした．

むすび

　本章では，学習心理学がどのような領域であるかということを述べた．学習心理学といえば，研究の範囲を主として条件づけに限定する場合もあるが，1.4でも述べたように，以下の章では，条件づけだけでなく，記憶や推理の問題もとりあげるようにした．

[参 考 図 書]

今田　寛（1996）．学習の心理学　培風館
岩本隆茂・高橋憲男（1987）．改訂増補　現代学習心理学　川島書店
エビングハウス，H. 宇津木　保・望月　衛（訳）（1978）．記憶について　誠信書房
金城辰夫・斎賀久敬（編）（1978）．心理学2　学習・思考　有斐閣双書
コーエン，G.・アイゼンク，M. W.・ルボア，M. E.　長町三世（監修）・認知科学研究会（訳）（1989）．記憶　海文堂出版
実森正子・中島定彦（2000）．学習の心理――行動のメカニズムを探る――　サイエンス社
末永俊郎・金城辰夫・平野俊二・篠原彰一（共編）（1989）．適応行動の基礎過程　培風館
中島義明（2006）．情報処理心理学――情報と人間の関わりの認知心理学――　サイエンス社
バウアー，G. H.・ヒルガード，E. R. 梅本堯夫（監訳）（1988）．学習の理論　上・下　培風館
羽生義正（編著）（1988）．現代学習心理学要説　北大路書房

ボウルズ, R. C. 今田　寛（訳）(1982). 学習の心理学　培風館
ボークス, R. 宇津木　保・宇津木成介（訳）(1990). 動物心理学史　誠信書房
メイザー, J. E. 磯　博行・坂上貴之・川合伸幸（訳）(1996). メイザーの学習と行動　二瓶社
山内光哉・春木　豊（編著）(2001). グラフィック学習心理学――行動と認知――　サイエンス社

古典的条件づけ

　以前に恐ろしい経験をした場所に行くと，思わず恐怖を感じることがある。その経験をする前は何の恐怖も引き起こさなかった場所が，恐ろしい経験をしたことにより恐怖の感情を引き起こすようになったのである。そして，そのような恐怖がその人を危険から守るということもあるであろう。人の刺激に対する反応はこのように経験によって変化していく。この種の反応の変容の基礎には古典的条件づけがあると考えられる。

2.1　古典的条件づけの実験

　前章で述べたように，古典的条件づけの体系的研究をはじめて行ったのはロシアの生理学者パヴロフであった。この条件づけは刺激に誘発される反射を対象としているが，条件づけを行うとそれ以前には関連がなかった新しい刺激が反射を誘発するようになる（Pavlov, 1960/1927）。パヴロフの実験室の標準的な実験で観察された反射はイヌの唾液の分泌である。

　音刺激，たとえばメトロノームの音は本来唾液の分泌とは関係がない。条件づけを始める前にはメトロノームの音を聞いてもイヌはその方向に注意はするとしても，とくに唾液の量に変化はみられない。すなわちメトロノームの音は唾液の分泌に関して中性刺激である。

　条件づけは，メトロノームの音をイヌに聞かせて餌を与えるという手続きを繰り返す。はじめのうちはイヌは餌を与えられてはじめて唾液を分泌する。しかしメトロノームの音と餌の対提示を繰り返すと，メトロノームの音を聞くと餌を与えられる前にイヌは唾液を出すようになってくる。餌を与えられるときに出る唾液の分泌と条件づけによる唾液の分泌を区別するためには，条件づけの途中でときどきメトロノームの音は聞かせるが餌を与えないで唾液の量を測定する。こうして測定された唾液の量は音と餌の対提示を繰り返すと多くなっ

2章　古典的条件づけ

ていく。

　条件づけが成立してから，今度はメトロノームの音だけを聞かせて餌を与えない手続きに切り替えたらどうであろうか。メトロノームの音に対する唾液の量は次第に少なくなっていく。この現象は**消去**（extinction）といわれる。ただし，しばらく休んだ後で再び消去を続けると，休む前よりも唾液の量が多くなることがある。これを**自発的回復**という。ここではメトロノームの音を例としてとりあげたが，いうまでもなく条件づけには音以外の刺激を用いることもできる。

　上の例で，メトロノームの音は**条件刺激**（conditioned stimulus；CS），メトロノームの音に対する予期的な唾液の分泌は**条件反射**（conditioned reflex；CR）という。また，餌は**無条件刺激**（unconditioned stimulus；US），餌による唾液分泌は**無条件反射**（unconditioned reflex；UR）といわれる。言い換えると**古典的条件づけ**とは，中性刺激と無条件刺激を対提示することにより，中性刺激が新しい反射を引き起こすようになる手続きあるいは現象である。条件づけにより中性刺激が条件刺激に変わるといってもよいであろう。古典的条件づけは**パヴロフ型条件づけ**（Pavlovian conditioning），あるいは**レスポンデント条件づけ**（respondent conditioning）ともいわれている。

2.1.1　古典的条件づけの実験例

　古典的条件づけは，原理的には，ある反射を生じさせる刺激とその反射に中性的な刺激があれば試みることができるわけである。ここではよく行われてきた実験例を2つみることにしよう。

1．瞬目条件づけ

　目に空気を吹き付けると瞬きをするが，音を聞いたり弱い光を見ても瞬きは生じないであろう。しかし，**瞬目条件づけ**を行うと音や光で瞬きが生じるようになる。実験は以下のような手続きをとって行われる。まず，実験対象に音や光を提示して，その後あまり時間をおかないで目に空気を吹き付ける。あるいは目の近くに電気刺激を与えて瞬きを生じさせる。このようなことを繰り返すと，音を聞いたり光を見るだけで瞬きをするようになる（図2.1）。この条件

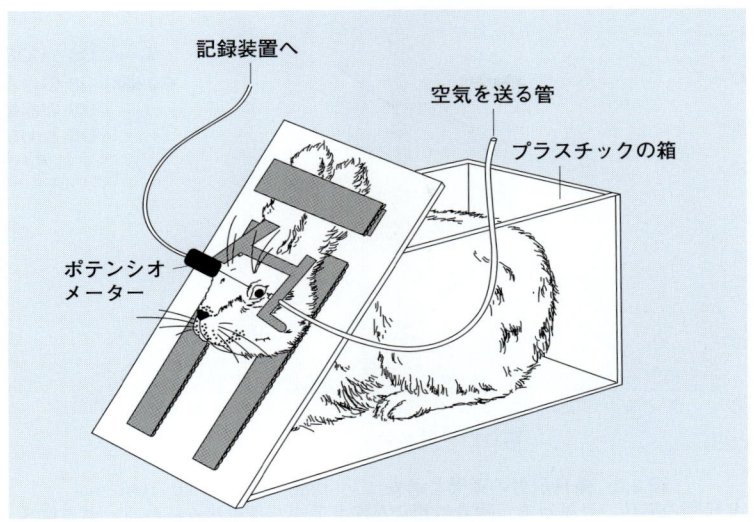

図 2.1　ウサギの瞬目条件づけの実験の図（Kagan & Segal, 1988）
ウサギは箱形の装置に入れられ，頭部は固定されている。信号の後で管から目に空気が吹き付けられる。ウサギの瞬きは電気的に記録される。

づけでは，**条件刺激**（CS）は音や光であり**無条件刺激**（US）は瞬きを生じさせる刺激である。この条件づけは**眼瞼条件づけ**ともいわれる。

　図 2.2 にウサギを対象として行われた瞬目条件づけと消去の過程が示されている（Schneiderman et al., 1962）。この実験では条件刺激としてウサギに音を聞かせ，無条件刺激として目に空気を吹き付けた。音が鳴り始めて 2 分の 1 秒たつと，空気が 10 分の 1 秒間目に吹き付けられる。音が鳴り始めてから目に空気が吹き付けられるまでの間にウサギが瞬きをすれば，その瞬きは条件反射とみなされた。毎日 82 試行，8 日間条件づけが行われた。条件づけを 8 日間行った後で，9 日目からは音だけを提示する消去に入った。消去は 3 日間行われたが図をみると条件反射は急速に低下している。また消去において，翌日の消去のはじめには条件反射は前日よりも少し回復している。これは自発的回復である。図の青いアミの部分は条件刺激だけまたは無条件刺激だけを提示した

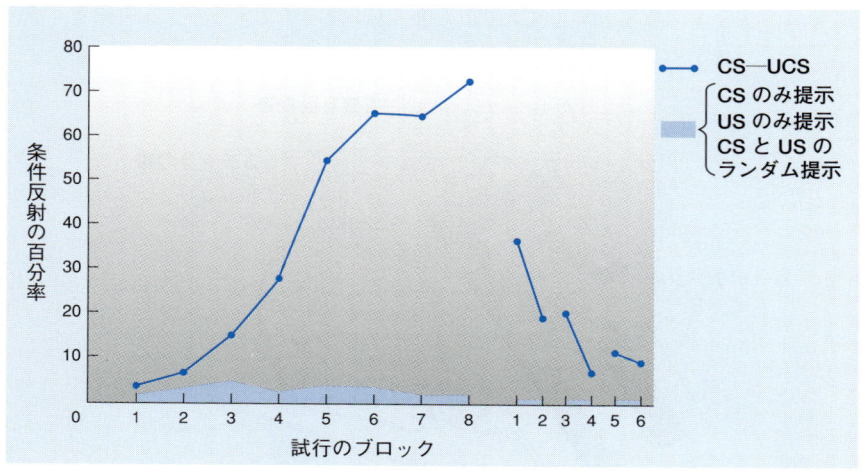

図 2.2 条件反射の獲得と消去(Schneiderman et al., 1962)
8日間の条件づけ試行で,瞬きの割合が増えていくことがみられる。消去は3日間行われたが,図には1日の試行を2つのブロックに分けて図示してある。アミの部分は CS と US の対提示を行わない条件の結果を示す。

場合と,両方がランダムに組み合わされて提示された場合の結果である。この場合は条件づけはみられていない。

2. 条件抑制

情動も古典的条件づけにより変容すると考えられている。ネズミを被験動物として,音や光をネズミに提示してそれに引き続いて嫌悪刺激として電気ショックを足に与える。このような手続きを繰り返すと,ネズミは音や光に対して情動的な反応を示すようになる。この場合の条件刺激は音や光であり条件反射は情動反応,すなわち恐怖である。

ネズミの条件刺激に対する反応は,心拍の増加やその他の自律神経系に支配される活動の変化としてみることもできるであろうが,行動の指標をとることもできる。このためには3章でとりあげるオペラント条件づけの手続きを利用する(3章 3.1 参照)。まずネズミにスキナー箱で食物を報酬として梃子押しを行うように訓練する。ネズミが梃子押し行動を安定して行うようになってか

ら，上で述べた古典的条件づけの手続きに入るのである。ネズミが梃子押し行動に従事しているときに音を提示して，その後で足に電気ショックを与える。するとネズミは，はじめのうちは梃子押し行動を続けるが，音と電気ショックの対提示を繰り返すと音が鳴っている間の梃子押しの率が低くなる。そしてさらにこの手続きを続けていくと，音が鳴ると梃子押し行動をやめてうずくまったりその他の恐怖の反応を示すようになる。

条件づけの程度を量的に表すには，音が鳴っている間の梃子押しの回数と音の提示がないときの梃子押しの回数の比，すなわち**抑制比**が一般に用いられる。抑制比の計算の仕方はいくつかあり，以下に述べるのはその一つである。音が提示されている間の梃子押しの回数を A とし，同じ長さの時間だが音が提示されていない間の梃子押しの回数を B とする。たとえば条件刺激を5秒間提示するとしよう。その間のネズミの梃子押しの回数を A とし，条件刺激提示前の5秒間の梃子押しの回数を B とする。すると次の値で反応の抑制の程度を表すことができる。

$$抑制比 = A/(A+B)$$

条件づけができていなければ，A と B は同じ値となり，抑制比の値は 0.5 である。しかし，条件づけが進むと条件刺激提示中の反応 A はそれ以外のときの反応に比べて少なくなり抑制比の値は小さくなる。こうした事態で観察される音に対する条件反射は**条件情動反応**（conditioned emotional response；CER）ともいわれる。またこうした実験は**条件抑制**（conditioned inhibition）ともいわれている。

2.1.2 条件刺激と無条件刺激の時間関係

条件づけを行うためには条件刺激（CS）と無条件刺激（US）をどのような時間関係で提示するのがよいであろうか。**図 2.3** に条件づけの伝統的な手続きが示されている。(1)は標準的な方法である。条件刺激に少し遅れて，無条件刺激を条件刺激に重なるようにして提示する。(2)は条件刺激をかなり長く提示してから無条件刺激を提示する手続きで，**延滞条件づけ**といわれる。(3)は

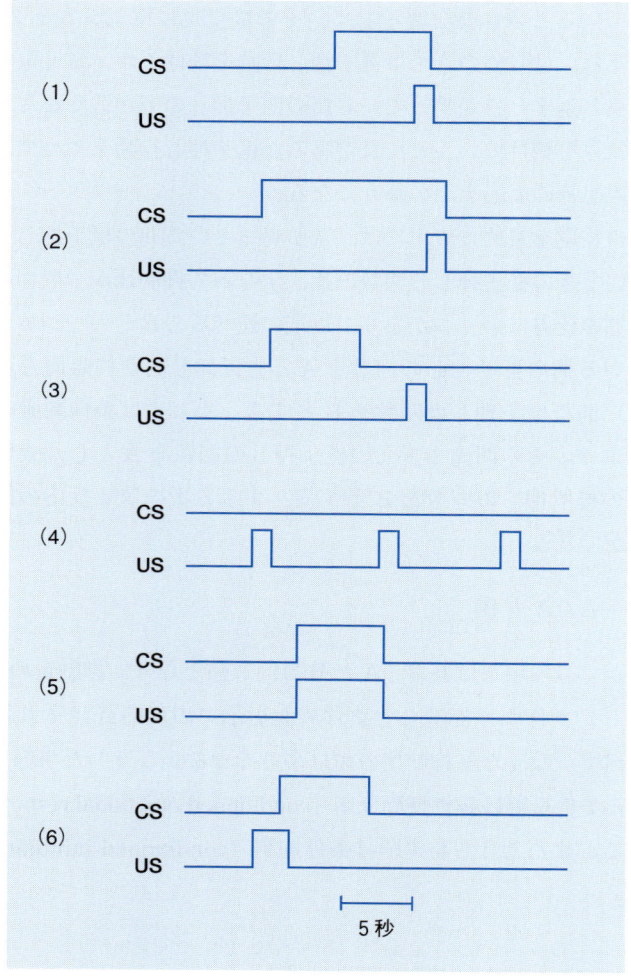

図2.3 条件刺激(CS)と無条件刺激(US)の時間関係

条件刺激を停止した後に無条件刺激を提示する手続きである。**痕跡条件づけ**ともいわれる。興味深いのは(4)の無条件刺激を一定の時間をおいて提示する手続きである。これは**時間条件づけ**ともいわれるが，一定時間ごとに条件反射が

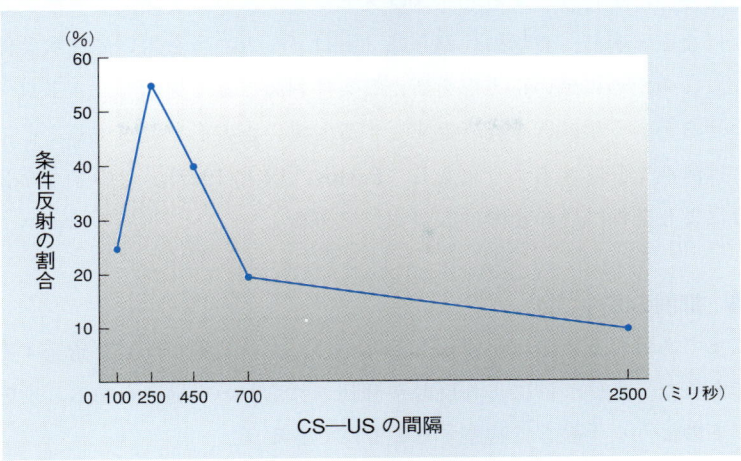

図 2.4　条件刺激（CS）の開始から無条件刺激（US）の開始までの時間の関数としての条件反射の割合

生じるようになる。(5)に示されているように条件刺激と無条件刺激を同時に提示するのは条件づけに有効ではない。また(6)は条件刺激と無条件刺激の提示の順序を逆にした手続きである。この手続きは**逆行条件づけ**といわれる。

　条件刺激にどのくらい遅れて無条件刺激を提示すると条件づけが成立しやすいかということについても検討されている。図 2.4 にその一例が示されている（McAllister, 1953）。これは人間を対象とした瞬目条件づけの資料である。図に示されているように，条件刺激の開始から無条件刺激の提示までの時間，すなわち目に空気を吹き付けるまでの時間が 250 から 700 ミリ秒の間のときが条件づけに最適であった。この傾向は瞬目条件づけで一般的にみられている。

2.1.3　2 次条件づけ

　条件刺激としての機能を持つ刺激を無条件刺激の代わりに使って新たに条件づけを行うこともできる。こうした条件づけは **2 次条件づけ**といわれる。パヴロフは 2 次条件づけによりイヌが黒い正方形に対して唾液を分泌するようになる例をあげている。はじめにイヌにメトロノームの音を聞かせて食物を与える

という条件づけを行う。するとイヌはメトロノームの音を聞くと唾液を分泌するようになる。次に、食物の代わりにメトロノームの音を用いて2次条件づけを行う。このために黒い正方形を新たな条件刺激として提示し、メトロノームを聞かせるという手続きを繰り返す。すると黒い正方形を提示することによってイヌは唾液を分泌するようになる（Pavlov, 1960/1927）。このような2次条件づけにより条件づけの範囲は広がるのである。

2.1.4 抑制の条件づけ

これまであげてきたのはいずれも条件づけにより刺激が反射を誘発するという例であった。条件づけにより反射が抑制されるという場合もある。反応の抑制は以下のような手続きで観察することができる。

刺激を2つ用意する。それらをA、Bとしよう。そして、動物にAのみを提示したときには無条件刺激として電気ショックを与える。そしてAとBを同時に提示したときには電気ショックは与えない。このような手続きを繰り返すと、Aのみが提示されたときには情動的な反応がおこるが、AとBが同時に提示されるとその反応は生じないという条件づけができる。

この手続きでBは情動的な反射を抑制する力を持つようになったとみなされる。それは以下のようなテストで知ることができる。第3の刺激Cを用意する。そして上の条件づけを行った動物を対象としてCのみを提示して電気ショックを与える。するとCは動物に情動反応を生じさせるようになる。この後でCとBの刺激の組合せを提示すると、情動反応は抑制されるのである。このことはBが情動反応を抑制したためであると解釈できる。

2.2 条件反射について

パヴロフの古典的条件づけにおいては条件反射は無条件反射と類似していた。すなわちその量などに違いがあるとしても、条件反射も無条件反射もいずれも唾液の分泌であった。

古典的条件づけにおいて条件反射が無条件反射と類似していない場合がある

ことには注意する必要がある。これは反射の大きさなどのような程度の問題ではなく，条件反射と無条件反射が拮抗する傾向を示すことがある。ネズミに電気ショックを与える場合，無条件反射は心拍数の増加である。しかし刺激と電気ショックを対提示して条件づけを行った場合には条件反射は心拍数の減少である（Obrist et al., 1972）。

　条件づけによって動物は無条件刺激を予期するようになるという考え方をとると，この現象は理解できる。危険信号である条件刺激が提示されたときに実際の危険を予期してそれに対応すると考えるのである。この場合の例では，条件刺激が提示されたときに心拍数を減少させて身体的な負担を減らし，電気ショックに対応する体力を保持する。

　条件反射と無条件反射が拮抗する反射であると考えることによって薬物の耐性を説明することが試みられている。モルヒネには鎮痛作用があるが，続けて投与していると同じ量を投与してもその効果は減少していく。すなわち薬物に対する耐性が生じる。このことは一種の身体の順応とも考えられるが，また別の考え方も提出されている。薬物の効果と拮抗する反応が条件づけを通して強まるためという考えである。

　それはモルヒネの投与を繰り返すと投与時の環境刺激が条件刺激となり，投与されたモルヒネが無条件刺激となって条件づけが行われるというものである。モルヒネの効果は鎮痛であるが条件反射はそれに拮抗する反射であると考えると，薬物に対する耐性が理解できる。すなわち同じ量を投与していると薬物の効果は変わらないが，それに拮抗する条件反射が強まるために薬物の効果は弱まり，同じ鎮痛効果を持つためには量を増やす必要が生じる（Siegel, 1975）。

　このことはネズミを用いた実験によって示唆されている。ある特定の実験室でネズミにモルヒネを数回投与する。すると回数を重ねると薬物に対する耐性が生じる。そこでこのネズミを別の部屋に移してモルヒネを投与する。環境刺激が条件刺激となって条件づけが生じているのであれば，部屋を変えると以前の条件づけの効果である耐性は低下するはずである。実際にこの条件ではモルヒネの鎮痛作用はもとの水準に戻っていた。すなわち，はじめてモルヒネを投与されたときの水準であった。

ソロモンは動機づけの相反過程説（opponent process theory）といわれる理論を提唱している。それによると一般に情緒的な効果を持つ刺激ははじめにある情緒を引き起こす効果を持ち，その後それと反対の効果を及ぼす（Solomon & Corbit, 1974）。たとえばモルヒネの場合にははじめに高揚状態を生じさせ，後に不快な状態を引き起こす。条件づけにより後者の過程が条件づけられると考えることもできるであろう（Schull, 1979）。

2.3　条件反射を引き起こす刺激

はじめにあげた条件づけの例では，条件刺激として音を例にあげたが，このほかさまざまな刺激が条件刺激として実験で用いられてきた。ランプを点灯するなどの光刺激もよく用いられる。もちろん実験の被験体が気づきにくい刺激は条件刺激としては適当ではない。

条件づけにおいては条件刺激と少し異なる刺激も条件反射を引き起こす。たとえば，ある音を条件刺激として条件づけを行うと，それと高さが異なる音に対してもある範囲で条件反射が生じる。これは**般化**（generalization），または**刺激般化**（stimulus generalization）といわれる現象である。図 2.5 に示されているようにこの反射はもとの条件刺激に対してもっとも生じやすく，それから遠ざかるにつれて生じにくくなる。すなわち般化勾配がみられる。

2 つの刺激を用いて，片方の刺激を提示したときは無条件刺激と対提示し，他方の刺激は無条件刺激と対提示しないという手続きを繰り返すと，片方の刺激にだけ条件反射が生じるようになる。よく似た刺激の場合には，はじめは般化によってどちらの刺激に対しても条件反射が生じるが，条件づけを続けていくと片方の刺激にしか条件反射が生じなくなる。これは**分化**，あるいは**弁別**といわれる。

2.4　古典的条件づけで何が学習されるのか

動物に古典的条件づけの手続きをとると動物は何を学習するのだろうか。こ

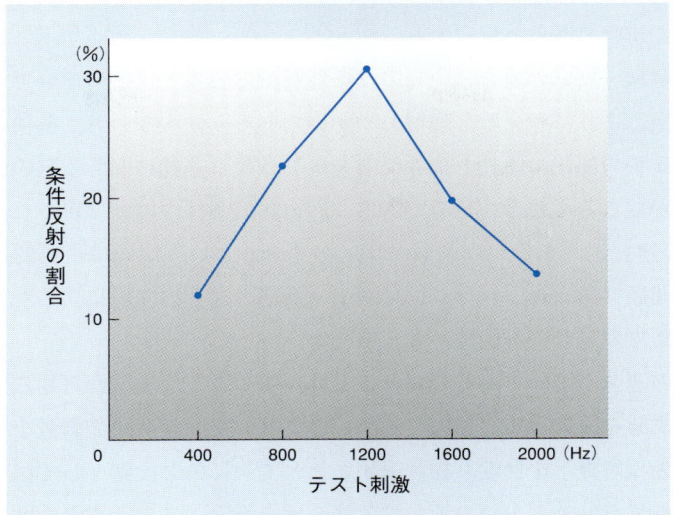

図 2.5　1200Hz の音を条件刺激として条件づけを行った後のウサギの瞬膜条件づけの般化（Moore, 1972 を一部改変）

瞬膜はヒトにはないが，一部の動物に見られるまぶたの内側にある膜で，風が当たると角膜を保護するために目の上に広がる。第3のまぶたともいわれる。実験はウサギを対象として行われた。条件刺激は音で，無条件刺激は目のそばに与えられる電気刺激であった。電気刺激を与えると瞬膜が広がる反射がみられる。そして，条件づけを行うと，音に対して瞬膜の反射が生じるようになる。このグラフは条件づけが成立した後で，ウサギにさまざまな高さの音を聞かせたときの瞬膜の反射の割合を示している。般化勾配がみられる。

の問題は，条件づけでは何が連合するのかという問題に置き換えて考えることができる。

2.4.1　連　合

　条件づけで形成される連合については従来次の2つの考え方があった。(1) 刺激―刺激の連合（S–S 連合）を仮定する立場と，(2)刺激―反応の連合（S–R 連合）を仮定する立場である。刺激―刺激の連合とは条件刺激の表象と無条件刺激の表象の連合である。もう少し具体的には，条件刺激の知覚に関わる脳の部位の活動と無条件刺激の知覚に関わる脳の部位の活動との間の連絡ができる

ことと考えてもよいであろう。(1)の立場では条件づけにおいて形成されるのはこうした連合であると仮定する。

一方，刺激—反応の連合というのは条件刺激の表象と反応の連合である。これも上と同じように考えると理解しやすいであろう。すなわち，条件刺激の知覚に関わる脳の部位の活動と条件反射を生じさせる運動に関わる脳の部位との間の連絡ができることといえるであろう。古典的条件づけで学習されるのは刺激-刺激の連合か，あるいは刺激—反応の連合かという問題は古典的条件づけの重要な問題であった。パヴロフは刺激—反応の連合の立場に立った。しかし，実際には両方の連合の可能性が考えられる。

刺激間の連合が可能であるということは，次のような実験から知ることができる。まず第1段階として動物（イヌ）にブザーを聞かせて光刺激を提示する。この音と光の対提示を何度も繰り返す。そして次に第2段階として第1段階の光刺激と電気ショックを対提示して条件づけを行う。この手続きをとると動物は光刺激を提示されると足を引っ込める反射を示すようになる。

ここでテストとして，第1段階で提示されたブザーを聞かせると動物はどのように反応するだろうか。つまり足の屈曲を示すであろうか，それとも示さないであろうか。ブザーは一度も電気ショックと対提示されていないので足の屈曲を引き起こさないと考えられるかもしれない。しかし実験の結果は，ブザーは足の屈曲を生じさせた（Brogden, 1939）。この現象は第1段階でブザーと光刺激を対提示したときにブザーと光刺激の間に連合ができていて，その連合を介してブザーが足の屈曲を生じさせたと考えなければ理解できない。こうした実験の手続きは**感性予備条件づけ**（sensory preconditioning）といわれている。この実験の結果は直接古典的条件づけの連合については言及していないが，刺激—刺激の連合がありうるということを示している。一方，刺激—反応の連合を示す実験もある（Schwartz, 1984）。

2.4.2 機会設定

パヴロフの古典的条件づけの実験においては，メトロノームの音が唾液の分泌を生じさせるようになった。このように，条件づけにより新しい刺激がある

反射を誘発したり、あるいは抑制するようになる。しかしながら条件刺激の働きは反射の興奮と抑制だけではないという提案もなされている。

ネズミを被験動物として行われた次のような実験がある（Ross & Holland, 1981）。この実験では2通りの試行を同一のネズミが経験した。すなわち、ある試行では光刺激を5秒間提示し、20秒の間隔をおいて音を5秒間提示して食物を与えた。また別の試行では、音を5秒間提示して食物は与えなかった。観察の対象となった条件反射はネズミの首振り（head-jerk）などであった。すでにほかの実験で音を条件刺激として条件づけを行うと首振りを行うことが知られているのである。

上の手続きで条件づけを行うと音刺激に対して首振りがみられるようになった。そして条件づけが進むと特に光刺激が先行する場合に強い首振りがみられた。この場合、光刺激は音刺激と無条件刺激の関係について手がかりを与える機能を持つようになったという考え方が提案されている。音に対して反応する機会を設定する働きをするという意味で上の実験における光刺激は**機会設定子**（occasion setter）ともいわれる。

2.5　時間的接近と随伴性

多くの条件づけの実験においては条件刺激を提示した後でそれほど時間をあけないで無条件刺激を提示する手続きがとられてきた。条件刺激と無条件刺激の**時間的接近**（contiguity）が条件づけを成立させるための条件であると考えられていたのである。実際 2.1.2 に述べた瞬目条件づけにおいても、条件づけに最適な条件刺激と無条件刺激の時間間隔は1秒以下であった。

しかし1960年代の後半になり、時間的接近だけでは条件づけに十分でないことが認められるようになった。時間的接近よりも条件刺激が無条件刺激の提示を予告するかどうかということが条件づけの重要な要因であることがレスコーラにより実験的に示されたのである（Rescorla, 1967；1988）。言い換えると、条件刺激と無条件刺激の間の**随伴性**（contingency）の重要性が指摘された。

随伴性の立場によると、条件刺激に続いて無条件刺激が提示される確率が、

条件刺激が提示されないときに無条件刺激が提示される確率と同じであれば条件づけは生じない。条件づけが生じるのは，条件刺激が提示されたときにそうでない場合よりも高い確率で無条件刺激が提示される場合である。

このことは以下のように表現することができる。条件刺激（CS）が提示されたときに無条件刺激（US）が提示される確率を p（US｜CS）とする。また CS が提示されないときに US が提示される確率を p（US｜CS なし）と表す。そうすると以下のような場合に条件づけが成立する。

$$p（US｜CS）＞ p（US｜CS なし）$$

一般には条件づけの実験において時間的接近と随伴性の要因を分離できない。しかし，レスコーラはこれらを実験的に分離することを試み，随伴性が条件づけの要因であることを示した。彼はイヌを被験動物として，音を条件刺激，嫌悪刺激（電気ショック）を無条件刺激として恐れの条件づけを行った。説明のために彼の実験の手続きが図示されている（図 2.6）。

図の(1)は音が提示されるたびに嫌悪刺激が提示される条件である。これは条件づけの標準的な手続きである。

(2)は音と電気ショックをランダムに組み合わせて提示する条件である。この場合は p（電気ショック｜音）＝ p（電気ショック｜音なし）となり，音は電気ショックに関する情報を与えない。

(3)は，(2)の手続きを一部変更したものである。音刺激から 30 秒以上離れて提示される電気ショックを取り除いた。音と電気ショックの時間的に接近した対提示は残してある。

(1)の手続きでは，時間的接近の条件も随伴性の条件もいずれも満たされている。(2)と(3)の手続きを比較すると，異なるのは条件刺激（CS）提示後 30 秒以上離れた無条件刺激（US）の提示条件であり，CS 提示後 30 秒以内の US については(2)も(3)も条件は同じである。このことは時間的接近に関しては(2)も(3)も同じ条件であるといえるであろう。しかし(3)では，CS から 30 秒以上離れた US は省いてあるので，ランダム条件の(2)の手続きに比較して，CS は US を予告する確率が高くなる。

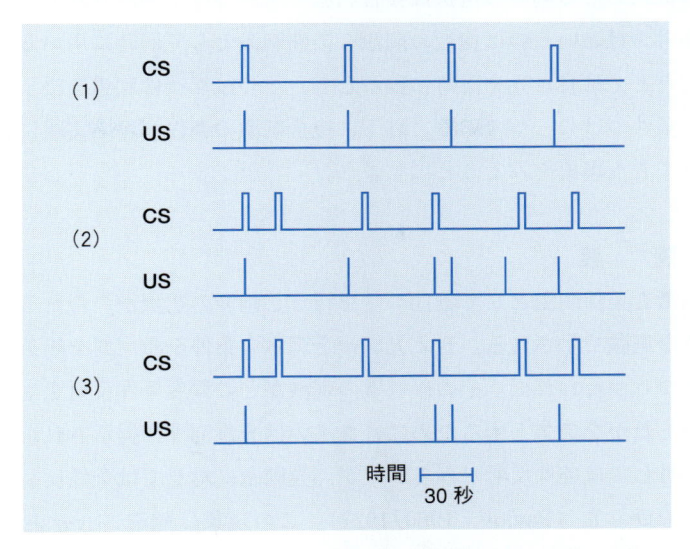

図 2.6　古典的条件づけにおける随伴性の要因を示した実験の手続き
(Rescorla, 1967)

　実験の結果 (1) では条件づけが生じた。問題は手続き (2) と (3) である。時間的接近に関しては，上に述べたようにいずれも同じ条件であるとみなされたが，随伴性の観点からみると異なっていた。(3) のほうが CS の予告力が高いとみなされたのである。実験の結果 (3) では条件づけが生じ，(2) では条件づけが生じなかった。すなわち随伴性の立場が支持された。

2.6　条件づけと刺激の選択

　条件づけが生じるためには，条件刺激が無条件刺激に関する情報を与える必要があるということを述べた。ところで一般に条件づけの環境は一様ではなく，いろいろな刺激が存在する。したがって，条件づけは環境の刺激の中から無条件刺激を予告するものが選択されて条件刺激になる過程であるということもできるであろう。

条件づけにおける刺激の選択は複合刺激の条件づけで例証されてきた。**複合刺激の条件づけ**というのは複数の刺激を条件刺激として同時に用いる条件づけである。たとえば音と光を同時に提示して，その後無条件刺激を提示する手続きは複合条件づけの一つである。以下に複合刺激の条件づけの実験により明らかにされてきた現象をみることにしよう。

2.6.1　隠　　蔽

　複合刺激を条件刺激として条件づけを行うと刺激の選択がみられる。これは次のような実験で示される。音と光の複合刺激を条件刺激，餌を無条件刺激として条件づけが行われた。その後個々の刺激がどの程度条件反射を生じさせる力を獲得したかをテストするために音あるいは光が別々に提示された。すると音刺激に対しては条件反射がみられたが，光刺激に対しては条件反射がまったくみられなかった（Pavlov, 1960/1927）。この現象は**隠蔽**（overshadowing）といわれる。複合刺激を条件刺激として条件づけを行うと両方の刺激が条件刺激としての機能を持つようになるわけではなく，片方の刺激だけが条件刺激の機能を持つようになったのである。

2.6.2　ブロッキング

　はじめに刺激Aを条件刺激として条件づけを行う。条件づけが確立してから刺激Aにほかの刺激Bをつけ加えた刺激を条件刺激として条件づけを行う。すなわち複合刺激の条件づけを行う。するとつけ加えられた刺激である刺激Bは条件反射を引き起こす力を獲得できない。この現象は**ブロッキング**（blocking）といわれている。

　はじめてブロッキングが観察された実験は以下の手続きで行われた（**表2.1**）。実験群（ブロッキング群）と統制群の2グループのラットが実験の対象となった。第1段階として実験群には音を条件刺激として16試行の恐れの条件づけが行われた。次に第2段階として実験群，統制群ともに光と音の複合刺激を条件刺激として8試行の条件づけが行われた。そして，その後光を提示して両群の条件反射がテストされた。テストの結果，統制群では光に対して恐れの条件

表2.1　ブロッキングの実験手続き (Kamin, 1969より)			
	第1段階	第2段階	テスト	抑制比
実験群	音―電気ショック 16試行	光・音（複合刺激）―電気ショック 8試行	光	0.45
統制群	――	光・音（複合刺激）―電気ショック 8試行	光	0.05

反射がみられたが，実験群では光に対して恐れの条件反射はみられなかった。実験の第2段階で導入された刺激が条件反射を引き起こす力を獲得できないことは，光と音を入れ替えた実験でも観察されている（Kamin, 1969）。この実験の結果が表2.1に示されている。

すでにある刺激が無条件刺激の情報を与えるようになっていると，つけ加えられた刺激は新しい情報をもたらさないためにブロッキングが生じると解釈することができる。一方，複合刺激が新しい情報をもたらすようにすると追加された刺激も条件づけの効果を持つようになるという実験結果がある。ブロッキングの実験において，第2段階の複合刺激を提示する試行では，無条件刺激の強さを変えるとブロッキングが生じない，すなわち追加された刺激も条件づけの効果を獲得する。この現象はデブロッキングともいわれる。

2.6.1 に述べた隠蔽はブロッキングにもとづいて理解することもできる。複合刺激を条件刺激として用いると，はじめにいずれの刺激にも条件づけの効果が出るが，強い成分が先に条件づけられるため，弱い成分の条件づけはブロックされると考えることができるのである（Kamin, 1969）。

2.6.3　レスコーラとワグナーのモデル

古典的条件づけに新しい知見をつけ加えたのがレスコーラとワグナーにより1972年に提出されたモデルである（Rescorla & Wagner, 1972）。このモデルでは条件づけの程度は連合の強さ，すなわち**連合強度**により表される。

条件づけの過程は彼らのモデルによると次のようになる。条件づけによる連合強度の増大は，(1)その条件づけで可能な連合の強さの最大値と直前の試行の連合の強さの差，(2)条件刺激に関わる変数，(3)無条件刺激に関わる変数，により決定される。条件づけの試行による連合強度の増加分は，以下の式で表すことができる。

$$\Delta V_n = \alpha \beta (\lambda - V_{n-1})$$

　V：連合強度，条件づけの程度を表す。添字の n は n 試行の意味である。
　ΔV：試行ごとの連合強度の増加分を表す。
　λ：その条件づけで用いられる無条件刺激がもたらすことのできる連合の強さの最大値。
　α：条件刺激の明瞭さの変数。
　β：無条件刺激により値が決定される変数。
　(α, β は条件づけの過程で変化しないものとみなされている。)

　たとえば，$\alpha \beta = 0.25$，$\lambda = 80$ として，このモデルによると連合強度がどのように変化するかということをみてみることにしよう。はじめは，$V = 0$ であるから条件づけの最初の試行の連合強度の増加分およびその試行後の連合強度は，

$\Delta V_1 = 0.25 (80 - 0) = 20$　　　$V_1 = 20$
$\Delta V_2 = 0.25 (80 - 20) = 15$　　　$V_2 = 35 (20 + 15)$
$\Delta V_3 = 0.25 (80 - 35) = 11.25$　　$V_3 = 46.25 (35 + 11.25)$

　条件づけのはじめには1試行の連合強度の増加分は大きいが，試行が進むにつれて連合強度の増加分は少なくなっていく。これは一般的な古典的条件づけの学習曲線にみられる傾向である。

　繰り返すことになるが，彼らのモデルは，条件づけを，連合強度の最大値と現在の連合強度の差，条件刺激の特性，無条件刺激の特性の3つの要因により記述するものである。

2.6.4 レスコーラとワグナーのモデルと複合刺激の条件づけ

上に述べたモデルに少しの仮定をつけ加えるだけで，複合刺激の条件づけを説明することができる。むしろ彼らのモデルは複合刺激の条件づけを説明することで注目を引いたともいえるであろう。複合刺激の条件づけでは条件刺激として，たとえば2つの刺激 A，B が同時に提示されるが，この複合刺激の連合強度 V_{AB} はそれぞれの刺激の連合強度の和と仮定される。

すなわち，

$$V_{AB} = V_A + V_B$$

そして，複合刺激を構成するそれぞれの刺激の連合強度は以下のように表される。

$$\Delta V_A = \alpha_A \beta_i (\lambda - \Delta V_{AB})$$
$$\Delta V_B = \alpha_A \beta_i (\lambda - \Delta V_{AB})$$

ただし，

　α：条件刺激の明瞭さの変数。添え字は条件刺激を表す。

　β：無条件刺激により値が決定される変数。添え字は無条件刺激を表す。

（α，β は条件づけの過程で変化しないものとみなされている。）

先に述べたブロッキングの実験では，まず音刺激を条件刺激として16試行の条件づけを行った。その後，音と光の複合刺激の条件づけが行われた。するとつけ加えられた光刺激は条件反射を引き起こす力を獲得しないということがみられた。

上のモデルにしたがうと，ブロッキングの現象は次のようにして理解される。あらかじめ音を条件刺激として行う条件づけにより音刺激の連合強度 V は最大値 λ に達している。複合刺激の条件づけに移っても，同じ無条件刺激を用いているので連合強度の最大値，すなわち λ の値は変わらない。複合刺激の連合強度は音の連合強度と光の連合強度を加えたものである。これはすでに最大値 λ に達している。そこで光と音の複合刺激の条件づけを行っても条件づけは進行しない。その結果，光刺激は条件刺激としての機能を獲得しないのである。

この場合，連合強度の最大値は用いる無条件刺激により異なってくる。した

がって，複合刺激の段階で無条件刺激の強度を変化させると，可能な連合強度の最大値が変化して，つけ加えられた刺激が条件強度を獲得することがある。このことも実験で例証されている（Kamin, 1969）。

2.6.5 レスコーラとワグナーのモデルの問題点

レスコーラとワグナーのモデルは条件づけに関する多くの現象を説明することが明らかにされているが，また問題があることも指摘されてきた。

たとえば，潜在消去（latent inhibition）といわれる次のような現象がある。条件づけを行う前にあらかじめある刺激を単独で何度も提示すると，その刺激は条件刺激になりにくいということが知られているのである。この現象は上に述べたモデルでは説明できない。上のモデルによると，刺激を単独に提示しても条件づけの変数 α, β は影響されない。α は条件刺激の明瞭さを示すが，刺激に固有のもので，変化するものとはみなされていない。潜在消去の現象を理解するためには，刺激の明瞭さ α が刺激をあらかじめ提示したことによって変化したと考えなくてはならないであろう。

ブロッキングの実験において複合刺激の条件づけの試行を詳しく調べると，追加された刺激に条件づけがまったく生じないわけではなく，複合刺激の条件づけの初期の試行においては条件づけが生じているということも報告されている。このことについてマッキントッシュは，2段階目の複合刺激の条件づけでつけ加えられた刺激が冗長なものであることが学習されるため，ブロッキングが生じるという考えを述べている（Mackintosh, 1975）。このことは，条件づけにおいて刺激の明瞭さが変化することを意味するといってもよいであろう。この考え方に立つと潜在消去の説明も可能になる。

複合刺激の条件づけは，文脈すなわち環境刺激の要因を条件づけの研究に取り入れたといえるであろう。レスコーラらもマッキントッシュらも環境刺激の連合強度が大きくなれば条件刺激の連合強度は弱くなり，またその逆に条件刺激の連合強度が大きくなれば環境刺激の連合強度は小さくなると考える。しかし最近，この考え方と異なる理論も提案されている。すなわち文脈と条件刺激はそれぞれ独立に学習されるという考え方である。条件刺激が文脈よりも強い

BOX 2.1　慣れと敏感化

　ある刺激を何度も経験していると，その刺激に対する反応は低下する。たとえば，ブザーの音を聞くとネズミははじめは動きまわるが，繰返し聞かせているとブザーの音に対する活動の変化がみられなくなることがある。この現象は**慣れ**（habituation）といわれている。また一方，ある刺激を繰返し提示するとほかの刺激に対する反応が敏感になることがある。たとえば，ネズミに電気ショックを数回与えた後でブザー音を聞かせると，活動の変化はただブザー音を聞いた場合よりもはるかに大きいことがある。この現象は**敏感化**（sensitization）といわれている。

　慣れと敏感化を軟体動物のアメフラシを例にとってみることにしよう（アメフラシの図は 5 章（p.89）にある）。アメフラシのエラは外とう膜といわれる部分で保護されており，外とう膜の端にはサイフォンといわれる部分がある。サイフォンに触るとアメフラシはエラを引っ込める反射をみせる。しかし，サイフォンに数回触るうちにアメフラシはエラを引っ込めなくなる。すなわち慣れが生じる。また，サイフォンを触ると同時にアメフラシの尾に電気ショックを与える。そうした試行を数回繰り返すと，サイフォンを触ったときのエラの引っ込め反射は大きくなる。これは敏感化と考えられている。カンデルはアメフラシを用いて，慣れおよび敏感化がシナプスで放出される伝達物質の量の変化によることを示した（Kandel, 1979）。

　慣れや敏感化も単純な学習である。古典的条件づけが刺激に対する新しい反射の形成であるのに対して，慣れや敏感化は刺激に対する既存の反応の変化である。慣れや敏感化と区別して，条件づけは連合学習（associative learning）ともいわれる。また，慣れは慣化あるいは馴化ともいわれる。

連合強度を持つと，条件反射が生じるという考え方も提案されている（Balsam & Gibbon, 1988）。

2.7 古典的条件づけの応用

　古典的条件づけは人間の問題行動の治療にも用いられている。ある刺激に対して生じる不適応の反応を条件づけにより適応的な反応へと変えていくという考え方である。この方法の一つに嫌悪療法がある。

　嫌悪療法はアルコール依存症の治療などに適用されてきた。これはアルコールの味が患者に不快な反応を生じさせるように条件づけるのである。このためにはアルコール依存症者にアルコールを飲むと嘔吐を催させる薬物を投与する。条件づけによりアルコールの味が不快な反応を生じさせるようになるので，アルコールを避けるようになる。ただし，この方法には効果がない場合もある。薬物の投与をやめればまたアルコールは好ましい飲み物になるので，せっかく生じたアルコールの味に対する条件づけが消去してしまうのである。

　古典的条件づけの応用技法としてとくに有効であると考えられているのは，系統的脱感作法（systematic desensitization）といわれる技法である。これは恐怖症の治療に有効であることが示されている。たとえば閉所恐怖の問題を持つ人にこの技法を適用するとしよう。まず恐怖を生じさせる場面をその程度にしたがってリストアップする。たとえば，電車の中，エレベータの中，などの状況のリストを作るのである。そして比較的恐怖の程度の低い場面から始めて，その場面を想像してリラックスさせる。そしてだんだん強い恐怖を生じさせる場面に進みながら，リラックスすることを学習する。こうして，恐怖を引き起こす刺激をリラクセーションと連合させる。恐怖とリラクセーションは相容れないので，リラクセーションが強まると恐怖は低下する。このほか古典的条件づけを応用した方法はいくつかあるが，こうした治療法は行動療法といわれる。

むすび

　古典的条件づけはロシアの生理学者パヴロフによりはじめて体系的に研究された。その後の学習理論の基礎としてはむしろ次章で述べるオペラント条件づけのほうが大きな役割を果たしたといえるであろう。しかし1960年代の終わりごろから古典的条件づけの研究は新しい展開をみせ，学習理論の論争の中で

重要な役割を果たすようになった．これにレスコーラらの果たした役割は大きい．彼らが条件づけの要因として随伴性を指摘したことは注目された．また，彼らの古典的条件づけのモデルは動物実験の枠組みを越えて学習研究に大きな影響を与えた．

[参 考 図 書]

梅岡義貴・大山　正（編著）（1966）．学習心理学　誠信書房
古武弥正・新濱邦夫（1976）．条件反応　福村出版
富田達彦（編訳）（1980）．イエール学派の学習理論　早稲田大学出版部
ノーマン，D. A.　富田達彦（訳）（1975）．認知心理学入門——学習と記憶——　誠信書房
パヴロフ，I. P.　川村　浩（訳）（1975）．大脳半球の働きについて　上・下　岩波書店
メイザー，J. E.　磯　博行・坂上貴之・川合伸幸（訳）（1996）．メイザーの学習と行動　二瓶社

オペラント条件づけ

池のそばで手を叩くと，泳いでいるコイが近寄ってくる。池のコイは音がしたときに人影のそばに行くと餌をもらったという経験が以前にあって，このような行動を学習したのであろう。この学習は2章で述べた古典的条件づけとは異なっている。変容した行動は反射ではなくて移動という自発的行動である。

私たちはある行動が成功すればその行動をとり続け，失敗すればまた別の行動を試みる。このような行動はいうまでもなく反射ではなく自発的行動である。本章ではこのような自発的行動の変容をとりあげる。自発的行動はその行動の引き起こす結果によってどのように変わるのであろうか。その変容の基礎的過程はオペラント条件づけの研究によって明らかにされてきた。

3.1 オペラント条件づけの実験

オペラント条件づけの起源は1章で述べたソーンダイクの実験である。彼は問題箱の中に空腹のネコを入れ，どのようにしてネコが箱の中の仕掛けを操作して外へ出るようになるかを観察した。このようなネコの行動の観察から，満足のいく結果を生じさせる行動はその後生じやすくなり，不満足を生じさせる行動はその後起こりにくくなるという効果の法則を導いた。

近年このタイプの条件づけの研究にもっとも大きな影響を与えた研究者は，アメリカの心理学者スキナー（Skinner, B. F.; 1904-1990）である（図3.1）。この種の条件づけは道具的条件づけ（instrumental conditioning）といわれていたが，彼は**オペラント条件づけ**（operant conditioning）という用語を用いた。したがって，現在はオペラント条件づけという用語が道具的条件づけという用語よりも広く用いられるようになっている。スキナーはオペラント条件づけが人間のさまざまな行動の基礎にあるという考え方を強力に推進した。

オペラント条件づけという用語を用いる場合には，古典的条件づけはパヴロ

3.1 オペラント条件づけの実験

図 3.1　スキナーとスキナー箱（Atkinson et al., 1990）

フ型条件づけ，あるいはレスポンデント条件づけとよばれることも多い。

オペラント条件づけの実験は主として動物を対象として行われてきた。基本的には動物がある行動をとったときに，その結果を操作して行動の変容をみるという手続きをとる。

3.1.1　条件づけの過程

オペラント条件づけの代表的な例としては，スキナー箱の実験をあげることができる（Skinner, 1938）。ハト用のスキナー箱の一例が図 3.2 に示されている。この装置はハトが自由に動き回ることができるスペースのある箱であるが，中にキーとよばれる円形の部分がある。ハトがそれをつつくと餌がでたり，嫌悪刺激が与えられたり，あるいはそれらが停止したりする仕組みになっている。

ハトのキーつつき行動の条件づけを行うには以下のような手続きをとる。まず空腹のハトをスキナー箱に入れる。ハトは箱の中で動き回り偶然にキーをつつくことがある。すると給餌装置が作動し餌が出る。このようなことが繰り返

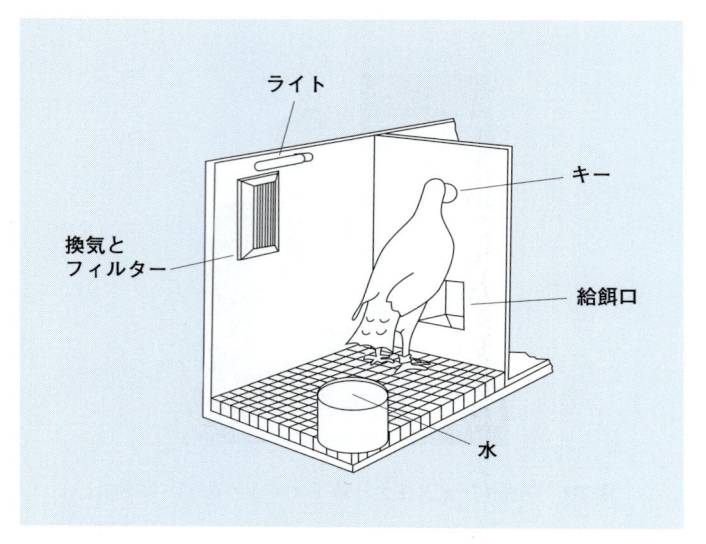

図 3.2　ハト用のスキナー箱の内部 (Ferster & Skinner, 1957)

されると，ハトはキーのそばにいることが多くなり，やがてキーをつつく行動を続けて行うようになる。こうしてキーつつき行動の条件づけを行うことができる。

　条件づけが成立した後でハトがキーをつついても餌が出ないようにする。するとはじめのうちはハトはキーをつつき続けるが，そのうちつつき反応は減少していき，キーつつきを行わなくなる。この手続きあるいは現象は消去 (extinction) といわれる。

　上に述べた手続きは，行動の後で報酬を与えるという手続きがとられた。この場合，報酬を与えることを強化 (reinforcement)，報酬を強化子 (reinforcer) という。報酬ではなく嫌悪刺激が用いられる場合もある。ある行動の結果として嫌悪刺激が停止するとその行動は生じやすくなる。この場合は嫌悪刺激を停止することが強化，嫌悪刺激が強化子となる。

　ところで，実験装置に入れてもはじめはなかなかキーをつつく反応が現れな

いことがある。そのときは**シェーピング**（shaping）といわれる手続きをとると，条件づけを促進することができる。はじめにハトがキーのそばに来るように条件づけを行うのである。ハトがキーに近づくと餌を与えるようにする。するとハトはキーの近くに来ることが多くなる。次にハトがキーに触れると餌を与える。すると，キーつつき反応が生じる可能性は大きくなる。こうして段階的に求める行動が生じやすくなるようにする手続きをシェーピングという。

ネズミ用のスキナー箱が図 3.3 に示されている。ネズミの場合には，スキナー箱の壁面にとりつけられた梃子（レバー）といわれる部分を押すことが課題である。梃子を押すと報酬が出たり，嫌悪刺激が与えられるような仕組みになっている。この装置を用いてネズミを被験動物として梃子を押す行動の条件づけがさまざまな事態で観察されてきた。

3.1.2 条件性強化

報酬や嫌悪刺激だけでなく，本来強化力を持たない刺激も学習により強化力を持つようになることがある。そのような刺激は**条件性強化子**（conditioned reinforcer）といわれる。ネズミにスキナー箱で梃子押しを訓練する。ネズミが梃子を押すと餌が与えられ同時にクリック音がする。この事態で梃子押しを学習すると，クリック音が条件性強化子としての機能を持つようになることが示されている。条件性強化子であるかどうかは消去のときにその音を提示すればわかる。もし条件性強化子としての機能を持つのであれば，消去が遅れるはずである。実際にネズミが梃子を押すと餌は出ないという通常の消去の手続きと，梃子を押すと餌は出ないがクリック音が出る条件を比較すると，クリック音が提示される条件では消去が遅れることが観察されている。

条件性強化子の興味深い例がある。干しブドウはチンパンジーの好物であり，学習の報酬としては好適である。一方，ポーカーチップは報酬としては適当ではない。しかし，チンパンジーにポーカーチップと干しブドウが交換できることを学習させると，チンパンジーにとってポーカーチップは学習の有効な報酬となる。すなわち，ポーカーチップが条件性強化子の働きを持つようになる。実際に，ある研究ではチンパンジーはポーカーチップを 1 個得るためにある反

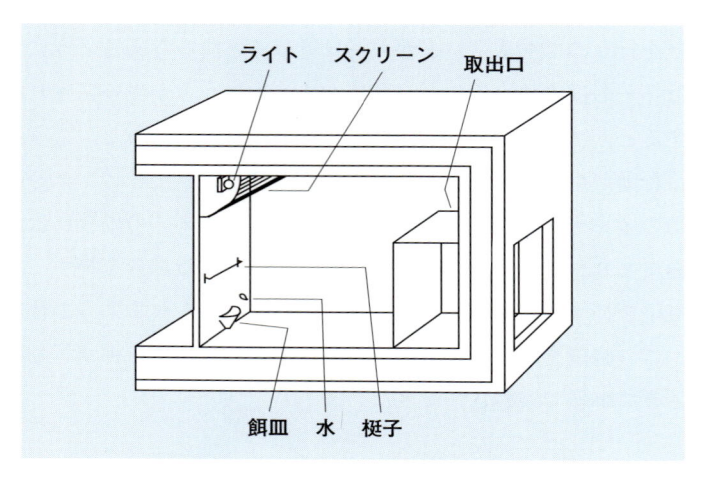

図 3.3(1) ネズミ用スキナー箱（Skinner, 1938）

図 3.3(2) スキナー箱（レイノルズ, 1978）
(1)のスキナー箱は，スキナーの初期の研究に用いられた。
(2)はその後一般に利用されたスキナー箱の例である。
この装置は，床から電気ショックを与えることができるように作られている。梃子が2つついているが，梃子の数は実験の目的に合わせて選ばれる。また，箱の右側にあるのは給餌装置である。動物が梃子を押すと，それに応じて餌を放出する仕組みになっている。

図 3.4　チンパンジーとポーカーチップ（Kagan & Segal, 1988）

応を125回行うことを学習した。そしてポーカーチップ50個で餌と交換できるようにしたが，チンパンジーはこの課題を遂行した（Kelleher, 1958）。このような強化子の代替物は**トークン**といわれている（図3.4）。

　私たちの身の回りを見渡してみると目的となる対象の代替物はいろいろ目につく。たとえば1回買い物をするごとにポイントが何点かつき，そのポイントがある点数に達するとそれに応じた額の品物を手に入れることができるという方式は珍しくもないが，この場合ポイントはお金のトークンであるとも考えることができる。また子どもが幼稚園で絵を描いたりしたときに先生がごほうびに花のはんこを押すことがある。これも一種のトークンであるといえるであろう。

3.1.3　古典的条件づけとオペラント条件づけの手続き

　ここで改めて古典的条件づけとオペラント条件づけの手続きの相違を確認しておこう。すでに述べたように，古典的条件づけにおいては動物の行動に関わりなく刺激が対になって提示される。パヴロフのイヌの実験においても条件刺激と無条件刺激は動物の行動に関わりなく与えられている。一方，オペラント

条件づけにおいては，ある刺激事態で動物がある反応を自発すればそれに対して報酬や嫌悪刺激が与えられる。すなわち行動の結果によって刺激を変化させる。2つの条件づけの手続きは以下のように表すことができるであろう。

　　古典的条件づけ　　　　　刺激―刺激
　　オペラント条件づけ　　　刺激：行動―刺激

　実際にはこの2つの手続きは相互に混入する可能性がある。たとえば，古典的条件づけの例としてあげた瞬目条件づけにおいて，瞬きが無条件刺激として吹き付けられる空気の不快さを低減するならば，そこには瞬き―不快の低減というオペラント条件づけの手続きが混入することになる。またスキナー箱のネズミが，梃子を見て餌を予期して唾液を分泌するということがあれば古典的条件づけの手続きが入っていることになる。したがって厳密な意味では区別は難しい場合がある。

3.2　オペラント条件づけにおける時間的接近と随伴性

　古典的条件づけにおいて条件づけに必要なのは時間的接近か随伴性かということが前章で問題になった。古典的条件づけの場合は，条件刺激と無条件刺激の時間的な接近のみでは条件づけに十分ではなく，随伴性の重要さが指摘された。

　オペラント条件づけの場合には時間的接近か随伴性かという問題は，行動に時間的に接近して強化子が提示されれば条件づけに十分であるのか，それともある行動が生じたときに強化子が与えられる確率が，その行動が生じないときに強化子が与えられる確率よりも大きいことが必要かどうかという問題となる。オペラント条件づけの場合も随伴性の重要性を示唆する実験がある。

　スキナー箱でネズミに梃子押しの訓練が行われた。実験の時間を1秒単位に分けて，それぞれの1秒間にネズミが梃子を押すと20回の反応に1回の割合（0.05の割合）で強化子，すなわち食物が与えられる。この場合は梃子を押さなければ食物は与えられない（図3.5の.05―.0）。ネズミはこの条件で梃子押

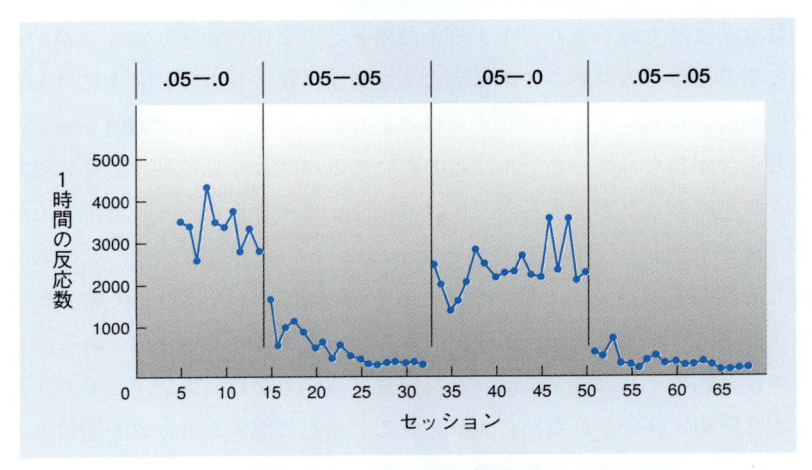

図 3.5 随伴性の高い条件とそうでない条件での梃子押し反応
(Hammond, 1980)
1回1セッション（1時間）実験が行われた。

しを学習した。

次に，ネズミが梃子を押すと上に述べた割合で食物が与えられるが，梃子を押さなくてもそれと同じ割合で食物が与えられる条件に変えた。つまり，1秒間の時間単位に梃子を押したときの食物を得る確率と，押さなかったときの食物を得る確率が等しくなるようにされた（図の.05―.05）。この条件ではネズミは梃子押しをやめたのである。反応と食物の時間的接近は両条件で同じにしてある。さらに再びもとの条件（.05―.0）に戻すとネズミは梃子を押し始めた。この傾向は図 3.5 に示されている（Hammond, 1980）。この実験は条件づけにおける随伴性の役割を示しているといえるであろう。

3.2.1 学習性無気力

上の実験は，動物が行動に強化子が随伴する場合とそうでない場合を区別して，それぞれの場合に応じて反応することを示している。随伴性が行動に影響することを示唆する実験として学習性無気力（learned helplessness）の実験も

あげることができる（図 3.6）。

　実験は 2 段階で行われた。まず第 1 段階として 2 匹のイヌが別々の箱に入れられて索具をつけられる。この 2 匹のイヌを A, B としよう。イヌにはときどき 2 匹同時に電気ショックが与えられる。ただし 2 匹のイヌは電気ショックを受ける条件が異なっていた。A は顔の前にあるパネルを鼻で押すとその電気ショックを止めることができるが，B は電気ショックを止めることはできない。ただ，A が電気ショックを止めると B のショックも止まるので，2 匹のイヌは同じ時間電気ショックを経験する。A と B の違いは A は自分で電気ショックを止めることができるが，B は止めることができないという点である。

　この後 2 匹のイヌは電気ショックを回避する学習を行った。すなわち，ハードルで 2 区画に区分された箱に入れられる。そして電気ショックを避けるためには区画間を移動することが必要であった。この学習において 2 匹のイヌの行動には著しい違いがみられた。すなわち，自分で電気ショックをコントロールした A はこの課題を学習したが，B はこの課題を学習できなかったのである。B は電気ショックを受けても動こうとせず，逃げたりそれを避けようとする行動はみられなかった。受動的に電気ショックを受けた後で学習ができなくなる現象は学習性無気力として知られている（Seligman & Maier, 1967）。

　B はなぜこのような行動をとるようになったのだろうか。つまり上の実験の

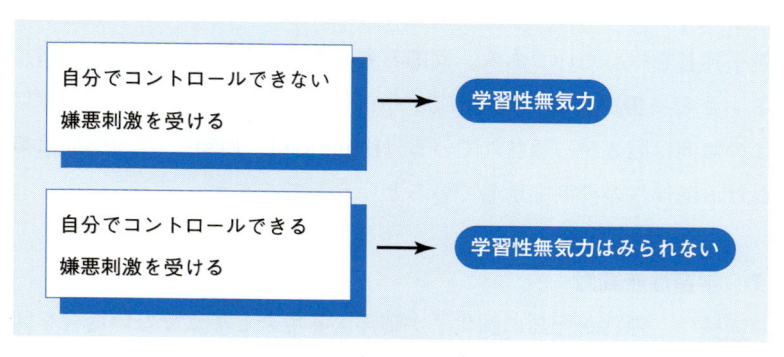

図 3.6　学習性無気力

第1段階でイヌは何を学習したかということについてはいくつかの可能性が考えられるであろうが，以下の解釈が有力である。すなわち，第1段階においてBは電気ショックは行動とは無関係だということを学習した。つまりどう行動しても電気ショックをコントロールできないことを学習した。したがって，電気ショックを避ける学習課題に直面したときに学習ができなくなってしまった。

動物は事象の生起が行動に依存しているかどうかを敏感に区別する，すなわち，随伴性を検出する。そして上の解釈は，動物は環境の事物をコントロールできないということを学習する可能性があること，さらにはこのような学習は新しい学習に影響を与え，それを不可能にする可能性もあるということを示している。

3.2.2 迷信行動

時間的接近の有効性を示唆する実験もある。スキナーの有名な迷信の実験である（Skinner, 1948）。彼はスキナー箱を用いて，ハトの行動を観察したが，通常の訓練の方法とは異なる手続きをとった。すなわち15秒ごとにハトの行動に関わりなく，スキナー箱の給餌口に餌を提示した。するとハトの行動に変化がみられた。ハトはそれぞれ独自の反応をするようになったのである。箱の中を反時計回りに回るハトがいた。また，振り子のように体を動かすハトもいた。スキナーはこの現象を迷信（superstition）とよんだ。

スキナーによれば，時間的接近だけでハトのこうした行動の条件づけが生じることになる。餌はハトの行動とは独立に出現する。そこで，餌が提示されたときに偶然行っていた行動の頻度が高まる。次に餌が提示されたときにはその行動を行っている可能性が大きい。したがって，その行動の生じる可能性はさらに大きくなる。このように解釈ができるが，時間的接近だけで条件づけが生じるという結論を出すには，少なくとも1回目の餌の提示によってある程度の学習が生じていたと考えなくてはならない。興味深い点はスキナーが人間の迷信の形成にもこれと同様の過程があるとみなしたことである。

しかしながら，この問題はそれほど簡単ではないことがその後わかってきた。あらかじめハトの行動について16のカテゴリーを作成してス（p.48へ続く）

BOX 3.1　自律神経系の反応のオペラント条件づけ

　古典的条件づけの例としてよく引かれるのはパヴロフの実験である。唾液の分泌のような自律神経系の支配する反射は古典的条件づけの対象であり、オペラント条件づけの対象ではないと考えられるかもしれない。同じように自律神経系の支配する心拍は報酬や罰を与えることにより増大したり減少したりするとは考えにくいであろう。しかし、このような反射がオペラント条件づけにより変容することを示す実験がある。

　この問題を実験的に検討するにはいろいろな問題がある。たとえば心拍を例にとると、運動をすれば心拍は早くなる。心拍が強化によって増えたとしても、実際には体性神経系の支配する筋肉の運動が条件づけにより変容し、その結果脈拍が変化したという可能性がある。したがって心拍など自律神経系の支配する活動が強化により変化することを示すためには、筋肉の運動の要因を排除しなければならない。

　1960年代になってこの問題を検討する実験が工夫されるようになった（Miller, 1969）。まず、筋肉の働きの介入を防ぐために、運動神経と筋肉の間の連絡を断つクラーレという薬物を動物に投与する。この薬物を投与されると、呼吸もできなくなるので人工呼吸を行う。また、ものを食べることができないので餌などを条件づけの報酬に使うことはできない。そこで脳の報酬領域への刺激が報酬として用いられた（**BOX 4.2 参照**）。図3.7 にこの種の実験の様子が示されている（DiCara, 1970）。

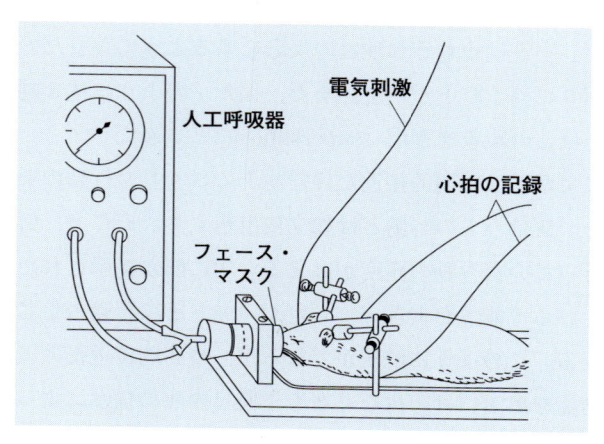

図 3.7　自律神経系の支配する反射のオペラント条件づけの実験
（DiCara, 1970）

3.2 オペラント条件づけにおける時間的接近と随伴性

ネズミを被験動物とした実験の一例をあげておこう（Miller & Banuazizi, 1968）。実験のはじめに心拍数のベースラインを調べる。ネズミの場合は心拍は1分間に約400回を中心に変動する。装置に慣れた後，条件づけに入るわけであるが，ネズミに音を提示し心拍がある基準を超えると0.3秒間の脳刺激を報酬として与える。そこで試行が終わり，この後10秒間のタイムアウトがある。10秒たつとふたたび音が提示され，反応が基準を超えると脳刺激が与えられる。この基準は条件づけが進むとともにあげていく。訓練中10試行目ごとにテストがある。このときは10秒間音は提示されるが脳刺激の報酬を与えない。この10秒間のテストの反応をデータとしてとる。心拍を低下させるように条件づけるときも同様の方法を用いる。

図3.8 に実験の結果が示されている。心拍が早くなって強化を与えると，試行を重ねるにつれて心拍は早くなる。また心拍が遅くなって強化を与えると，訓練により心拍は遅くなることがみられる。また，実験では腸の収縮や弛緩に強化を与えるということも行われているが，腸の収縮や弛緩を脳刺激により強化しても心拍変化は生じない。このことは条件づけが心拍に特定していることを示すとみなされる。

心拍だけでなく，その他の内臓の活動についても同様な条件づけが報告されている。しかしこの種の実験はその後必ずしも再現できないこともあり，安定したものではないということが知られている（Mazur, 1994）。

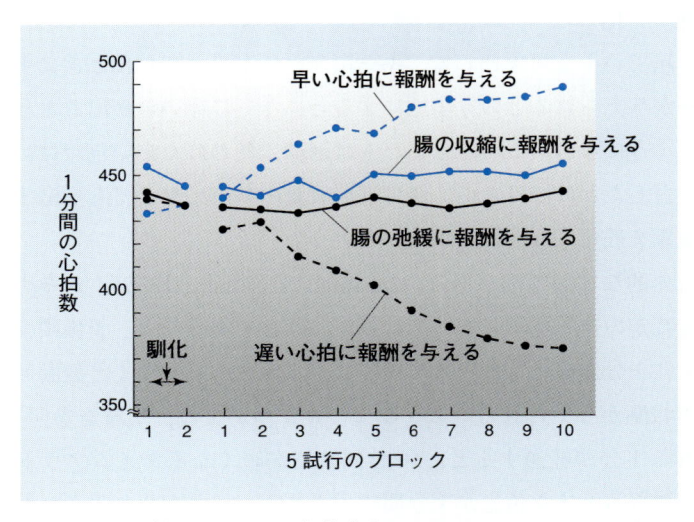

図3.8　心拍のオペラント条件づけ（Miller & Banuazizi, 1968）

（p.45 より続く）キナーの迷信の実験が繰り返された。そのカテゴリーを用いて実験中のハトの行動が記録された。この実験では餌は12秒ごとに提示された。結果によると，実験の初期にはスキナーの述べているような行動が現れた。しかし実験を続けていくと，ハトは2種類の行動を示すようになった。餌を提示した直後にはハトの独自の行動がみられるが，次の餌の提示が近づくとハトはみな同じような反応を示した。つまり給餌口のほうを向いたり，つつき行動を示したのである（Staddon & Simmelhag, 1971）。このような実験により時間的接近だけによって迷信の実験を解釈することは難しいとされている。

3.3 般化と弁別

ある刺激事態においてある反応を行うように条件づけをすると，それと少し異なる事態でもその反応は生じる。また条件づけによって2つの刺激事態を区別して異なる反応を行うように訓練することもできる。

3.3.1 般　化

スキナー箱でハトを対象として，キーに赤い色が提示されたときにキーをつつくと報酬が与えられるという事態にすると，キーに赤い色が出るとハトはキーをつつくようになる。このときにハトは訓練に使われた赤い色だけに反応することを学習したわけではない。赤に近い波長の刺激に対しても反応する。このような現象を**般化**（generalization）という。

般化の古典的な実験の例がある（Guttman & Kalish, 1956）。スキナー箱で，キーにある特定の色を提示してハトにキーつつきを訓練した。予備訓練の後で色光がキーに1分間提示され，この期間にハトがキーをつつくと変動間隔スケジュールで報酬が与えられる（スケジュールについては，次章を参照）。色光の提示される1分が経過すると，10秒間装置が暗くなるタイムアウトとなり，その時間が過ぎるとまた色光が1分間提示される。これが繰り返された。ハトは4グループに分けられ，それぞれのグループは，530（緑），550（黄緑），580（黄），600（橙）ナノメーター（nm = 10億分の1メートル）のいずれか

の波長の色光が刺激として用いられた。

　般化のテストは，はじめに用いられた刺激を含む 11 の刺激を 30 秒間ずつキーに提示しハトの反応を観察した。般化のテストでは反応しても餌は与えられなかった。この実験の結果は図 3.9 に表されているが，訓練に用いられた刺激を中心としてそれに波長が近い刺激に反応が生じている。この図の示す勾配は**般化勾配**といわれている。

　般化勾配はこれとは逆の形をとる場合もある。キーに白色光が提示されたときにキーをつつくと報酬が与えられるが，ある波長の色光が提示されるとキーをつついても報酬が与えられないという学習を行った。その後さまざまな色光で般化のテストをしたところ，その波長の色光に反応がもっとも少なくそれから離れるにつれて反応が増大するという凹型の勾配がみられた（Terrace, 1971）。

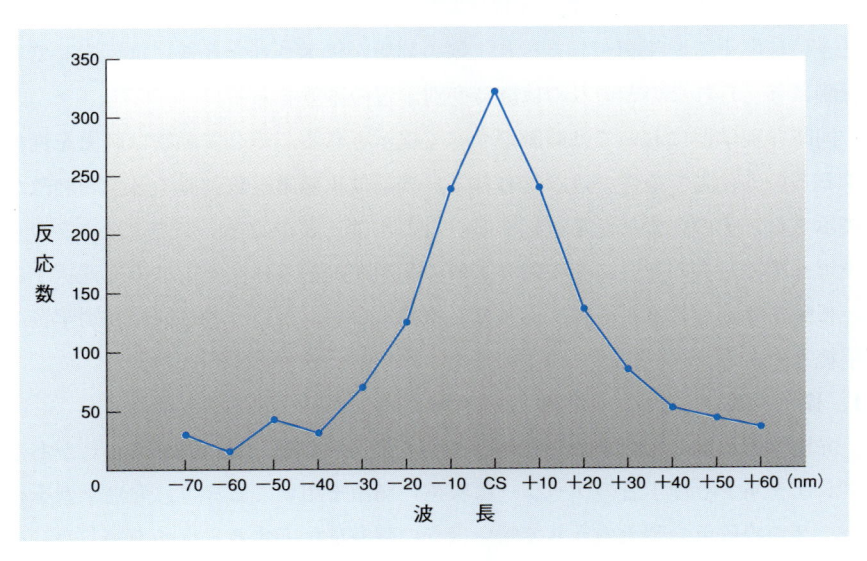

図 3.9　般化勾配（Guttman & Kalish, 1956を一部改変）

3.3.2 弁別学習

いくつかの刺激が提示され，ある刺激 A に反応すると報酬が与えられるが，別の刺激 B に反応しても餌が与えられないというようにすると，動物は刺激 A に反応するが，刺激 B には反応しないようになる。一般に刺激を区別して，ある刺激にはある反応をし，それとは異なる刺激には別の反応をすることを**弁別**（discrimination）という。たとえばバスの停留所でバスを待ち，自分の目的地に行くバスが来たら乗るが，ほかの行き先のバスには乗らないのは一種の弁別である。条件づけにより弁別の訓練をすることができる。このような条件づけは**弁別学習**といわれる。

弁別学習の手続きにはさまざまなものがあるが，それらは**継時弁別学習**と**同時弁別学習**の大きく2つに区分することができる。いずれの場合も反応すると報酬を得ることができる刺激は正刺激，そうでない刺激は負刺激といわれる。

継時弁別学習では刺激は一度に1つずつ提示される。そして動物は正刺激が出たときはある反応を行い，負刺激が出たときにはそれとは異なる反応を行うように学習する。たとえば，ハトがスキナー箱でキーに赤の刺激が提示されるときに反応すると報酬が与えられ，緑の刺激が提示されたときには反応しても報酬は与えられないというのは継時弁別学習の事態である。

同時弁別学習においては刺激がすべて提示される。そして動物は刺激を選択するという仕方で条件づけが行われる。普通は正刺激，負刺激の2つの刺激が提示され，そのいずれかを選択する。たとえば，2つのキーがついたハトのスキナー箱で左右のキーに赤の刺激と緑の刺激が提示され，ハトは赤を選択すると報酬が与えられるが緑に反応しても報酬はない，というのは同時弁別学習の手続きである。

1. 移　　調

弁別学習に関して以前から知られていた現象に**移調**（transposition）がある。ゲシュタルト心理学者のケーラーは灰色の刺激を用いてヒヨコに弁別学習を行い，2つの灰色の刺激のうちで暗いほうの刺激に反応するように訓練した。そして，その後この訓練に使われた暗いほうの刺激とさらに暗い刺激をヒヨコに提示して選択を求めたところ，ヒヨコはそれまでの訓練において正刺激であっ

た刺激ではなく，はじめて見る暗いほうの刺激を選んだ。ケーラーはこのことから，弁別学習において動物は個々の刺激に対する反応ではなく，刺激の関係を学習すると解釈した（Köhler, 1939）。

2. スペンスの理論

　弁別学習は刺激の関係の学習を考慮に入れなくても理解できるとする理論を出したのはアメリカの行動主義心理学者スペンスであった（Spence, 1937）。彼によれば弁別学習は個々の刺激への反応傾向とその般化により説明できる。彼の理論は以下のように要約できる。
（1）弁別学習の正刺激が強化されると，正刺激を中心として反応傾向（興奮）の勾配が生じる。
（2）反応しても強化を受けない負刺激を中心にして負の反応傾向（抑制）の般化勾配が生じる。
（3）弁別学習事態における刺激に対する反応の強さは，正刺激と負刺激に対する反応傾向の般化勾配の加算で表される。

　スペンスの考え方は加算説ともいわれる。この考え方には刺激の関係の学習は含まれていないが，以下に述べるように移調の現象を扱うことができる。

　たとえば，動物が大きさの弁別学習を行うとしよう。$256cm^2$ の刺激を正刺激として，$160cm^2$ の刺激を負刺激として弁別学習を行うと，図3.10 のように $256cm^2$ の刺激を中心として反応傾向（興奮）の勾配が生じる。また，$160cm^2$ の刺激を中心として抑制の勾配が生じる。これらを加算した反応の強さは点線で表される。この図をみると，反応の強さがもっとも大きいのは正刺激に対してではなく，それより負刺激と反対の方向に少しずれた刺激であることがわかる。すなわちもとの正刺激である $256cm^2$ の刺激に対してよりも $409cm^2$ の刺激に対して反応傾向が大きい。移調の現象とは，大きい刺激を正刺激として大きさの弁別学習を行い，その後で正刺激とそれより大きい刺激を提示して動物に選択させると，動物は大きいほうを選ぶということであった。この現象はスペンスの考え方で説明できる。

　実際にスペンスはチンパンジーを対象とした実験を行って彼の理論を確かめ，刺激の関係の学習を考えることなく移調の現象を説明できると主張した。しか

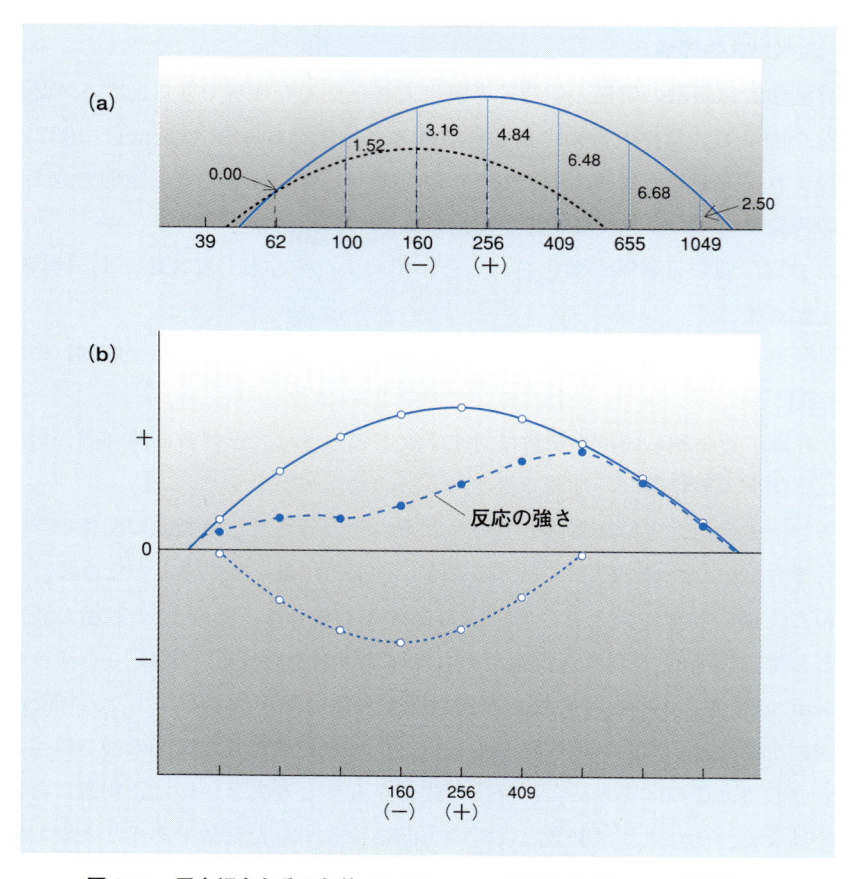

図 3.10 反応傾向とその加算((a) Spence, 1937 ; (b) Deese, 1958)
(a) は面積 256cm² の刺激を正刺激，160cm² の刺激を負刺激として弁別学習を行ったときの刺激に対する反応傾向の般化を表す。点線は負の反応傾向を示している。
(b) にはこの 2 つの反応傾向を加算した値が示されている。正刺激に対してよりも正刺激よりも大きい刺激に対して強い反応傾向がみられる。

し容易にわかるようにスペンスの理論で説明できるのは，刺激の大きさがある限られた範囲にあるときである。

3. ピークシフト

継時弁別学習においてみられる**ピークシフト**（頂点移動）といわれている現象があるが，この現象はスペンスの理論によく合うと考えられている。スキナー箱を用いてハトを対象として行われた色の弁別実験の例をみることにしよう（Hanson, 1959）。ハトは4グループに分けられた。いずれも，550ナノメーターの波長の刺激（黄緑）が正刺激であるが，負刺激はグループにより異なっていた。すなわち，555，560，570，590ナノメーターの波長の刺激を負刺激とする4グループに分けられ，弁別学習が行われた。弁別学習の後でいろいろな波長の刺激を出して，ハトがそれぞれの刺激に対してどのように反応するかということが観察された。般化のテストのときには報酬は与えられない。

般化テストの結果が図 3.11 に示されている。この図からもわかるように般

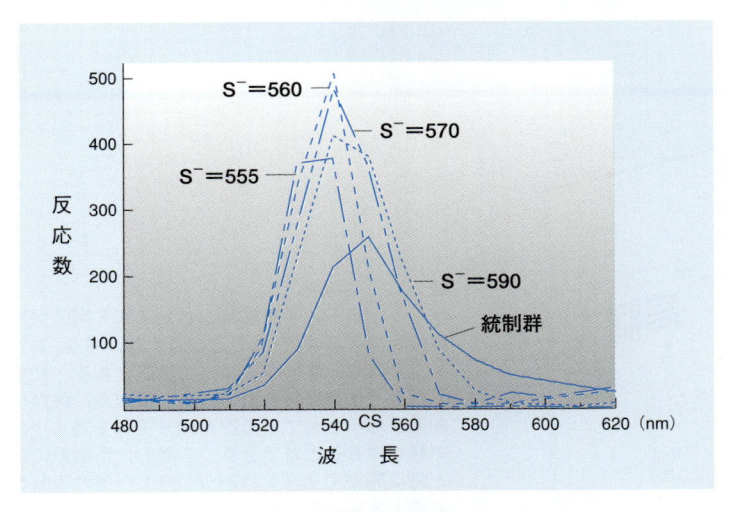

図 3.11 ハトの般化勾配（Hanson, 1959）
4つの実験群の勾配は S⁻（負刺激）の値で示されている。統制群は弁別の訓練は受けていない。

化勾配のピークは正刺激のところではなく，そこから負刺激と反対のほうに少しずれたところにある。この現象はスペンスの理論を例証している。

4. 関係の学習

スペンスの理論によると，弁別学習を理解するためには刺激と反応の連合を考えればよく，刺激間の関係の学習を考慮する必要はない。一方，動物が刺激間の関係を学習することを示唆する実験がある（Lawrence & DeRiviera, 1954）。

ラッシュレーの跳躍台（図 3.12）を用いて，ネズミを対象として以下のような実験が行われた。訓練に用いられた刺激のカードは上下に二分されていて，下半分は基準となる灰色で上半分はそれより明るい灰色3種のうちいずれか，あるいはそれより暗い灰色の3種類のいずれかであった（図 3.13）。図の数字は4が基準となる明るさの灰色で，数字が小さくなると明るくなる。弁別学習は以下のようにして行われた。同じカードが左右におかれ，ネズミはカードの上半分が下半分より暗いと右を選択しなければならない。また，上が下より明るいと左を選択すれば正反応である。

このような課題をネズミは学習するときに，上下の明るさの関係を手がかり

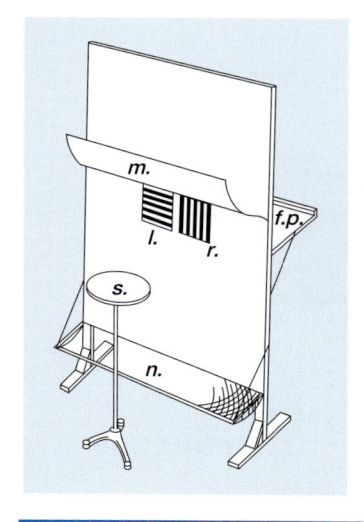

図 3.12 跳躍台（Lashley, 1930）
ラッシュレーにより考案されたネズミ用の弁別学習の装置。ネズミは台（s）の上に置かれ，右（r）あるいは左（l）の刺激に跳びつくように訓練される。どちらかが正刺激で他方は負刺激である。正刺激に跳びつくと，刺激が提示されている窓が開きそこを通って餌台（fp）で餌を得ることができる。しかし，負刺激に跳びつくと窓は開かずネズミは網（n）の上に落ちてしまう。刺激の上金属の板（m）はネズミが高く跳びすぎた場合に窓のほうに向かうようにつけられている。図には縦縞と横縞の刺激が示されているが，弁別学習を行うと常に正刺激に反応するようになる。

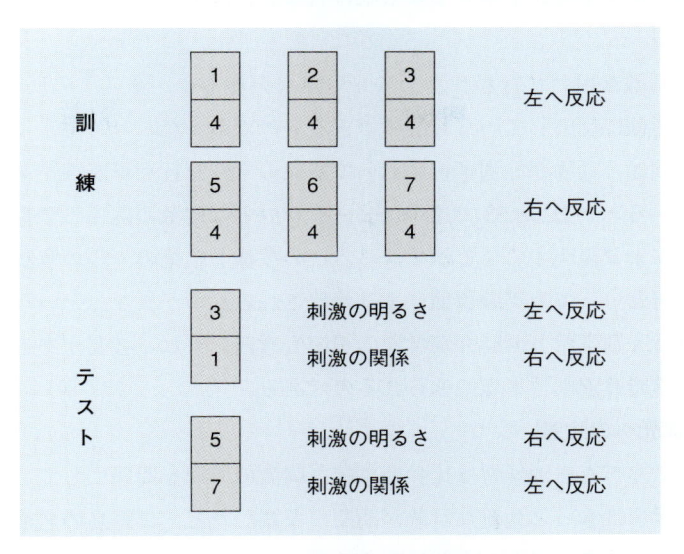

図 3.13　弁別学習において刺激の関係を検討した実験の手続き
(Lawrence & DeRiviera, 1954 より)
数字は灰色の明るさを示す。中間の明るさの灰色は4で，数字が小さいほど明るく，大きいほど暗い灰色を表す。

として反応することもできるし，また刺激の絶対的な明るさを手がかりとして反応することもできる。すなわち，カードの上半分だけを手がかりとして基準より明るい灰色のときに右を選択し，暗い灰色のときは左を選択することも可能である。

　ネズミがどのように学習していたかということが，下半分の明るさを変えることによりテストされた。このテストで用いられた上半分が明るさ3で下半分が明るさ1のカード（3/1）を例にとると，もしネズミが刺激の上半分の絶対的な明るさに対して反応しているのであれば，ネズミは左に反応するはずである。なぜなら，訓練の段階では3も1も左に反応すると報酬を与えられたからである。一方，ネズミが上半分と下半分の明るさの関係に反応することを学習していたとすれば，このカードに対して右に反応するであろう。なぜなら，も

との訓練では上半分が下半分よりも暗ければ右に反応すると報酬が得られたからである。

多くの刺激を用いて行われたテストの結果をみると，ネズミの反応の80％は刺激の関係に反応していると解釈できるものであった。

この実験は，動物が弁別学習において関係の学習を行う可能性があることを示唆している。一方，p.53で述べたピークシフトは刺激の関係の学習を考慮しない理論により説明することができる。この多様な結果の一つの解釈は，一口に弁別学習といっても実験事態により学習されるものが異なるということであろう。継時弁別学習と同時弁別学習の相違も考慮に入れる必要がある。ピークシフトは継時弁別学習事態でみられるのである。

5. 刺激次元への注意

これまで述べた弁別学習は比較的単純な刺激の弁別を問題にしていた。一般には弁別学習はもっと複雑な対象が問題になる。たとえば野鳥の名前を覚えるとしよう。ある鳥をほかの鳥と区別するには，形や羽の色などさまざまな手がかりの中からどの特徴が重要であるかを知る必要がある。羽の特徴が重要な手がかりであるとすると，その鳥を弁別するにはまず羽に注目することを学習しなければならない。複雑な対象の場合にはこのように，刺激のどの手がかりが有効な手がかりとなるのかをまず学習しなければならないのである。つまり何が適切な手がかりであり，何が不適切な手がかりであるのかを知る必要がある。

たとえば赤い三角形には形と色の次元が関与している。このようにいくつかの次元が関わる刺激の弁別を行うときには弁別学習は2段階で行われるということが提案された。この考え方によると，はじめにどのような次元が適切な次元であるかを学習し，次にその次元上のどの値の刺激が正刺激かということを学習する。言い換えると，弁別学習を行うときにはまず適切次元に注意を向けることを学習する。

次元への注意が学習されることを示す実験がある。図3.14に実験の概要が示されている。まず，第1段階として図の左側に示されている2つの弁別学習を行う。この弁別学習では，形が適切次元で色は不適切次元である。この後2つのグループを作って，グループ1は前と同じように形を適切次元とする学習

3.3 般化と弁別

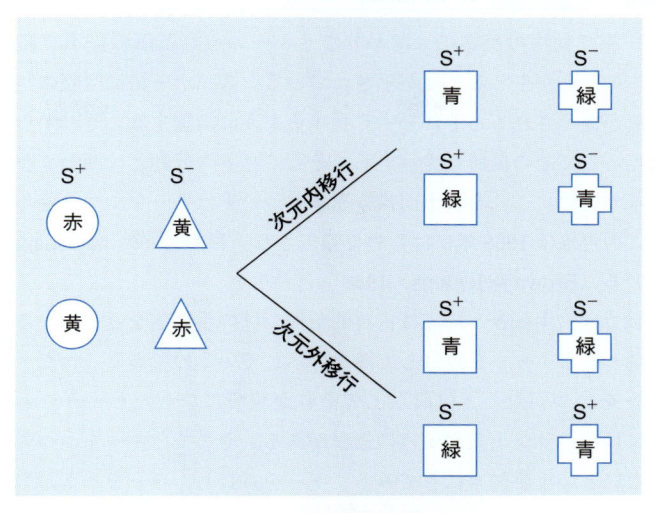

図 3.14 次元移行学習の手続き

を行う。この実験の手続きを**次元内移行**という。グループ2は形ではなく，色を適切次元とする学習に移行する。この手続きは**次元外移行**といわれる。こうした実験はネズミ，ハト，サル，ヒトの幼児などを対象として行われたが，次元内移行群のほうが学習が早いということが示されている。次元内移行は次元への注意がすでに学習されているために容易であると考えられる。

3.3.3 カテゴリーの弁別

　これまで述べてきた弁別学習の実験においては，実験の期間中は正刺激あるいは負刺激は固定したもので変わらなかった。ところで，個々の刺激ではなく，刺激のカテゴリーの弁別学習も興味深い問題である。たとえば，形や大きさが違っても三角形は三角形である。形や大きさを変えても三角形を弁別する，つまり三角形性とでもいうものを動物が弁別できるかどうかということも実験により検討されてきた。

> **BOX 3.2　自 動 形 成**
>
> 　スキナー箱で動物の反応には関わりなくキーの点灯と餌の提示を繰り返すと，キーへの反応が生じることが示されている。スキナー箱に空腹のハトを入れ，まず餌が提示されるとそれをすぐ食べるように訓練する。それから，キーを数秒間点灯してその後餌を提示する。そしてハトの行動とは関わりなくこの手続きを繰り返す。これを数十回繰り返すと，ハトはキーをつつき始めるようになる。この現象は 1968 年にはじめて報告され，**自動形成**（autoshaping）といわれている（Brown & Jenkins, 1968）。
>
> 　この実験では，手続きとしては古典的条件づけの手続きをとっている。動物の行動に関わりなくキーを点灯して餌を提示しているのである。ただ，ハトが偶然にキーをつついたときに餌が出てそれが報酬になったということがあれば，そこにはオペラント条件づけの過程がある。そこで，キーをつつくと餌が与えられないという手続きにしてみる。キーを点灯し，キーをハトがつつくとキーは消灯し餌が出ないが，ハトがキーをつつかないと餌が出るという条件にする。それでもハトはキーをつつくということも示されている（Williams & Williams, 1969）。この実験型は**負の自動反応維持**（negative automaintenance）といわれる。この現象はオペラント条件づけでは説明できない。
>
> 　自動形成を古典的条件づけとみなす研究者は多い。しかしながら，もし古典的条件づけであるならば，条件づけによって形成される反射は，無条件刺激に対する反射に類似したものであるか，あるいはそれと拮抗するものであると考えられる。しかしながら，自動形成の事態で，これとは異なる反応も観察されている。このような研究にもとづいて自動形成は種に固有の行動が関わっているという提案も行われている（Timberlake & Grant, 1975）。

1. 刺激の等価性

　刺激のカテゴリーを学習できるかどうかということを調べるには，まずそのカテゴリーに属する刺激を正刺激として弁別学習を行い，その後そのカテゴリーに属するほかの刺激を用いて般化を調べる。もし同一カテゴリーの刺激に対して同じように反応すれば，カテゴリーの学習が行われたと考える。この方法で，大きさ，形，数，色などのカテゴリーについて古くから実験が行われてき

た。

　三角形の場合には，まず，三角形を正刺激，円などのその他の刺激を負刺激として弁別学習を行う。すなわち三角形に反応すれば報酬が与えられ，円に反応しても報酬はないという事態で訓練が行われる。この学習が成立してから，次に正刺激の三角形の大きさや傾きを変えて般化テストを行う。このとき負刺激を円ではなく，ほかの刺激に変えたテストも行われる。このようにして動物がいろいろな事態で三角形を選択することを確かめることができれば，三角形のカテゴリーを学習したと判断するのである。この種の学習の古典的なものとしてチンパンジーを用いた実験がある（Gellerman, 1933）。

　このような実験の難しさは，どのような般化のテストを行うかということである。三角形の場合には原学習に用いた三角形以外のどのような三角形の刺激を正刺激として用いても動物がそれを選択することを確かめる必要があるが，実際にはすべてを網羅してテストをすることは不可能であるから，限られたサンプルで確かめなければならないという制約がある。

2. 自然のカテゴリー

　上に述べたような図形ではなく，実際の事物の写真を使ってカテゴリーの弁別の実験も行われている。中でもハトを対象として行われた実験はよく知られている（Herrnstein, 1979）。実験材料としては，あるカテゴリーのメンバーを写したスライドとそのカテゴリーの事物が写っていないスライドを用意する。そして実験では，そのカテゴリーのメンバーが含まれているスライドが正刺激で，ハトは正刺激に反応すると報酬を与えられる。またそのカテゴリーのメンバーが含まれていないスライドは負刺激となる。

　例として木のカテゴリーの実験をみることにしよう。スキナー箱でハトに毎日80枚のスライドが提示された。半分が正刺激，残りの半分は負刺激であった。ハトは木が写っているスライドが提示されているときにつつき反応をすると報酬が与えられ，木が写っていないスライドに反応しても報酬は与えられなかった。80枚のスライドは毎日ランダムに順序を変えて提示された。この弁別課題でハトはかなり高い正反応率を示した。また，実際にハトがカテゴリーを学習しているかどうかということが，木が写っている新しい写真を用いて検

討された。このような実験によりハトがカテゴリーの弁別を行うことが提案されている。

む す び

オペラント条件づけにおいて何が連合するのかというのは一つの問題である。伝統的には,「刺激─反応の連合」を考える立場と「刺激─刺激の連合」を考える立場があった。「刺激─反応の連合」の立場に立つ研究者のほうが多く,著名な学習理論家ハルもこの立場だった。比較的近年になると,「刺激,反応,強化子の3項の連合」を主張する人たちもいる（Colwill & Rescorla, 1988）。

本章ではふれなかったが,オペラント条件づけは教育や問題行動の治療に応用されて成果をあげている。

[参 考 図 書]
岩本隆茂・高橋雅治（1988）．オペラント心理学　勁草書房
小川　隆（監修）杉本助男・佐藤方哉・河嶋　孝（共編）（1989）．行動心理ハンドブック　培風館
佐藤方哉（1988）．行動理論への招待　大修館書店
メイザー, J. E. 磯　博行・坂上貴之・川合伸幸（訳）（1996）．メイザーの学習と行動　二瓶社

強化と行動

行動に随伴して報酬が与えられたり，嫌悪刺激が提示されたりすると，行動が変化する。本章では強化と行動の問題にふれたい。

4.1　行動と結果の関係

　ある行動をとると，その結果好ましい事態が生じる場合もあるが，また不快な事態が生じる場合もある。これまで本書で述べてきたのは，主として行動の結果好ましい事態が生じる場合であった。ここでその他の場合も含めて行動と強化の関係を整理しておきたい。行動と結果の関係は以下の4つのカテゴリーに分けることができる。

(1)　前章ではハトのスキナー箱を用いた条件づけの実験例を述べた。ハトがキーをつつくと，給餌口に餌が提示される。餌は報酬として働き，この事態でハトはキーをつつく行動を頻繁に行うようになる。この種の行動と報酬の関係は正の強化といわれる。

(2)　これとは別に行動の結果として電気ショックなどの嫌悪刺激が停止したり，それを回避したりすることにより，行動の頻度が増大することがある。つまり嫌悪刺激から逃げることを学習したり，あるいは嫌悪刺激をあらかじめ回避することを学習する。この行動と刺激の関係は負の強化といわれる。

(3)　ある行動の結果好ましくない事態が生じると，その行動は抑制される。遅刻をして叱られると遅刻は抑制される。この場合の行動と結果の関係は罰という。罰についても，動物を対象とした実験がいろいろ行われている。一般には，まずある行動を頻繁に行うように正の強化により条件づけをして，それからその行動をとると嫌悪刺激が与えられるという手続きに変えられることが多い。

(4)　またある行動をとると好ましい状況が消失してしまうという事態も考えら

れる。そのような事態ではその行動の頻度は少なくなる。この場合の頻度の低下は罰の効果とは手続き上は区別される。たとえば，ある行動をするとお小遣いがもらえない。その行動をしないとお小遣いがもらえる。このような事態におかれるとその行動は頻度が少なくなるであろう。この場合の行動と結果の関係は**オミッション**といわれる。

上の報酬や嫌悪刺激は**強化子**ともいわれる。報酬のようにそれが生じると行動の頻度が高くなるものを**正の強化子**という。一方，嫌悪刺激はそれを取り去ることが行動の頻度を高めるので**負の強化子**という。

4.2 強化スケジュール

条件づけの実験において，反応をするたびに餌を与えたりあるいは2回反応すると餌を与えるなど強化子の与え方を変え，動物の行動が観察されてきた。このような強化子の与え方は**強化スケジュール**（reinforcement schedule）といわれる。ある行動が自発したときに毎回強化子を与えるスケジュールは**連続強化**といわれる。たとえば，スキナー箱でネズミが梃子を押すたびに餌を与えるスケジュールは連続強化である。連続強化は条件づけに有効であるが，梃子を押すたびに強化が提示されなくても梃子押し行動は頻度が高くなったり，高い頻度が維持されたりする。このように反応の一部に強化子を与える仕方は，**部分強化**（partial reinforcement）あるいは**間欠強化**（intermittent reinforcement）といわれている。

部分強化の基本的なスケジュールは，時間を基準にして強化子を配分する場合と，行動の回数を基準として強化子を配分する場合がある。さらにそれぞれの場合について，時間や回数を一定に保つ場合と不規則に変動させる場合があるので，以下の4種類のスケジュールが考えられる。

4.2.1 基本的な強化スケジュール

以下に述べるのは基本的な部分強化のスケジュールである。

1. 定時間隔スケジュール（Fixed-Interval Schedule；FI）

このスケジュールでは，一度強化があると一定時間たたなければ次の強化子が与えられない。スキナー箱で定時間隔（FI）30秒のスケジュールでネズミに梃子押しの訓練をする場合は，ネズミが梃子を押して一度報酬を得ると次の30秒間は梃子を押しても報酬はなく，30秒たった後の最初の反応に報酬が与えられる。

2. 変動間隔スケジュール（Variable-Interval Schedule；VI）

定時間隔スケジュールの場合と同じように時間を基準として強化子が配分されるスケジュールであるが，その時間間隔が変動する。変動間隔（VI）30秒スケジュールの場合は，ネズミが梃子を押して報酬を得てから次の反応に報酬が与えられるのは平均30秒後であるが，10秒後であったり50秒後であったりと不規則に変動する。

3. 定比率スケジュール（Fixed-Ratio Schedule；FR）

ある一定回数反応すると強化が生じるスケジュールである。スキナー箱で定比率（FR）5スケジュールでネズミを訓練する場合には，ネズミが5回梃子を押すと報酬が1回与えられる。次の報酬を得るにはさらに5回の反応が必要である。

4. 変動比率スケジュール（Variable-Ratio Schedule；VR）

反応の回数を基準として強化子を与えるスケジュールであるが，強化子を得るために必要な反応の回数が変動する。たとえば変動比率（VR）30スケジュールでは，平均30回の反応に1回強化があるが，それは5回に1回になったり50回に1回になったりその回数が変動する。

ここに述べた4種類の基本的なスケジュールのほかにも多くのスケジュールが実験で検討されてきた。たとえば低頻度分化スケジュール（DRL）は，一度反応するとその後一定時間は強化が与えられない。DRL 50秒のスケジュールの場合，反応を50秒控えると次の反応が強化される。また上の基本的なスケジュールのさまざまな組合せも実験で検討されている。

4.2.2 基本的な部分強化のスケジュールの反応パターン

上に述べたそれぞれのスケジュールに応じて異なる行動のパターンがみられ

る。行動のパターンを観察するには，**累積記録器**といわれる特殊な記録装置が有効である。累積記録器の一部が図 4.1 に図示されている。この記録器では，一様に動く記録紙の上を反応があるたびに針が少しずつ移動するので，反応の累積曲線が描かれることになる。記録紙の幅には限りがあるので，針はある程度移動するとまた一方の端に戻るようになっている。その結果，横軸に時間が，縦軸に反応の累積回数がいくつも描かれる。まったく反応がなければ横軸と平行な直線となり，反応が多いと勾配が急になる。

例として図 4.2 に定時間隔スケジュールの反応パターンが示されている。強

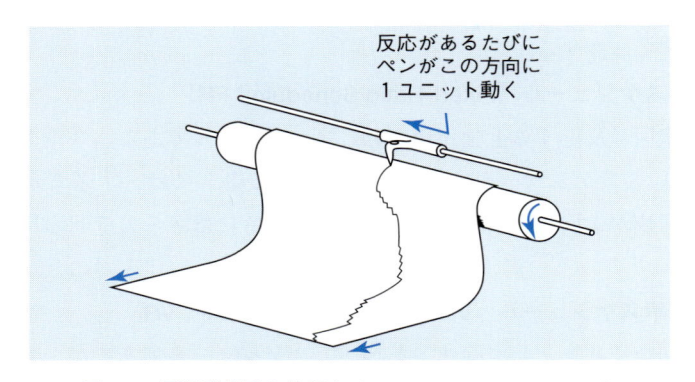

図 4.1 累積記録器の仕組み（Ferster & Skinner, 1957）

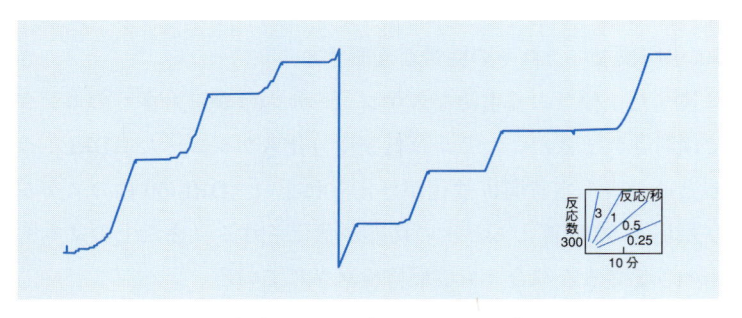

図 4.2 定時間隔スケジュールの反応パターン
（Skinner, 1957 を一部改変）

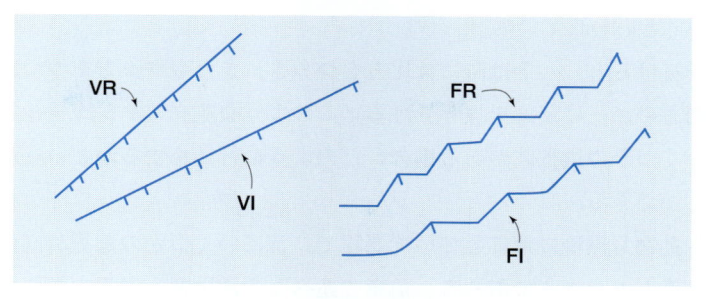

図 4.3 基本的なスケジュールの反応パターン（Schwartz, 1984）
曲線上の短い線は強化子の提示を示す。

化子が与えられた後，一時的に反応の頻度は低くなりその後弧を描くように反応が増えていくが，この弧はスキャロップといわれている。また図 4.3 には 4 つのスケジュールの反応パターンが示されている。この図をみると，変動間隔スケジュール（VI）および変動比率スケジュール（VR）では比較的一定の反応がみられる。また，変動比率スケジュールの場合反応がとくに多いという傾向もみられる。

部分強化のスケジュールを用いて訓練を行うと，一般的には連続強化の場合に比べて反応は消去しにくい。すなわち消去抵抗が強い。この現象は**部分強化効果**（partial reinforcement effect）といわれている。またハンフレイ効果といわれることもある。

4.3 選択的行動

以下のような実験事態を考えてみることにしよう。スキナー箱でハトにキーつつきを訓練する。このスキナー箱では，キーは 1 カ所ではなく壁面に左右 2 カ所ある。そして，一方のキーには赤の色光が点灯され，もう片方には緑の色光が点灯されている。どのキーに反応しても変動間隔スケジュールで強化されるが，キーによりスケジュールの時間間隔が異なっている。このように同時に

異なるスケジュールが提示される設定は，**並立スケジュール**（concurrent schedule）といわれている。

　訓練を続けると，ハトは時には片方をつつき，またもう一方をつつくというように両方のキーに反応を振り分ける。このような並立スケジュールを用いて，動物がいくつかの選択肢がある場合にどのように行動をするかということを調べることができる。

　人間も動物も環境に適応していく過程で，常にいくつかの選択に直面しているとみることもできるであろう。前章で述べた弁別学習も選択の学習であった。ただし，ここで問題にするのは強化のスケジュールが異なる選択肢の問題である。

4.3.1　対応法則

　上に述べたような実験を行うと動物は強化の頻度に対応する割合で左右のキーに反応することが知られている。たとえば，上の例で右のキーが変動間隔30秒スケジュールであるとして，左のキーが変動間隔1分スケジュールだとすると，ハトは左右のキーに2対1の割合で反応し，強化の比率と同じ比率で2つのキーへの反応が分かれる。すなわち2つの選択肢をA，Bとし，

　　R_a：Aに対する反応の頻度
　　R_b：Bに対する反応の頻度
　　r_a：Aの強化の比率
　　r_b：Bの強化の比率とすると
　　$R_a/(R_a + R_b) = r_a/(r_a + r_b)$

の関係が成り立つ（Herrnstein, 1961）。この反応と強化の関係は**対応法則**（matching law）といわれている。

　ところで，上に述べた対応法則は変動間隔スケジュールの場合によく当てはまることが確かめられているが，ほかのスケジュールの場合は必ずしも当てはまらない。たとえば，比率スケジュールの場合は，比率が高い選択肢が選択される。

4.4 嫌悪刺激を用いた条件づけ

　家を出るときに雲の様子から雨が降りそうだと判断して傘を持って外出したとしよう。そして予想通り雨が降ったが傘を持っていたため濡れないですんだとする。そうすれば，次に同じような雲を見たときに傘を持って外出する可能性は大きくなる。このように，ある行動をとると不快な刺激を回避することができると，その行動の頻度が高くなることは身近な事柄である。

4.4.1　回避学習

　嫌悪刺激を回避するという学習は，**回避学習**（avoidance learning）といわれる。先にも述べたように嫌悪刺激を与えないことが行動の頻度を高めるので，行動と嫌悪刺激の関係は負の強化ともいわれる。

1. 回避学習の方法

　動物を用いて多くの回避学習の実験的研究が行われた。はじめにその方法の概略を述べよう。大きく分けて2つの手続きがある。

① 離散試行回避学習

　実験者が信号を出し，その信号に応じて動物は適切な反応をすれば嫌悪刺激を受けなくてすむが，もし適切な反応をしなければ嫌悪刺激を受けるという事態で動物は嫌悪刺激を回避することを学習する。このような回避学習の装置の一例が図 4.4 に示されている。この装置は床に電気ショックを与えることができる仕掛けがしてある箱で，2区画に分けられている。ネズミをこの装置の片方の区画に入れて，ブザーを数秒間鳴らし，その後ネズミが同一区画に止まっていれば電気ショックを与える。

　実験のはじめにはネズミは電気ショックを受けて動き回る。そのうち他方の区画，すなわち安全な区画へ入るが，するとブザーも消える。これを繰り返すうちに，電気ショックが来ると素早く安全な区画に逃げるようになる。この段階での学習は**逃避学習**といわれる。さらに実験を続けてブザーとショックを繰り返すと，ネズミはブザーの音を聞くとショックが来る前に安全な区画に入り，ショックを回避するようになる。この段階になると，回避を学習したといえる。

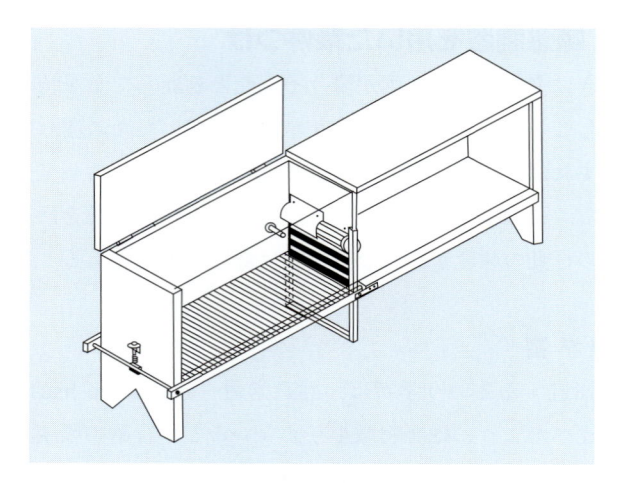

図 4.4 回避学習の装置 (Miller, 1948)

②シッドマン型の回避学習

　実験者が信号を提示しない事態での回避学習の実験もある。それは次のような手続きをとることができる。スキナー箱にネズミを入れ，5秒ごとに電気ショックを与えるようにする。ただし，ショックのない5秒間に梃子を押すなどのある定められた反応をすると，ショックの到来が遅れる。たとえば，その間に梃子を押すと30秒はショックが来ない。こういう事態を設定すると，ネズミは梃子を押してショックを回避することを学習する。

　この種の回避学習は自由オペラント回避学習，あるいはショックの遅延ともいわれる。ショックが一度与えられてから，次のショックまでの時間間隔は「ショック―ショックの間隔」といわれる。反応するとショックは一定時間遅れるが，この反応とショックの時間間隔は「反応―ショックの間隔」といわれる。これは上の例では30秒であった。そしてこの2つの時間をさまざまに変化させて実験が行われてきた。

2. 回避学習の2要因説

　上に述べた離散試行回避学習の事態では，一般にはまず信号が提示され一定

4.4 嫌悪刺激を用いた条件づけ

時間後に嫌悪刺激が与えられる。したがって，学習の初期には動物は信号とショックの対提示を受けることになる。条件づけがすすむと嫌悪刺激を提示されると素早く安全な場所へ移動するようになる。すると信号と嫌悪刺激は停止する。さらに条件づけがすすむと，信号が提示されてから嫌悪刺激が提示される前に動物はある定められた行動をとるようになる。そのような行動とともに信号が停止し，嫌悪刺激は提示されない。動物は嫌悪刺激を回避することを学習したのである。

回避学習の2要因説では，回避学習は古典的条件づけとオペラント条件づけの2つの過程からなると考える。まず学習の初期には信号と嫌悪刺激の対提示を受けるので，恐れの古典的条件づけが行われる。この条件づけにより信号は恐れを引き起こすようになる。動物は動き回るうちに安全な区画に入ると信号が停止し，嫌悪刺激も停止する。移動の結果として生じる信号および嫌悪刺激の停止は強化の働きを持つ。さらに学習がすすむと嫌悪刺激が与えられる前に移動して嫌悪刺激を回避するようになる。この段階では，恐れの信号の停止が強化の働きを持つ。

すなわち，回避学習の2要因説によると，回避学習には信号と嫌悪刺激の対提示による恐れの古典的条件づけの過程と，反応の結果として恐れの低減が生じることによるオペラント条件づけの過程の2つの条件づけのプロセスが含まれる（Mowrer, 1960）。

回避学習で特徴的にみられることは，学習がなかなか消去しないことである。強い電気ショックを用いるとほとんど消去がみられないという動物実験の報告もある。このことは回避学習の2要因説から容易に理解できるであろう。すなわち，消去の手続きに入っても信号は恐れを誘発し，適切な行動をとると恐れは低減するという過程は続いていく。したがって，消去の事態にあるという手がかりがないのである。

ところで，この理論を支持するためには少なくとも回避学習において信号が恐れを引き起こすことを示す必要がある。この点についてはそれを示唆する実験もあるが，しかし，また一方でこうした考え方と一致しない実験もある。信号が恐れを引き起こすかどうかということをみる一つの方法に，条件抑制とい

う実験がある。たとえば，ネズミをスキナー箱に入れて餌を報酬として梃子押しを訓練する。ネズミが安定して梃子押し行動を行うようになってから，ある信号を提示して電気ショックを与える。これを繰り返すと，その信号が提示されると梃子押しの頻度は低下し，ネズミはうずくまるなど恐れの行動を示すようになる。

そこで回避学習を学習したネズミに梃子押しの訓練を行い，そのネズミが梃子押し行動をしているときに回避学習で用いた信号を提示する。もし，回避学習の信号が恐れを引き起こしているのなら梃子押し反応は減少するはずである。この実験によると，学習の初期には信号は餌を報酬とした反応を抑制する。しかし訓練を積むと信号は反応を抑制しなくなる（Kamin et al., 1963）。このことは，十分回避学習の訓練を行った後では，恐れは行動を引き起こす要因となってはいないことを示している。

2要因説のほかにも回避学習の理論はある。ある考え方によれば，ネズミは電気ショックの頻度を弁別する。そして2つの反応の選択肢があれば，反応に伴うショックの頻度が少ないほうの反応を行うようになる。この考え方は恐れを考慮に入れていない（Herrnstein, 1969）。

4.4.2 罰

罰とはいうまでもないがある行動の後に嫌悪刺激を与えることである。これは先にも述べたように，オペラント条件づけのカテゴリーに含めることができる。罰が行動を永続的に抑制するかどうかは，以前は意見が分かれていた。罰は一時的に行動を抑制するにすぎないという考え方もあったが，その後動物実験により強い罰を与えると永続的に行動を抑制するということは確かめられている。

罰の効果を実験的に検討するには，多くの場合はじめに動物にある反応を行うように報酬を用いて訓練する。その後，動物がその反応を行うと報酬に加えて嫌悪刺激を与えることでその反応が抑制されるかどうかをみるという方法がとられてきた。この場合，嫌悪刺激によって行動全般が抑制されているのではないということを確かめる必要がある。このため行動に随伴する嫌悪刺激の効

4.4 嫌悪刺激を用いた条件づけ

果と，行動とは関連なく与えられる嫌悪刺激の効果を比較しなければならない。また，反応すると餌が与えられる状態で罰を与える場合には，その餌の価値により反応の抑制の程度が異なることも考えなくてはならない。

罰は反応の後すぐに与えることが必要である。このことは実験により示されている。ネズミを対象として，反応の後にすぐ罰を与える場合と時間をおいて与える場合とを比較した（Camp et al., 1967）。まず，梃子押しの条件づけを行う。その後，ネズミは3つのグループに分けられた。電気ショックを反応の直後に与えられるグループ，2秒後に与えられるグループ，および30秒後に与えられるグループであった。この実験の結果は図4.5に示されている。図からわかるように，反応の直後に罰を与えた群にもっとも反応の抑制が大きい。

罰の動物実験によって次のようなことが示唆されてきた。①罰の強さが強いと効果が大きい。②罰は行動の後に速やかに与えなければならない。③はじめは弱い罰を与えて，少しずつ強くすると効果が少ない。④罰を与えたり，与え

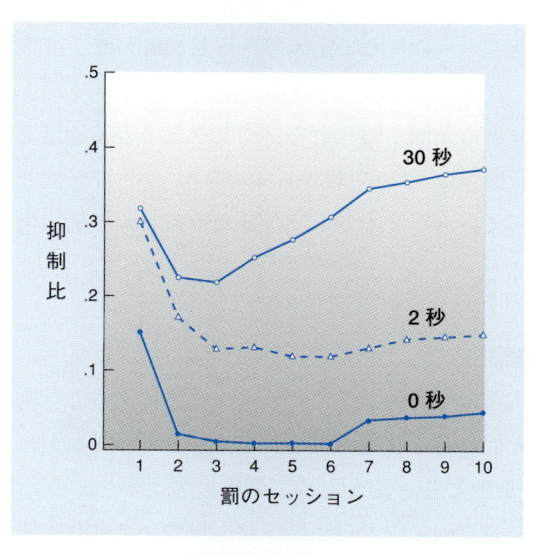

図4.5　罰の遅延と反応の抑制（Camp et al., 1967）

なかったりすると効果が少ない。⑤罰を与えることが強化子のないことの信号になるようにする。⑥目標に到達するほかのルートを用意しておくと，罰の効果は大きくなる（Schwartz, 1984）。

罰は好ましくない副作用をもたらすのではないかという懸念も表明されてきた。また，罰は罰を受けた行動以外の行動も全般的に抑制するのではないかという恐れもある。動物を用いた実験では，この点についても罰の効果は罰を受けた行動に選択的であるということが示されている。しかし，罰の実験においてはとくに，動物実験の結果を人間に一般化するには慎重さが必要である。

4.5 強化の性質

スキナーは，その初期の著書『生物の行動』において次のように述べている。

「強化の操作はある種の刺激を，ある刺激あるいはある反応にある時間的な関連の中で提示することと定義できる。強化力を持つ刺激は，結果として変化を生じさせる力を持つものとして定義できる」（Skinner, 1938, p.62）。

スキナーはなぜある刺激が強化力を持つのかという議論は避けた。一方，強化とは何かという問題は1930年代から40年代にかけて発展した行動理論において重要な関心事であった。中でも，行動理論家ハルの動因低減説はよく知られている。

4.5.1 動因低減説

ハルによると生物は生理的な条件が最適な状態にあると行動を起こさない，何らかの理由でその最適な状態が保たれなくなると行動を引き起こす要因である動因（drive）が生じる。たとえば，栄養の欠乏が生じると行動を動機づける動因が生じる。栄養の欠乏から生じる動因については食べ物を摂取すると低減すると考えることができる。強化はこの動因の低減により生じると仮定されている（Hull, 1943）。

このハルの**動因低減説**はその後影響力を失っていった。その主な理由は，動因を低減するのではなく，動因を高めることが強化力を持つと解釈される現象が示されたことであった。また彼の行動理論自体の影響力がその後弱くなっていったこともその一つの理由である。

4.5.2 プレマックの原理

行動の相対的な頻度により強化を理解しようとする考え方がある。いろいろな行動はそれぞれ生起の頻度が異なる。つまりそれぞれ独立の事態として観察すると，頻繁に生じる行動とあまり生じない行動がある。そして頻度の高い行動はそうでない行動を強化する力を持つと考える（Premack, 1959）。お菓子を食べるという行動と勉強をするという行動を観察すると，普通はお菓子はすぐ食べるが勉強はすぐに行うとは限らない。このような場合には，お菓子を食べることは勉強するという行動を強化する。この考え方は提案者の名をとり**プレマックの原理**といわれている。

たとえば，スキナー箱で餌が自由に食べられる状態にしてネズミが餌を食べる行動を観察する。次に自由に梃子が押せる事態で梃子を押す行動を観察すると，餌を食べる行動に従事する時間のほうがはるかに長いであろう。条件づけの実験は餌を制限した条件で行われるので，とくにこのような傾向がみられる。したがって，従事する割合が長い餌を食べる行動は，相対的に時間の短い梃子押し反応を強化する力があると考えるのである。

ネズミが水を飲む行動と餌を食べる行動を考えてみよう。まず，自由に食べることができる事態で食べる行動を観察する。次に，自由に水を飲むことができる事態で水を飲む時間を計る。もし，餌を食べる行動の時間のほうが長ければ，プレマックの考えによると，餌を食べる行動は水を飲むという行動を強化することができる。もし十分食べ物を食べた後で水を飲む時間のほうが多くなれば，今度は逆に飲むことが食べるという行動を強化する力を持つようになる。このことは実験的に確かめられてきた。このように行動の相対的な価値により強化を理解しようとするのがプレマックの原理である。

動物でなく子どもを対象にした実験もある（Premack, 1959）。（p.76 へ続く）

BOX 4.1 潜在学習

ハルは刺激―反応説を主張した理論家としてよく知られている。彼は学習を刺激と反応の連合としてとらえ，学習には強化が必要であるという立場をとった (Hull, 1943)。これに対しトールマンは学習を環境の認知の変化としてとらえる立場，すなわち認知説を提唱した (Tolman, 1932)。トールマンは実験を工夫しながら自己の説を支持するデータを出しているが，中でも潜在学習 (latent learning) の実験はよく知られている。彼が共同研究者 (Honzik, C. H.) とともに行った潜在学習の一つの型の実験は以下のようなものであった。

ネズミの迷路学習における報酬の効果が検討された。装置は図 4.6 に示されているように分岐点が 14 カ所の T 迷路である。ネズミは 3 グループに分けられた。それらは，迷路の目標で報酬を与えられるグループ (HR 群)，目標で報酬を与えられないグループ (HNR 群)，および 10 日目まで目標に報酬がなく 11 日目から報酬を与えられるグループ (HNR―R 群) である。

実験の結果は図 4.7 に示されている。いずれのグループも試行とともに誤りの減少がみられるが，とくに 10 日目まで報酬がなく 11 日目から報酬を与えられたグループ (HNR―R 群) は報酬を与えられてから急激に誤りの減少をみせ，試行を重ねると，はじめから報酬を与えられた群 (HR 群) よりも誤りは少なくなった。報酬なしで迷路を走行している間にネズミは迷路を学習していたと考えればこのことは理解できる。すなわち，それまで潜在的であった学習が報酬を与えられることにより顕在化したと解釈された。このような学習を潜在学習という (Tolman, 1932)。

意識しないけれども学習が生じているという意味でも，潜在学習 (implicit learning) という用語が用いられている (7 章参照)。このような学習を例証する手続きはいくつかあるが，以下に述べるのはその一つである。ある規則にしたがって作られた文字列を大量に用意する。まず参加者はこの文字列を学習する。たとえば文字列を 1 つずつ提示され，それを記憶して書き取るという仕方で学習する。その後，そのルールに合っている新しい文字列とルールに合わない文字列とを区別するテストが行われる。このような実験を行うと参加者はルールを説明できないが，正しい分類はできるということが示されている (Reber, 1967；1989)。つまり参加者はルールを意識的に表現はできないが学習はしているという事態を例証することができる。

4.5 強化の性質

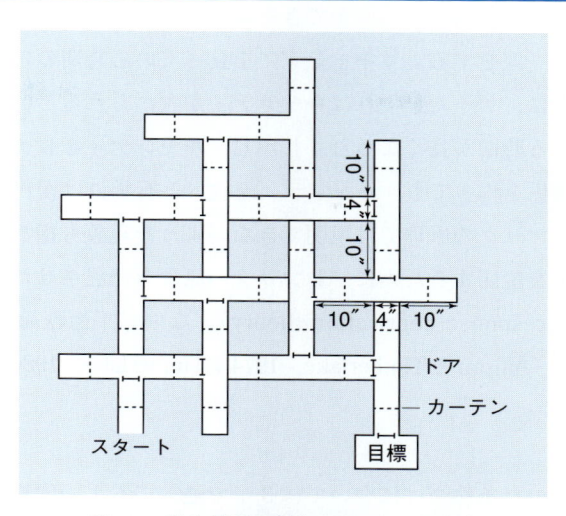

図 4.6 潜在学習の実験に用いられた迷路
(Tolman, 1932)

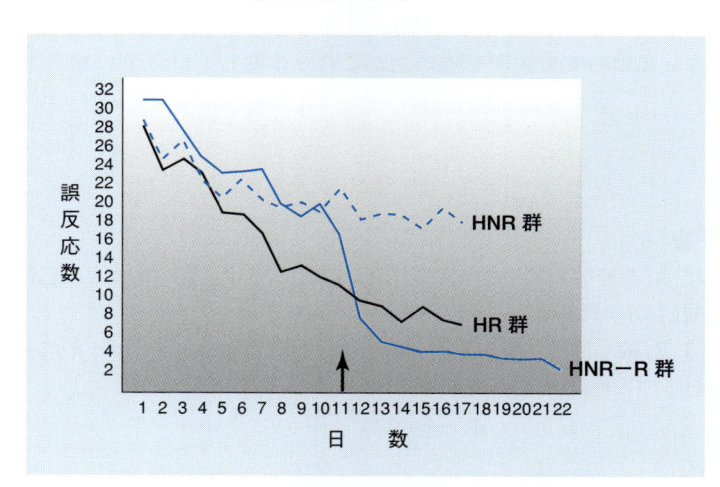

図 4.7 潜在学習の実験結果 (Tolman, 1932)
HNR 群ははじめから目標に餌はない。HR 群は学習のはじめから報酬を与えられた。HNR―R 群は 10 日目まで報酬はなく，11 日目から報酬を与えられたグループである。HNR―R 群の誤りは 11 日目以降急速に減少している。

(p.73 より続く) あらかじめ子どもたちが自由な状態でキャンディを食べる時間を調べる。また，自由にゲームができる場面でゲームをする時間を調べる。子どもたちはゲームをするよりキャンディを食べている時間のほうが長かった。その子どもたちに，ゲームをすればキャンディが食べられるというようにすると，ゲームをする時間が長くなった。しかし，キャンディを食べればゲームができるという関係を作っても，キャンディを食べる行動には変化がなかった。

ただし，プレマックの原理では説明できないような現象も指摘されている。そのような現象を説明するためにプレマックの原理を発展させたものとして，反応制限理論（response deprivation theory），ないし平衡理論（equilibrium theory）がある（Allison & Timberlake, 1974；Timberlake, 1980）。

むすび

嫌悪刺激を用いた条件づけについては3章で述べてもよい内容であるが，便宜的に本章でふれた。選択的行動については多くの研究が行われているが，本章ではその一端の説明にとどめている。また，プレマックの原理を発展させた反応制限理論についても説明を省いたがこれらに関しては以下の参考図書を参照されたい。

[参 考 図 書]

バンデュラ, A. 原野広太郎・福島脩美（訳）(1974)．人間行動の形成と自己制御——新しい社会的学習理論—— 金子書房

メイザー, J. E. 磯 博行・坂上貴之・川合伸幸（訳）(1996)．メイザーの学習と行動 二瓶社

4.5 強化の性質

BOX 4.2　脳の報酬領域

脳の電気刺激が報酬効果を持つことが知られている。このことは 1954 年にはじめて報告された（Olds & Milner, 1954）。実験の方法は，はじめにネズミの脳の辺縁系に細い電極を挿入して固定する。電極をつけたネズミをスキナー箱に入れる。そして，スキナー箱でネズミが梃子を押すと，餌ではなく脳に電気刺激を与える。するとネズミは梃子を高頻度で押すようになることが示された。

BOX 4.3　観察学習

私たちは他人の行動を見て多くのことを学習している。社会的慣習の多くはそのような学習によっているといっても過言ではないであろう。このような観察学習の理論としてバンデューラの**社会的学習理論**がよく知られている（Bandura, 1977）。

彼の理論によると**観察学習**はいわば代理学習である。観察の対象となる人，つまりモデルの行動から学習を行う場合に，学習者は直接強化を与えられるわけではない。モデルのある行動が強化を受けることは，学習者に対して代理強化として働くとみなされる。これは消去についても同様に当てはまる。モデルが消去を受ければ学習者の行動も消去する。代理強化に対してこれまで述べてきたような強化は外的強化といわれる。観察学習はモデリングともいわれる。

また人間の行動を説明するために，自己強化という概念も導入される。人はある基準を持ち，行動がその基準を満たせば満足をしてその行動は強化される。たとえば書きものをしているときに自分が満足できる内容のものを書くことができれば，それが強化となってさらに書き続けていく。

バンデューラは実際に実験を行い彼の理論を例証している。ある実験では，大人のモデルが人形に攻撃的な行動をとる映画を子どもたちに観せ，モデルが罰を受けると子どもたちの攻撃行動が減少することを示した（Bandura, 1965）。

条件づけの制約

学習心理学に大きな影響を与えた研究領域に動物行動学（ethology）がある。その代表であるローレンツやティンバーゲンらは動物の生得的な行動の研究を行ったが，彼らの研究は学習心理学の領域においても生得的な要因を考慮しなければならないことを心理学者に示した。生得的に規定されている学習の例としては刷り込みがよく知られている。

5.1 刷り込み

卵からかえったばかりのヒナが母親の後をついていく現象は刷り込みまたは刻印づけ（imprinting）として知られている。刷り込みという用語は，オーストリアの動物行動学者ローレンツがはじめて用いた用語である。彼はマガモのヒナの行動を観察し，ヒナが卵からかえってから一定の時期に母鳥との結び付きが形成されることを詳細に観察した。ローレンツによれば一度刷り込みが行われると，母と子の結合は永続的に続く。刷り込みの対象は普通は母鳥であるが，それに代わる物がそばにあればヒナはそれを母鳥として刷り込む。ローレンツはその著書『ソロモンの指環』の中で，自ら鳥の母親代わりとなった興味深いエピソードを述べている（ローレンツ，2006）。

このような刷り込みは実験室でも検討された。人工的に孵化したマガモのヒナの目の前で鳥の模型を動かし，ヒナが模型に追随するかどうかということが観察された。また，孵化後どのくらいの時間に刷り込みが生じるかということも実験で調べられているが，その結果，孵化後16時間前後に刷り込みの可能性はもっとも大きいこと，および刷り込みの生じる期間は限られていることがわかった。すなわち，刷り込みには臨界期（critical period）あるいは敏感期（sensitive period）がある（図 5.1）。なお，刷り込みの実験の様子は図 5.2 に示されている。興味深いことに自然の環境における刷り込みはいったん生じる

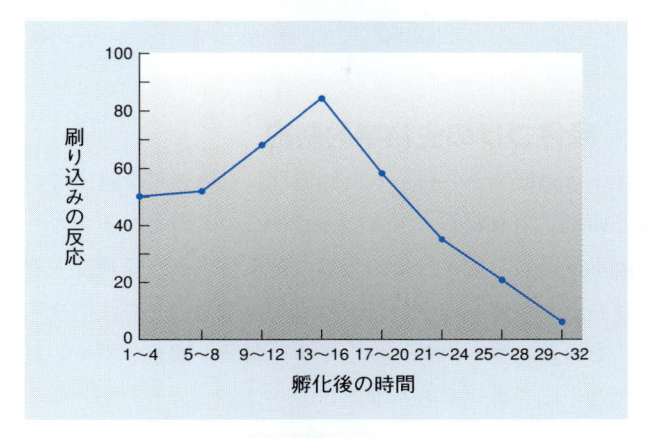

図 5.1 刷り込みの臨界期を示すグラフ（Hess, 1959）

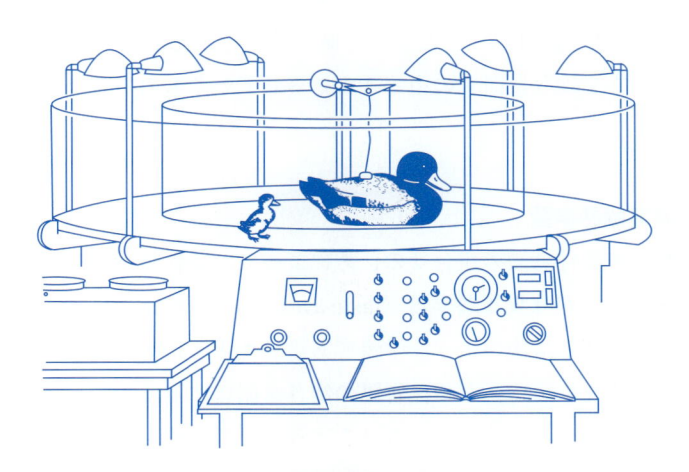

図 5.2 刷り込みの実験（Hess, 1959）

と永続的であるが，実験室で形成した刷り込みは可逆的であるといわれている（Hess, 1972）。つまり，実験室で模型の鳥に刷り込みが行われても，その後実際の同じ種の鳥に出会うとそちらのほうへ愛着が移り変わるといわれる。

5.2 条件づけの生物学的制約

　以前は条件づけの研究から得られた諸原理は動物の種を越えて一般化できると考えられていた。すなわちネズミの梃子押しの学習とハトのキーつつき反応の学習は行動形態は異なるが，その実験の結果得られた原理は人間にも当てはまるとみなされた。学習心理学の研究の目的は学習の一般法則を明らかにすることであり，そのためコントロールしやすい刺激や観察しやすい反応が研究の対象になったといってよいであろう。

　しかし，1960年代から学習の一般法則の考え方に合わない実験例が報告されるようになった。そのため学習の研究においても，動物の種に特有の行動傾向を考慮に入れる必要が生じてきた。いわゆる**生物学的制約**（biological constraints）を学習の要因の一つとして考慮することが必要となったのである。このような動きを促した研究の中でよく知られているものに味覚嫌悪学習の実験がある。

5.2.1　味覚嫌悪学習

　条件刺激と無条件刺激の組合せの仕方によって，条件づけができたりできなかったりすることが**味覚嫌悪学習**（taste-aversion learning）により示されている。味覚嫌悪学習とは次のような学習である。ネズミに味のある飲み物，たとえば甘い飲み物を与えて，その後胃腸の働きを阻害する薬物を与える。するとネズミは先に与えられた飲み物を避けるようになる。飲み物が条件刺激にあたり，薬物が無条件刺激になると考えると，この学習は古典的条件づけとみなすこともできる。

　以下のような実験が行われた。はじめに条件刺激として甘い溶液を用いるグループ（味覚のグループ）と，条件刺激として光と音を用いるグループ（視聴

覚のグループ）の 2 グループにネズミを分ける。無条件刺激は身体の不調を生じさせる X 線の照射（または薬物の投与）と電気ショックである。

味覚のグループのネズミは，甘い溶液を飲んでから半数は X 線の照射を受ける（薬物については少し手続きが異なる）。また残りの半数は電気ショックを与えられた。視聴覚のグループは水を飲むとフラッシュが光りクリック音がする経験をした。そしてこの後，半数は X 線の照射を受けた。また残りの半数は電気ショックを与えられた。

このようにして条件づけが行われた後，条件刺激と無条件刺激の連合の程度を調べるためにテストが行われた。味覚のグループのネズミのテストは，味のついた溶液を飲むかどうかを調べるテストであった。また視聴覚のグループには音や光が提示される条件で水を飲む量をみるテストが行われた。

実験の結果，味覚のグループは無条件刺激として X 線の照射か薬物を与えられた場合には，その味のする溶液を避ける傾向がみられたが，電気ショックを与えられる条件では溶液を避ける傾向はみられなかった。一方視聴覚のグループは，無条件刺激として電気ショックを与えられると水の飲み方が少なくなったが，X 線の照射を与えられた条件ではそうではなかった（Garcia & Koelling, 1966；図 5.3）。

この実験は味覚の刺激は身体の状態に影響する薬物に関連づけられやすく，

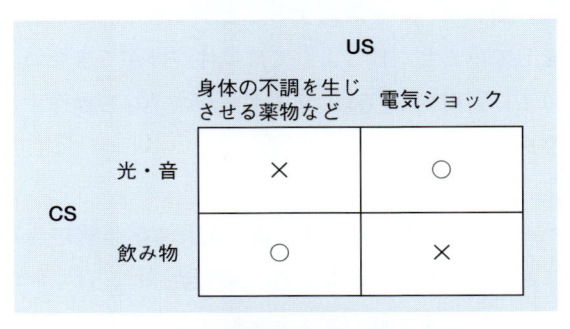

		US	
		身体の不調を生じさせる薬物など	電気ショック
CS	光・音	×	○
	飲み物	○	×

図 5.3　味覚嫌悪学習における連合の形成
○印は連合が形成された（水飲みを避ける傾向がみられた）ことを示す。

光や音などの刺激は電気ショックなどの外的な刺激と関連づけられやすいことを示している。また，この種の学習は溶液を飲んでから薬物を与えられるまでの間隔がかなり長くても成立する。間隔が12時間あいていても学習が生じるということも例証されている（Revusky & Garcia, 1970）。

この実験で示されたことはネズミの習性に関連があると考えることができる。ネズミは何か食べた後で身体の不調をきたせば，その味を手がかりとしてそれを避けるという仕組みを生得的に持っているのであろう。こうした考え方は鳥類を使った実験からも示唆される。

食物の選択を視覚に頼る鳥類にこのような条件づけを行うとネズミとは異なる傾向がみられる。ウズラに条件刺激として酸っぱい味のする青色の水を与え，無条件刺激として消化器官に影響する薬物を与えた。そしてテストを行ってみるとウズラは色がついていなければその溶液を飲んだが，色がついていると水を飲もうとしなかった。つまり，ウズラは溶液の味ではなくその色を手がかりとして反応したのである（Wilcoxin et al., 1971）。

5.2.2 オペラント条件づけの制約

オペラント条件づけについても生物学的制約の例はいろいろ示されてきた。

1. アライグマの貯金

サーカスの芸にみられるように，オペラント条件づけの手続きを用いると動物にさまざまな行動パターンを訓練することができる。しかし，いろいろな種の動物に訓練をしてみると，種によっては条件づけができない課題があることがわかった。以下に引用するのはアライグマがコインを操作する課題を訓練したときの報告である。

「アライグマがコインを拾って，貯金箱に入れると報酬が与えられる。アライグマは実験に適した動物で，われわれ（実験者）は，はじめはとくに困難は予想していなかった。まず1個のコインを拾うことから始めた。そして，金属の容器にそれを入れることを要求した。ここで少し困難が感じられた。アライグマはコインを手から離すのがなかなか難しいようであった。コインを容器の

5.2 条件づけの生物学的制約

内側にこすりつけたり，コインを握った手を引っ込めたり，数秒しっかり握ったりした。しかしついにコインを手から離し，強化子の食べ物をもらった。

次に2個のコインを拾って，それを容器に入れる訓練に移った。ここで，問題は深刻になった。コインを手から離すことができないばかりか，数秒あるいは数分も容器の中に手を入れてコインをこすり合わせていた。これが大変長く続いたので，アライグマが貯金箱にコインを入れる訓練は断念せざるを得なかった。この行動は強化随伴性では学習させることはできなかったのである」(Breland & Breland, 1961)

これと同様な例はほかにもある。こうした例に共通してみられるのは種に特有の行動パターンが条件づけ事態に介入するということである。この観察を報告しているブレランドらはこうした傾向を本能の流出（instinctive drift）といっている。

2. 回避学習と種に固有の防衛反応

ある行動を行うと不快な刺激を回避できるようにするとその行動の頻度が高まる。こうした学習は4章（p.67）で述べたように回避学習といわれている。

回避学習においても生物学的制約がみられる。ネズミにとっては梃子を押して嫌悪刺激を回避するよりも逃げることにより回避する学習のほうが容易である。これは，ネズミは危険に遭遇したときに，敵と積極的な行動で戦って危険を回避するよりも素早く逃げて危険を回避する習性があることと関連があると考えられる。このように，動物はそれぞれ**種に固有の防衛反応**（species-specific defence reactions；SSDRs）を持っており，それが回避学習の一つの要因になるということが指摘されている（Bolles, 1970）。

一般に，従来行われてきた条件づけでは動物の習性にあった事態を設定しているので，ここであげているような生物学的な要因の影響が観察しにくい事態であったといえるであろう。しかし，このような要因を条件づけの理論に取り入れるべきであるという指摘がある。セリグマンは種に固有の行動パターンが学習に影響する研究を評論し，学習の要因の準備性（preparedness）の次元を提案している（Seligman, 1970）。

BOX 5.1　トゲウオの攻撃行動

　トゲウオ（イトヨ）は小さい淡水魚である。春水ぬるむころ繁殖期になると，トゲウオのオスは体の下部が赤くなる。このころオスは群から離れて自分のなわばりを選び，藻などを集めて巣を作る。そしてほかのオスが自分のなわばりに近づいてくると攻撃する。同じころトゲウオのメスは卵でお腹がふくれてくる。お腹がふくれたメスがなわばりに近づいてくると，オスはメスに近づいたり離れたりして，メスを巣のほうへ誘導する。産卵の準備ができているメスは巣に誘導されると卵を産み落とし去ってしまう。これを何回か繰り返すと巣に卵が十分たまる。するとオスは次に育児の作業にとりかかる。幼魚が卵からかえると，しばらくの間オスは育児に従事する。そして時期がくると幼魚はオスから離れていき，オスも群に戻っていく。

　繁殖期のオスのトゲウオは上に述べたように，自分のなわばりにメスが近づいても攻撃はしないが，ほかのオスが近づいてくると攻撃をする。オスのトゲウオはほかのオスをどのようにして見分けるのであろうか。この点についてティンバーゲンは模型を使って実験をしている。図 5.4 に示されるような模型をトゲウオのなわばりに近づけると，トゲウオは模型の下半分が赤い場合に攻撃をすることがわかった。攻撃行動は模型の大きさや形とは関係がなかった。攻撃を引き起こす刺激は赤い色だったのである。このような生得的な行動を引き起こす刺激はリリーサー（解発刺激）といわれる（Tinbergen, 1965）。

　20 世紀の前半に成立した動物行動学（ethology）は動物の行動を研究対象とする学問分野である。この領域を確立するために上に述べたティンバーゲンやローレンツは大きな役割を果たした。

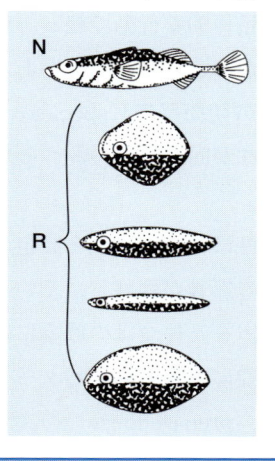

図 5.4　ティンバーゲンがトゲウオの行動の実験に使った模型（Tinbergen, 1965）
トゲウオの形をした銀色のモデル（N）はほとんど攻撃を受けなかった。一方，下半分が赤いモデル（R）はトゲウオに形は似ていなかったが，攻撃の対象となった。

5.3 条件づけの神経メカニズム

　学習の神経メカニズムについては以前から研究の対象となってきたが，最近多くの新しい知見が明らかにされている。本節ではその一部をみることにしたい。詳細は章末の参考図書（渡邊，2005）を参照されたい。

5.3.1 神経系の構成要素

　神経系の構成要素は**ニューロン**といわれる細胞である。ニューロンにはいろいろな形のものがあるが，基本的な構成要素は共通している。図 5.5 にその例があげられているが，すべて細胞体から樹状突起といわれる多くの枝状の突起が出ている。樹状突起はほかのニューロンから情報を受け取り，それを細胞体に取り込む働きをする。細胞体に取り込まれた情報は軸索といわれる細長い部分を伝わって，軸索末端に伝えられる。ニューロンの間は直接つながっておらず，軸索末端とほかのニューロン間にはわずかの隙間がある。そこで，情報をほかのニューロンに伝えるには，軸索末端から神経伝達物質を放出し，それを

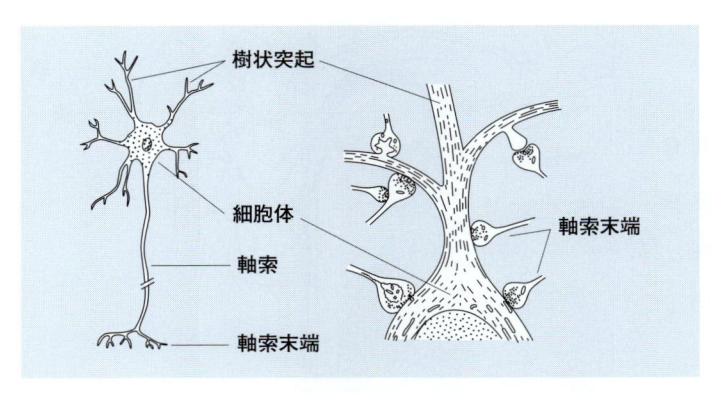

図 5.5　ニューロン（左）とシナプス（右）（左：Kandel, 1991 を一部改変；右：入来・外山, 1986 を一部改変）

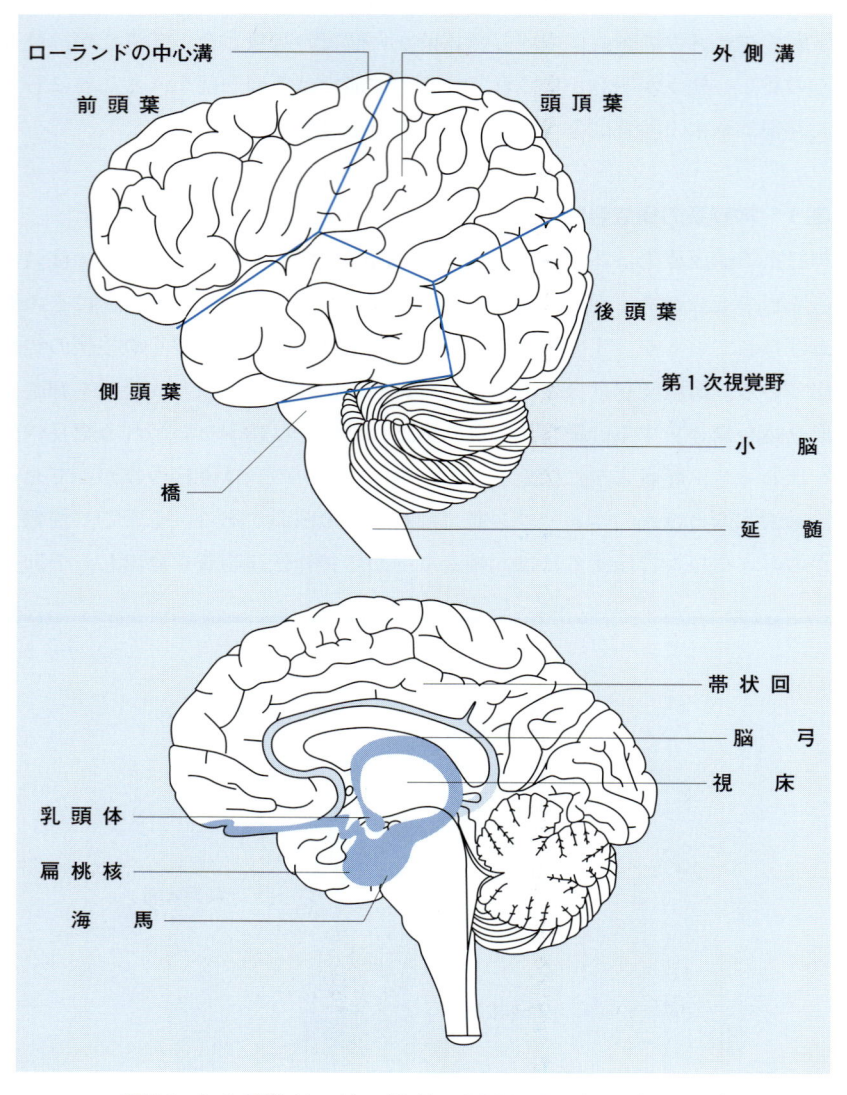

図 5.6　ヒトの脳（上：ジンバルドー, 1983；下：カラット, 1987）

ほかのニューロンが受け取るという方法がとられる。

ニューロンのほかに神経系を構成するものにはグリア細胞がある。学習の基礎を考えるに当たっては，脳と脊髄より構成される中枢神経系が重要である（図 5.6 にヒトの脳の図を示している）。

5.3.2 学習と神経のメカニズム
1. ニューロンの連絡

新しい学習を行うということは神経系に何らかの永続的な変化が生じることであると考えられる。この変化は，ニューロン間の情報の伝達の仕組みの変化であると考えることができるであろう。上に述べたように，私たちの脳は相互に連絡し合う多くのニューロンより構成されている。情報はニューロンからほかのニューロンへと軸索を経て伝達される。ニューロン間にはシナプス間隙といわれるギャップがあるので，送り手のニューロンはギャップの手前で神経伝達物質を放出し，その物質はシナプスのギャップを通って受け手のニューロンに達する。そうすると受け手のニューロンはその物質を受け取り，次の伝達の用意をする。シナプスの結合が変化し，比較的長期にわたって伝達を容易にする過程があれば学習の基礎となるであろう。

このような考え方を示唆する資料として**長期増強**（long‒term potentiation）がある。海馬のある領域に 10 〜 20 ヘルツの電気刺激を与えると，その後の刺激に対して反応が大きくなるということが知られている。この効果は数週間にわたり続く。実際にこのようなニューロン間の伝達の促進は学習に関わっていると考えられている（松村，1995）。

2. アメフラシの古典的条件づけ

複雑な生物の場合，学習の基礎としてのニューロンの連絡を調べるのは容易ではない。そこでそのメカニズムを調べるには，単純な生物を用いる方法がとられる。アメフラシは図 5.7 に示されるような形態の，海に住む軟体動物であり，中枢のニューロンの数はおよそ 2 万個と少ない。またそのニューロンは比較的大きく，研究に適している。アメフラシのエラは外とう膜といわれる部分で保護されており，外とう膜の端はサイフォン（水管）といわれる部分になっ

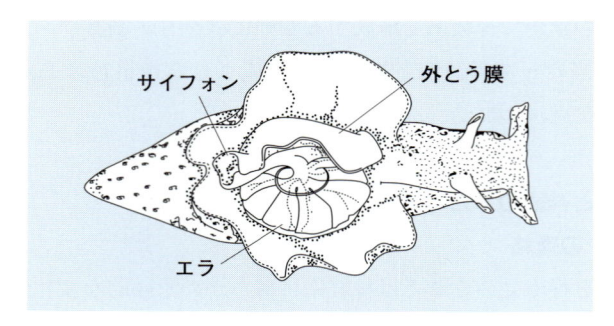

図5.7 アメフラシ (Kandel, 1979)

ている。アメフラシはサイフォンに触ると，エラを引っ込める反射をみせる。さらにまた，尾の部分に電気刺激を与えるとエラを引っ込める反射がみられる。

　カンデルらははじめにエラの引っ込め反射を引き起こさないような弱い刺激をサイフォンに与え，その後で尾に電気ショックを与えた。このサイフォンの刺激と尾の刺激の対提示を繰り返すと，サイフォンへの弱い刺激が，エラの引っ込め反射を引き起こすようになることを示した。これはサイフォンへの刺激が条件刺激となり，尾への電気ショックが無条件刺激となる古典的条件づけであるとみなされた。カンデルらはこのアメフラシの行動をシナプスで放出される神経伝達物質の量の変化で説明している（Kandel & Hawkins, 1992）。

3. 条件づけと脳

　条件づけが脳のどの部分に関係しているかということを調べるために，以下のような実験を考えることができるであろう。まずはじめに動物に条件づけを行う。次に脳のある部分を破壊して，それ以前に学習した条件づけが失われたかどうかをテストする。このような研究の古典的な研究者としてラッシュレー（Lashley, K. S.；1890-1958）がよく知られている。彼は弁別学習を訓練したネズミの大脳皮質を破壊し，その後条件反応がどの程度保持されているかを調べたところ，条件反応の保持は破壊した脳の部分にはよらず破壊された脳の量に依存するという**量作用**（mass action）の考え方を提唱した。

BOX 5.2　放射状迷路

　ネズミの習性を利用した実験装置に，オールトンらが考案した**放射状迷路**（radial-arm maze）がある。これは方向の記憶を調べるための装置である（Olton & Samuelson, 1976）。放射状迷路は中央に台があり，その周りに放射状に複数の走路が張り出している。図 5.8 に示されているのは 8 肢の高架式の放射状迷路である。

　ネズミの方向の記憶を調べるにはこの迷路の 8 本の分肢の先端にあるくぼみに餌をおき，空腹のネズミを中央の台におく。そして，8 本の分肢の餌をすべて食べ終わるまで自由に行動させる。この迷路でのネズミの好ましいストラテジー（方略）は，一度餌をとった分肢には再び入らずすべての餌を得ることである。このような迷路でネズミの行動を観察すると，ネズミが繰り返して分肢に入る回数は少なく，数日学習すると一度入った分肢にはほとんど入らずにすべての餌を得るようになった。

　迷路を学習するにあたって，分肢を時計回りあるいは反時計回りに順に探索している可能性がある。動物の行動の観察から，そのようなストラテジーを阻害しても能率よく餌を得ることが示されている。また，一度入った分肢に匂いなどのマークをつけてそれを利用しているのではないかという疑問もあるが，この点も実験的に否定されている（Olton, 1978）。

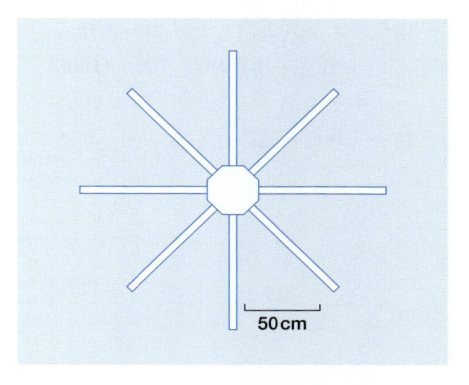

図 5.8　放射状迷路（Olton & Samuelson, 1976）

その後，脳研究の技術が進歩し学習における脳の変化についても多くのことが明らかになった（Squire, 1989）。しかし，脳がどのように条件づけに関わっているかということを総合的にまとめる段階にはまだないと思われる。

むすび

本章では，はじめに学習の生物学的制約をとりあげた。この問題についてはここであげた例のほかにもさまざまな行動が研究の対象となっている。たとえば，鳥のさえずりなどについて多くの研究がある。本章の後半は学習と脳の関係に当てた。この領域は最近研究が進んだ領域である（本章ではその一部を紹介するにとどめている）。

[参 考 図 書]

市川伸一・伊東裕司・渡邊正孝・酒井邦嘉・安西祐一郎（1994）．認知科学5　記憶と学習　岩波書店

岡田　隆・廣中直行・宮森孝史（2005）．生理心理学——脳のはたらきから見た心の世界——　サイエンス社

ジョンソン, G.　鈴木　晶（訳）（1995）．記憶のメカニズム　河出書房新社

利島　保（編）（2006）．脳神経心理学　朝倉書店

松村道一（1995）．ニューロサイエンス入門　サイエンス社

メイザー, J. E.　磯　博行・坂上貴之・川合伸幸（訳）（1996）．メイザーの学習と行動　二瓶社

渡邊正孝（2005）．思考と脳——考える脳のしくみ——　サイエンス社

一時的な記憶

5章までは条件づけを解説してきた。本章から10章までは記憶をとりあげる。一般に記憶は2つに分けることができると考えられている。一時的な情報の保存と長期的な情報の保存である。本章では，一時的な情報の保存，すなわち短期記憶，ないしはワーキング・メモリーをとりあげる。

6.1 条件づけと記憶

5章までは，動物の条件づけを通して行動が経験によって変化する過程をみてきた。2章では古典的条件づけをとりあげた。そこでは刺激に対する反射が経験により変容することが示された。また3章ではオペラント条件づけの研究にふれた。ここでは行動がその結果により変容する基礎的過程について述べた。条件づけの研究から指摘されることは，ヒトや動物の行動は環境との相互作用の中で常に変化していくということである。1章で述べたように，条件づけの研究はパヴロフとソーンダイクの研究に始まり，その後は行動主義の枠組みですすめられてきた。

一方，ヒトの記憶の研究はエビングハウスの研究に起源がある。記憶の研究は条件づけの研究とは異なり，行動の変化に注目するというよりは新しい情報を習得するという点に注目する。記憶の研究にも行動主義の枠組みがとられた時期もあったが，1950年代の後半からは記憶の研究は情報処理の枠組みで研究が行われている。コンピュータがヒトの記憶研究のモデルとなったのである。このような記憶の研究の一つの成果として，記憶を短期記憶と長期記憶に分ける考え方がでてきた。

記憶は一般に3つの過程に分けられる。覚え込む過程，覚えたものを保持しておく過程，思い出す過程である。覚え込むときの過程を**コード化**（coding）ないしは**符号化**，覚えたものを保持している過程を**保持**あるいは**保存**，また思

図 6.1　記憶の過程

い出す過程を**検索**（retrieval）という（**図 6.1**）。コード化，保存，検索などの用語が用いられるのは，記憶の研究が情報処理の考え方に強く影響されていることを示している。

6.2　知覚と記憶の間

　私たちは常に外界からさまざまな刺激を受け取っている。そのような刺激のもたらす情報は感覚器官あるいは神経系によって処理され，そのうちのあるものは記憶として残っていく。知覚された情報が短期記憶になる前に，つまり知覚と記憶の間に情報を短期間保存する形態があることが指摘されている。これは感覚記憶ともいわれるが，記憶という用語は適当でないかもしれない。記憶の前の情報処理の一つのステップと考えられる。このような情報の保存はそれぞれの感覚モダリティ（聴覚，視覚，触覚など）に対応したものがあるとされているが，よく知られているのは視覚と聴覚についてである。

6.2.1　視覚的感覚記憶

　視覚系に入ってくる情報の感覚記憶を実験的に例証したのは，スパーリングであった（Sperling, 1960）。以下のような実験を考えてみよう。12 個の文字または数字を 4 列 3 行に配置した刺激ディスプレイを参加者に短時間，たとえ

ば50ミリ秒だけ提示して，どのような文字が提示されたかを尋ねる（図6.2）。すると12の文字のうち3文字かあるいは4文字しか報告できない。しかし参加者の中には，自分が報告できるよりも多くの文字を見たという感想を述べる人が多かった。このことは，私たちは短い間多くの情報を保存するが，その情報を報告する前に急速に忘れていくという可能性を示唆している。

このような一時的な情報の保存を調べるために，スパーリングが工夫したのはディスプレイのある部分を指定して報告を求める手続きである。参加者が報告する部分的な記憶から，そのときの参加者のディスプレイ全体の記憶を調べようと試みた。具体的にはディスプレイのある行を指定してその行の文字について報告を求める。行の指定は音を用いて行った。すなわち，高い音が提示された場合は上の行の文字を，中間の高さの音の場合は中央の行の文字を，また低い音の場合は下の行の文字を報告するように求めた。

刺激が消えた直後に音によって行を指定して参加者にその行の文字を報告してもらうと，それぞれの行についておよそ3文字を報告できた。どの行が指定されるかということは参加者は予測していないので，1行で3文字を報告できたということはその時点で各行3文字，全体で9文字を報告することが可能だったということである。このようにディスプレイの報告するべき部分を指定し，その報告の結果から全体の報告可能性を推定する手続きを**部分報告法**という。

```
7  1  V  F
X  L  5  3
B  4  W  7
```

図 6.2　スパーリングが実験で用いた刺激の例
(Sperling, 1960)

これに対してこのような指定を行わない手続きを**全体報告法**という。

　部分報告法を用いることにより，提示の直後には参加者は刺激配置のかなりの部分を情報として保存していたと推測される。部分報告法を用いないで全体の文字の報告を求めると4文字か5文字しか報告できないということは，報告をしているうちに情報が失われてしまったということになる。

　この方法を用いて，行を指定する時間を遅らせながら視覚的感覚記憶の時間の経過を調べると図 **6.3** のようになった。すなわち情報は短時間に失われ，1秒後にはもう約4文字しか保存されていないと推定される。1秒後の数値は全体報告のときの値と同じである。

　このような実験から示された一時的な情報の保存は，**視覚情報保存**，**視覚的感覚記憶**，あるいは**アイコニック・メモリー**（iconic memory）といわれる。アイコニック・メモリーという用語はナイサーの用語である（Neisser, 1967）。また保存されている情報は，アイコン（icon）ともいわれる。

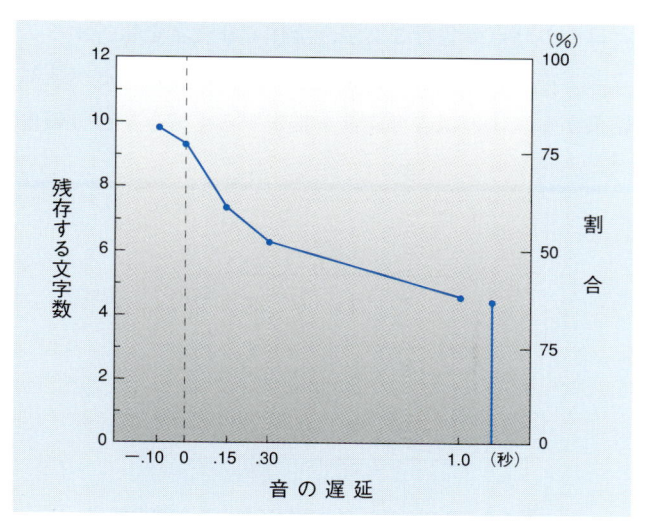

図 6.3　スパーリングの実験の結果（Sperling, 1960）

6.2.2 聴覚的感覚記憶

聴覚においても視覚の場合と同じように刺激を一時的に保持する記憶の仕組みがあることが示されている。ナイサーはこのような記憶を**エコーイック・メモリー**（echoic memory）とよんだ（Neisser, 1967）。また保持される情報はエコー（echo）といわれることもある。

聴覚的感覚記憶を調べるにはいろいろな方法が試みられてきた。以下に述べるのは部分報告法を用いた実験の例である。文字と数字の組合せのリスト，たとえば「4L6」のようなリストを3つ用意する。そして，ヘッドホンを参加者につけてもらい，それぞれのリストが異なる3方向から聞こえるようにする。つまり，右，正面，および左の方向からそれぞれのリストの文字，あるいは数字が同時に聞こえる事態を用意する。この事態で，3方向から聞こえる9個の項目をすべて報告するように求める。全体報告法を用いると9個のうち報告できたのは約4個であった（Darwin et al., 1972）。

部分報告法を用いるには，報告すべき部分を指定する必要があるが，この実験では視覚刺激によって指定された。参加者の目の前のスクリーンに線分を提示し，線分が右側に提示されれば右から聞こえてくる項目を報告する。左，あるいは正面に線分を提示したときにはそれに対応する方向から聞こえる項目を報告するように求められた。

聴覚的感覚記憶の時間の経過をみるには，スパーリングの実験の場合と同じように，刺激の提示終了後報告するリストを指定する時間を遅らせればよい。**図6.4**に刺激の提示が終わってから方向を指定するまでの時間間隔が0，1，2，あるいは4秒まで遅らせた結果が示されている。この図からもわかるように，時間がたつと部分報告法の有効性は低下する。4秒たつと部分報告法の有効性はほとんどみられなくなり，全体報告法の値に近づく。全体報告法は指示を与えずに3方向から聞こえる文字または数字をすべて報告するように求めた場合である。視覚の実験の場合と比較すると，記憶が減衰する時間は大分長くなっている。

聴覚的感覚記憶の時間が数秒であることを示唆するほかの研究もある。注意の研究の方法として以前よく用いられた手続きに以下のようなものがある。左

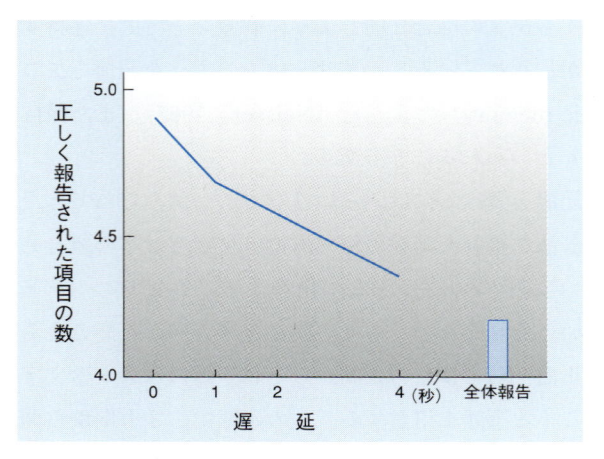

図 6.4　聴覚的感覚記憶（Darwin et al., 1972）

右の耳に異なるメッセージを聞かせて，片方の耳に聞こえるメッセージを聞きながら追唱するように求める（両耳分離聴）。たとえばヘッドホンを用いて両方の耳に異なる物語を聞かせて，一方の耳に聞こえる物語を声に出して言う。これはシャドーイング（追唱）といわれている手続きであるが，この手続きによると追唱しているほうのメッセージに注意が集中して，他方の耳に聞こえるメッセージには注意は向けられないと考えられる。

　注意されていないほうのメッセージの記憶を調べた以下のような実験がある。両方の耳に異なる文章を聞かせ，片方の文章を追唱するように参加者に求めた。このとき，追唱していないほうの文章の中に数字を混入させておく。そしてときどきランプを点灯して，注意していないほうのメッセージに数字があったかどうかを聞く。すると数字が出てから 0.3 秒後に聞くと，参加者は 25 % 程度正しく答えることができる。しかし時間がたつにつれて成績は低下し，5 秒以後はほぼ 5 % 弱しか数字を報告できなかった（Glucksberg & Cowan, 1970）。とくに指示せず，数字が出たら答えるようにという教示を与えた場合は 5.7 % の検出率であるから，5 秒以後に信号を出した場合の値はこれに近いというこ

とになる。この数字の記憶は聴覚的感覚記憶に対応すると考えられている。聴覚的感覚記憶の研究にはほかの手続きを用いた研究もあり，時間についてももっと短いという意見もある。

6.3　短期記憶

　記憶を二分するという考えは以前にもなかったわけではない。アメリカの心理学者ジェームズ（James, W.；1842-1910）は，『心理学原理』（1890年）において，経験の対象がまだ意識から消えない状態としての記憶と，一度意識から消えた対象に関する記憶を区別した。そして前者を **1次記憶**（primary memory），後者を **2次記憶**（secondary memory）とした。彼は1次記憶は「広がりを持つ現在」を対象とすると述べている。しかし，このような記憶を二分する考え方はその後あまり注目を引かなかった。

　1950年代の終わりになると，記憶の研究に新しい流れが生まれてきた。記憶が人間の情報処理の一環とみなされるようになったのである。このような研究の流れにイギリスの心理学者ブロードベントの提出したモデルは大きな役割を果たした（Broadbent, 1958）。ブロードベントの情報処理のモデルには，**短期記憶**と**長期記憶**のアイディアが述べられている。短期記憶は，外界から与えられる刺激の一時的な保存として考えられていた。

　このころ，イギリスのブラウンとアメリカのピーターソンらにより行われた実験は，情報の短期の保存を示すものとして注目を引いた。ピーターソンらは実験材料として，たとえばCHJのように英語のアルファベットの子音3文字を組み合わせたものを用いた。この子音の組合せを短時間提示し，3，6，9，12，15，18秒後に再生を求めた。一般の記憶実験と異なるのは，保持時間中に簡単な計算を課した点である。実験は以下の手続きで施行された（Peterson & Peterson, 1959；図6.5）。

　実験者が3文字の子音の組合せを参加者に読んで聞かせ，3桁の数字を提示する。この直後から参加者はメトロノームの音に合わせて1秒ごとにその数字から始めて，3ずつ引いた数字を答えなければならない。たとえば数字506が

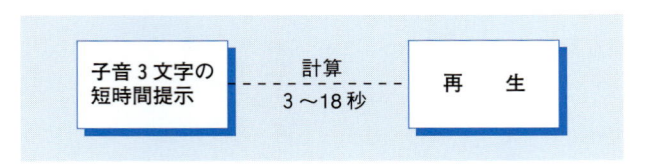

図 6.5　ピーターソンらの実験の手続き

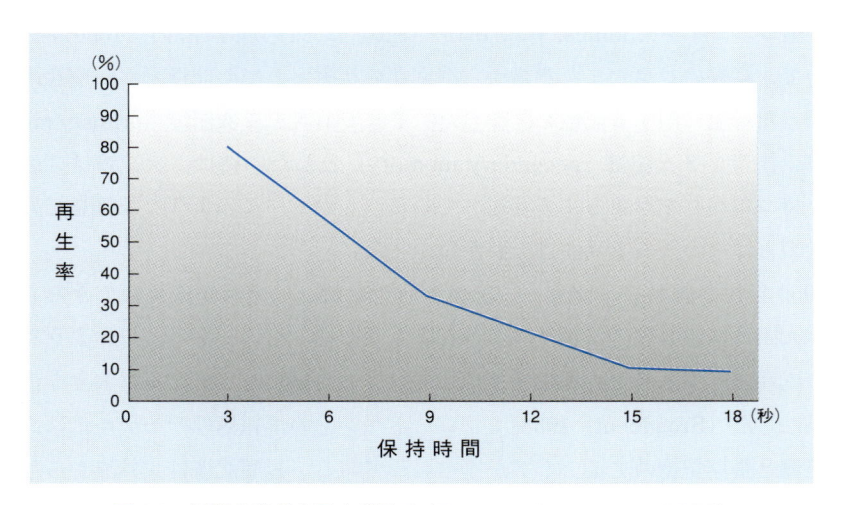

図 6.6　短期の忘却を示すグラフ（Peterson & Peterson, 1959）

提示されると，1秒ごとに，506, 503……というように報告を続けていく。一定の保持時間が経過するとシグナルのランプがつき，参加者は以前に提示された文字の組合せを答えることを要求される。それぞれの参加者は上に述べた6つの保持時間について8回ずつ，全部で48回のテストを行った。

　実験の結果は図 6.6 に示されている。3文字の子音を記憶するのは容易であるように思われるが，この図をみると子音の組合せを18秒後にはほとんど思い出すことができていない。すなわち，保持時間中に計算をすることにより情報を長期に記憶するための処理を妨害し，短期間に忘却が生じる。この短期の

忘却の経過は短期記憶の忘却を示すものとみなされた。

6.3.1 短期記憶の特徴

短期記憶の研究は，1970年代には活発に行われて多くの成果をあげた。短期記憶の特徴についても実験によりいくつかの点が明らかにされた。ここではその中から2つの特徴をとりあげることにしたい。

1. 短期記憶の容量

電話をかけるときに，まず電話番号簿で相手の番号を調べ，忘れないようにして受話器のところに行って電話をかけることがある。電話をかけ終わるころには電話番号はすっかり忘れている。このような一時的に利用する記憶は短期記憶の一例といってよいであろう。電話番号はあまり桁数が大きくなると覚えていることができない。したがって，短期記憶は一度に保持しておける量，つまり容量に限界がある。

この量がどのくらいかということを明確に示すことはできない。しかし，短期記憶の容量は次のような実験により示唆されている。1秒に1つずつ数字を提示し，その後数字の系列を提示順序通りに再生するように求める。そしていろいろな長さの系列でこのようなテストを行うと，7かせいぜい9ぐらいの数字の系列までしか正確には答えることができない。このように一度に覚えていられる系列の項目の数を記憶範囲（memory span），あるいは直接記憶範囲（immediate memory span）という。数字の場合には記憶範囲は7前後ということになる（マジカル・ナンバー7±2）。記憶範囲に限界があるということは，短期記憶の容量に限界があることを示している。

上に述べた実験では項目の提示直後に数字を7あるいは9覚えているということを述べた。しかし，短期記憶として保存される情報の量はこうした項目の数で表されるとは考えられていない。むしろ刺激のまとまりの数で表現される。たとえば，

1945195619671978

という数字は数字の列として記憶すると覚えにくいが，西暦の年号として4つ

の数字をまとめるとそう難しくない。このような項目のまとまりを**チャンク**という (Miller, 1956)。短期記憶の容量の単位はこのチャンクであると考えることができる。したがって，チャンクの内容が大きくなれば多くの情報を短期記憶として保存できる。

2. コード化

本章のはじめにも述べたように，記銘はコード化，あるいは符号化ともいわれている。これは刺激を受け取るとそれを人間の情報処理に適したコードに変換するという考え方からきている。実験の資料から，短期記憶のコードと長期記憶のコードは異なるという主張がなされた。

コンラッドは視覚的および聴覚的に文字の組合せを提示して，その直後に記憶を調べた (Conrad, 1964)。すると，VとCのように発音の似ている文字の間に混同の誤りがみられたが，VとXのように視覚的に似ている文字の混同の誤りは少なかった。この実験の結果は，短期記憶の情報は音韻的にコード化されていることを示すと解釈された。これに対し長期記憶では意味的なコード化が行われているということも提案された。

この主張は短期記憶の実験室の実験からなされたものであるが，この実験から短期記憶のコード化が一般に音韻的になされると断定することには無理がある。日常生活の会話において，直前に聞いたことは短期記憶として保持されるということは十分考えられる。しかし，この場合意味的な情報がないと考えるわけにはいかないのである。

6.3.2 短期記憶のモデル

短期記憶の初期のモデルとして代表的なものは，アトキンソンとシフリンのモデルである (Atkinson & Shiffrin, 1968)。図 6.7 に情報の流れを示す彼らのモデルが示されている (Atkinson & Shiffrin, 1971)。図からわかるように，彼らの記憶のモデルは2つの貯蔵庫を仮定する。外界から与えられる情報はまず感覚のレジスタに入る。ここでいう感覚のレジスタとはすでに述べた感覚記憶と同じである (6.2 参照)。この中で情報は感覚モダリティごとに保存される。

感覚記憶として保存された情報の一部は短期記憶貯蔵庫へと送られる。短期

6.3 短期記憶

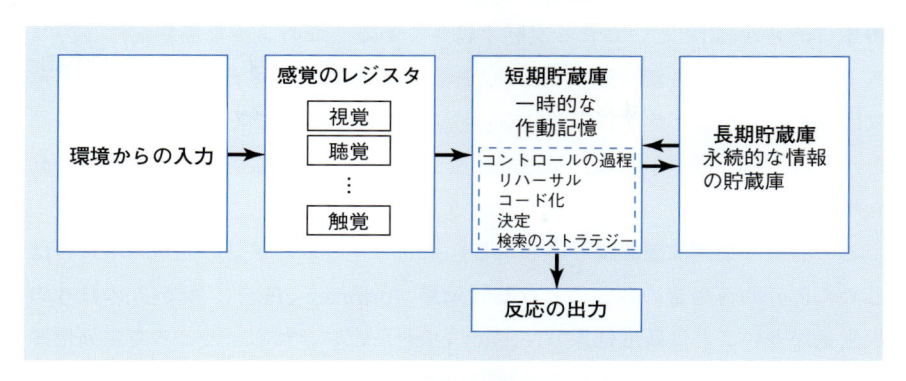

図 6.7　アトキンソンとシフリンの記憶モデル（Atkinson & Shiffrin, 1971）

記憶貯蔵庫に入ってくる情報は**リハーサル**（復唱）されると短期記憶として保持できるだけでなく，長期記憶にも入りやすくなるとみなされている。このモデルによれば，上に述べたピーターソンらの実験は短期記憶の情報がその処理を妨げられて長期記憶貯蔵庫に入りにくくなった例を示している（リハーサルについては8章（p.153）を参照のこと）。

アトキンソンとシフリンのモデルでは，短期記憶貯蔵庫は情報を一時的にとどめておくだけでなく，情報をコントロールする場でもあると考えられていた。そのようなコントロールの中でもとくにリハーサルに注意が向けられていた。彼らのモデルは2つの貯蔵庫を仮定するので**多重貯蔵庫モデル**ともいわれる。

6.3.3　2つの記憶の存在

アトキンソンとシフリンの多重貯蔵庫モデルは，当時行われた実験結果を集約したものである。短期記憶と長期記憶を分ける根拠として当時提出された資料はいろいろあるが，例として以下に2つあげることにしたい。

1. 自由再生の実験

単語を10あるいは15個含むリストを用意する。このリストの単語を参加者に1つずつ聞かせて，その直後に思い出せるだけ多くの単語を思い出してもら

う。どのような順番で思い出してもよいという教示も与えておく。これは**自由再生**（free recall）といわれる実験手続きである。このような実験を単語のリストを変えて何回も繰り返して行い，単語の再生数を集計すると，一般に成績は図 6.8 のようなグラフに表される。リストのはじめのころに提示された単語と，終わりごろに提示された単語は比較的よく覚えているが，中間に提示された単語は覚えにくい。

　この曲線は**系列位置曲線**といわれる。系列（リストの単語の提示順序）のはじめの部分の再生量の多いことは**初頭効果**（primacy effect），終わりのほうの再生量が多いことは**新近効果**（recency effect）といわれる。ところで系列位置曲線のこの 2 つの部分はそれぞれ長期記憶と短期記憶を反映するという提案がなされた。つまり系列のはじめの部分は長期的に保存されていて，再生のときには長期記憶から取り出される。一方系列の終わりの部分は短期記憶貯蔵庫に

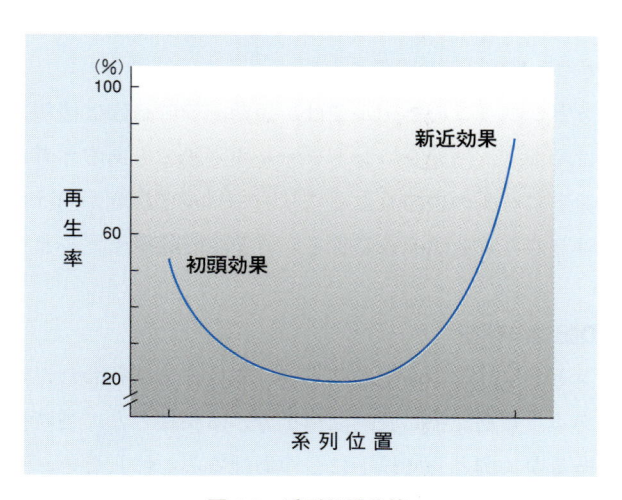

図 6.8　系列位置曲線

6.3 短期記憶

入った状態にとどまり，そこから取り出されるという考え方である。この考え方には以下の論拠がある。

系列の終わりのほうの項目が短期記憶貯蔵庫から取り出されたものであるとすると，ピーターソンの実験のように何らかの方法で処理を一定時間妨害し，その後再生を求めれば新近効果はなくなるはずである。そこでリストの提示が終わってからすぐに再生を求めるのではなく，10秒間あるいは30秒間数を数えてから再生を求めた（Glanzer & Cunitz, 1966）。結果は図 6.9 に表されている。この図をみると，30秒間数を数えてから再生をした場合には新近効果はみられない。これに対して初頭効果はほぼそのままである。この結果は，新近効果は短期記憶の情報によって生じるという考え方に一致する。一方，長期記憶に影響するとみなされる条件，単語の使用頻度などの要因を操作すると，初頭効果は影響を受けるが新近効果には影響がない。このようなことから初頭効果は長期記憶を反映するとみなされたのである。

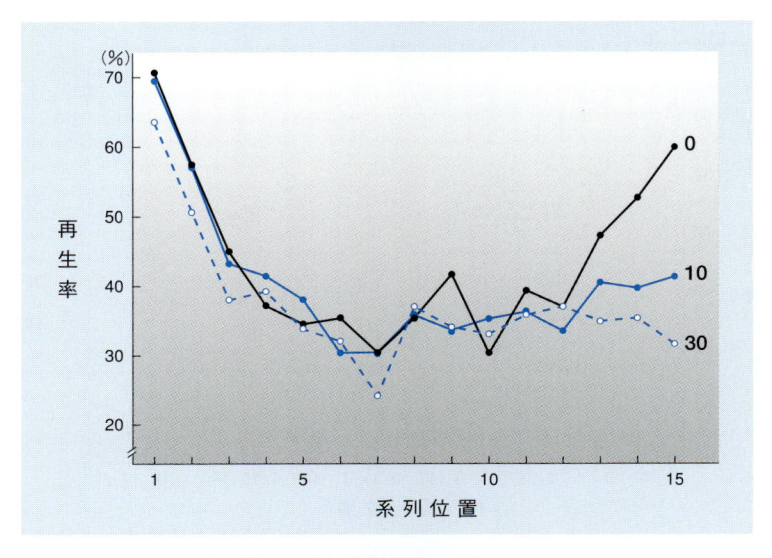

図 6.9　遅延後の再生と系列位置効果 (Glanzer & Cunitz, 1966)

先に述べたアトキンソンとシフリンのモデルによると，リハーサルをすると情報は長期記憶に送られる。ところで自由再生の実験において実際に参加者は系列のはじめのほうの項目を多くリハーサルをしているのであろうか。この点を確かめるため以下の実験が行われた。自由再生の実験において参加者に声に出してリハーサルを求め，それを数えたのである。図 6.10 に名詞 20 を用いて提示時間を 5 秒にして自由再生の実験を行った結果が示されている。リストの前半の項目はリハーサルが多く，リストの後半になるにつれて項目のリハーサルは少なくなっている。この実験はリストのリハーサルを声に出して行うという点で普通の自由再生とは異なるが，リストのはじめの部分の再生は長期記憶を反映し，終わりの部分の再生は短期記憶を反映するという考え方を支持するといえよう（Rundas & Atkinson，1970）。

2. 神経心理学の資料

短期記憶は障害を受けていないが，長期記憶に情報を送り込むことはできな

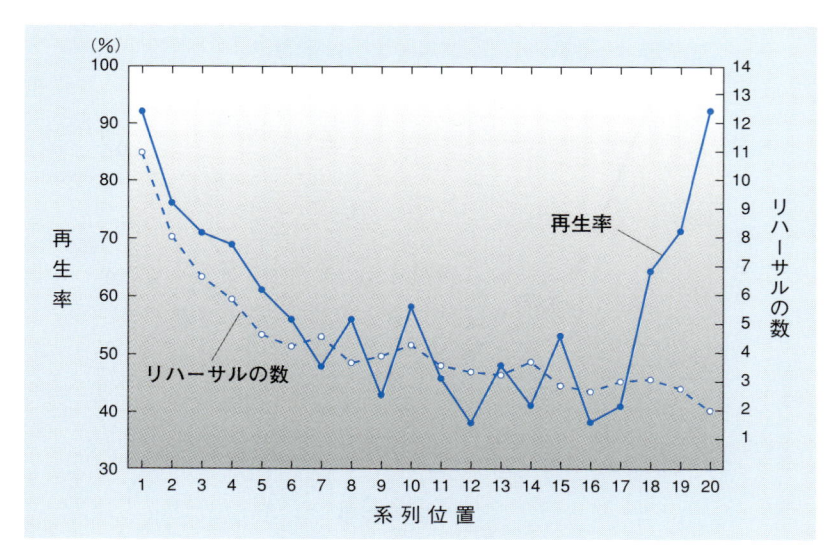

図 6.10　リハーサルと系列位置曲線（Rundas & Atkinson, 1970）

いとみなされる患者 HM の報告も，短期記憶と長期記憶とが区分されているという考え方に支持を与えた。HM は 1953 年，てんかんの治療のために両側の側頭葉（海馬の部分，海馬回，鈎，扁桃体を含む）の摘出手術を受けた。彼は当時 27 歳であったが，術後重度の前行性健忘（これから覚えようとする記憶についての障害）を示した。毎晩テレビを観ていたが，ウォーターゲート事件のことは知らなかったし，アメリカ大統領の名前も覚えていなかったといわれる。逆行性健忘（それまでに覚えていた記憶についての障害）については社会的な事件などについては 1940 年代あるいはそれ以前のことは記憶していた（Parkin & Leng, 1993）。

　HM はこのような重い記憶障害があったが，数字の直接記憶範囲のテストではとくに支障がみられなかった。直接記憶範囲のテストは，数字を 1 秒に 1 項目ずつ数項目読み上げ，その後でその数字を順序通りに再生することを求める課題である。これは短期記憶の課題であるとみなされている。このような課題で正しく再生できる数字の数，すなわち記憶範囲は一般に 7 前後であるといわれている（p.99 参照）。HM の記憶範囲は長年にわたって変わらなかったといわれる（Parkin, 1993）。

6.3.4　短期記憶のモデルの問題点

　アトキンソンとシフリンのモデルは短期記憶の代表的なモデルであるが，これに対してその後さまざまな面から問題が指摘されるようになった。たとえば，このモデルではリハーサルをすれば情報は長期記憶へ移行するとされるが，実際には繰り返しても長期記憶にならない場合もある。また，すでに述べたように音韻コード化，意味コード化という二分法により短期記憶と長期記憶を分けることは問題であるということなども指摘された。

　短期記憶貯蔵庫といわれるように，このモデルでは短期記憶の受動的な側面が強調されたこともその概念の魅力を失わせることになったといってよいであろう。実は，アトキンソンとシフリンのモデルでも短期記憶貯蔵庫は単なる受動的な貯蔵庫として考えられていたわけではない。彼らのモデルにも短期記憶貯蔵庫は情報をコントロールする役割を持つことが記されている。しかし，上

にも述べたようにモデルのそのような側面はほとんど見過ごされていたのである。

6.4 ワーキング・メモリーの概念

短期記憶の研究によって記憶を2つに分けるという考え方は広く認められるようになった。ただし，短期記憶の概念は情報が取り入れられてから長期記憶として保存されるまでの途中の一つのステップという色彩が強かったといえるであろう。

ところで，私たちはさまざまな活動をしているときには，必要な情報を記憶にとどめながらそれを利用している。すなわち，現在どのような状況にあるかということを一時的な記憶として保持し，事態に対処していく。たとえば，野球の試合でバッターボックスに立っているときには，現在のストライクとボールのカウントを記憶しているし，過去にその投手の球を打ったときのことを思い出していることもあるであろう。

このような一時的な記憶は情報の流れの一つのステップというよりは，むしろ積極的な認知，あるいは思考の過程であるといえるであろう。思考の過程としての一時的記憶に関心が向けられるようになると，それを表現するのに短期記憶という用語よりも**ワーキング・メモリー**（working memory）という用語のほうが適当であると考えられるようになった。本書ではワーキング・メモリーという用語を用いるが，**作業記憶**，あるいは**作動記憶**という用語もよく用いられている。

6.4.1 ワーキング・メモリーのモデル

ワーキング・メモリーがどのようなものであるかを理解するには，現在もっともよく知られているバッドレーらにより提案されたモデルをみればよいであろう（Baddeley & Hitch, 1977）。彼らのモデルには2つの特徴がある。それは，①ワーキング・メモリーと積極的な認知的活動との関わりを重視する，②短期記憶のモデルと異なり，単一の貯蔵庫を仮定するのではなく複数の構成

6.4 ワーキング・メモリーの概念

要素からなるシステムを仮定する，の2点である。

このモデルは容量に制限がある3つの構成要素からなる（Baddeley, 1986）。その構成要素とは，**音韻ループ**（phonological loop），**視空間メモ帳**（visuo-spatial sketch pad），および**中央実行系**（central executive）である。音韻ループはさらに2つの構成要素に分かれる。**調音のコントロール・システム**と**音韻の貯蔵庫**である。たとえば，電話番号などを頭の中で繰り返していると忘れないで保持しておくことができるが，この場合，情報は調音のコントロール・システムに保存される。調音のコントロール・システムは，いわば内部の声として情報を保持するといえる。また，音韻の貯蔵庫は発話の情報を音韻の形で保持する。これは内部の耳ともいうことができる（図6.11）。

視空間メモ帳は視覚情報，あるいは空間情報を保持する。すなわち，経験した視覚的情報や長期記憶から取り出した視覚イメージなどを保持する。また，中央実行系はシステム全体の働きをコントロールする。それは入ってくる情報

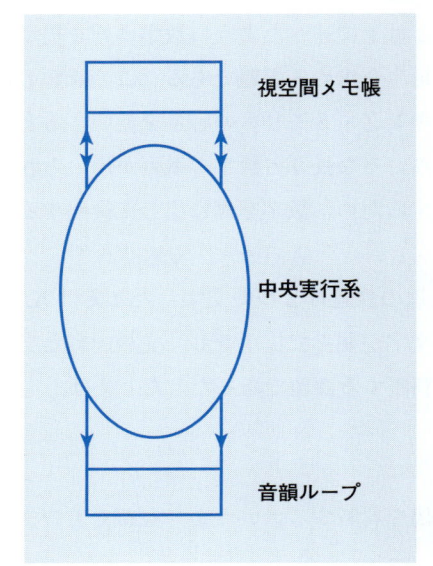

図6.11 ワーキング・メモリーのモデル
(Baddeley, 1986)

に注意を配分したり，ほかの構成要素の働きを調整する役割を持つ．

1. 複数の構成要素

上に述べたようにバッドレーらのワーキング・メモリーのモデルでは複数の構成要素が仮定されているが，複数の構成要素を仮定する必要があるかどうかということがまず問題となるであろう．これを調べる一つの方法は**2重課題法**（dual task technique）といわれる方法である．これは参加者に2つの課題を同時に課した場合と，個々の課題を単独で課した場合の遂行を比較する方法である．もしワーキング・メモリーが単一の構成要素からなるとすれば，一方の課題でその容量を使い果たせば，同時に行うもう一方の課題は遂行できないはずである．それに対して，複数の構成要素からなるとすれば，一方の課題である構成要素の容量を使い果たしても，同時に行うもう一方の課題を遂行できないとは限らない．すなわち，もう一方の課題がほかの構成要素に関わるものであれば同時に2つの課題を遂行することが可能である．

2重課題法の実験に以下のようなものがある．記憶と推理の2つの課題を同時に遂行することを参加者に要求した．記憶に関しては数字を用いた記憶範囲の課題が用いられた．記憶範囲の課題とは上に述べたように数字の列を提示して，提示直後にその数字の順序通りの再生を求める課題である．この課題の再生すべき数字が多いと，参加者はワーキング・メモリーの容量を使いきると考えられる．この実験では8個までのいろいろな長さの数字の系列が用いられた．また，課題を遂行していることを確認するために数字を声に出して復唱することが要求された．

もう一つは推理の課題であった．推理の課題は2つの文字，たとえばA，Bの順序について述べた文の後に2つの文字が並んで提示され，文の内容と文末の文字の順序が一致しているかどうか判断する課題であった．たとえば，

　AはBの前にある：AB

　BはAの後にある：BA

のように文と文字が提示され，文の真偽を判断する．いうまでもなく上の文は真で，下は偽である．

参加者は記憶範囲の課題と推理の課題を同時に遂行した．すでに述べたよう

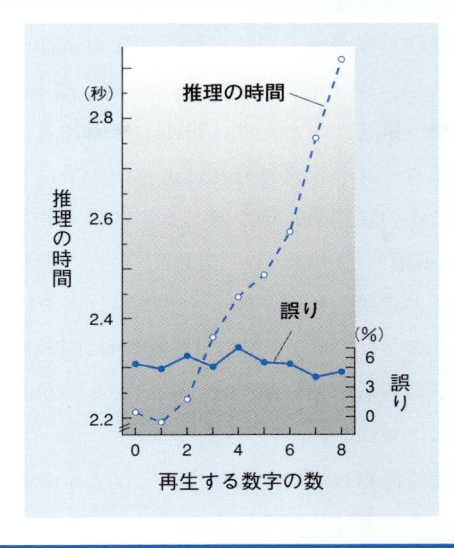

図 6.12 推理と記憶の2重課題
(Baddeley, 1986)

に，普通，数字は一度に7個前後しか記憶できない。したがって，もしワーキング・メモリーの構成要素が1つであれば，数列を8項目に増やすとその容量は使い果たされていくと考えられる。そして，記憶範囲の課題の項目が増えるにつれて，推理の課題の成績は低下すると予想される。

実験の結果によると，たしかに記憶範囲の課題の項目を増やすと推理の課題に要した判断の時間は増大した。しかし，推理の課題の誤りは増加しなかった。つまりこの実験の結果は，記憶の容量はほぼ使い果たしても，推理の課題は遂行できることを示しており，ワーキング・メモリーに情報の保持の構成要素のほかに別の構成要素を仮定する必要があることを示唆している（Baddeley, 1986；図6.12）。

2. 音韻ループ

上に述べたワーキング・メモリーのシステムには音韻ループという構成要素が仮定されている。ここにはリハーサルにより情報を維持する構成要素，および発話に関する情報を保持する貯蔵庫が含まれている。たとえば，電話番号などを頭の中で繰り返して一時的に忘れないようにするときにはこの構成要素が

働いていると考えることができる。ある課題に音韻ループが関わっていることを示すには，音韻ループの働きを抑制しながら，同時に行う課題の遂行を観察する方法がよく用いられる。

具体的には，課題とは関わりのない単語，たとえば「THE」を参加者に繰返し言ってもらう。そうすると，音韻ループの容量はそれにより使い果たされるであろう。この状態で同時に行うほかの課題の遂行を調べる。この実験手続きは**調音の抑制**（articulatory suppression）といわれる。「THE」と言い続けながらある記憶課題を行ったときに，その課題の遂行が低下するならば，その課題は音韻ループに関わっているということができる。ただし，課題に関わりのない単語を発音することが音韻ループの容量を使い果たすことになるのかどうかということには多少の疑問がないわけではない。

音韻ループが情報の一時的な保持に関わっているということはいくつかの実験のデータから主張されているが，ここでは2つの例をあげておきたい。

①音韻類似効果

文字列を一時的に記憶するときには，発音が似ている文字列はそうでない文字列に比べて覚えにくいことが実験で示されている。これは**音韻類似効果**（phonological similarity effect）といわれている。このことは，一時的な記憶において音韻ループが役割を担っていることを示唆している。発音が似ている文字列はリハーサルをしても保持しにくいことは容易にわかるであろう。

さらに，音韻類似効果は調音の抑制により失われるのである。たとえば，文字の列を見て直後に再生する課題を行う。このとき，課題とは関係のない何らかの発音を同時に繰り返す。たとえば「THE」という単語を発音し続ける。すると音韻類似効果はみられなくなる。すなわち，音韻が類似したリストもそうでないリストも再生の成績に差がみられなくなる（Wilding & Mohindra, 1980）。

②語長効果

記憶範囲の実験を単語を用いて行うと，短い単語は長い単語よりも一度にたくさん覚えることができる。このことは**語長効果**（word length effect）といわれている（Baddeley et al., 1975；図 6.13）。短い単語のほうが一定の時間内に

6.4 ワーキング・メモリーの概念

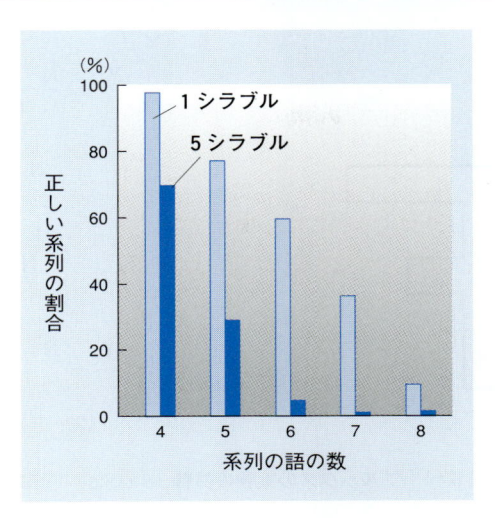

図 6.13 語長効果（Baddeley et al., 1975）
短い単語（1 シラブル）と長い単語（5 シラブル）の記憶範囲。横軸に系列の長さが，縦軸に長い単語と短い単語の再生率の平均が示されている。

多くリハーサルできることから，この効果が生じるのは不自然なことではない。すなわちここでも音韻ループの働きをみることができる。実際に，記憶範囲の課題と同時に，その課題に関係のない何らかの発音を繰り返して調音の抑制を行うと語長効果はみられなくなる。

3. 視空間メモ帳

一時的な記憶として視覚的な記憶があるということは，常識的に考えても理解できるところである。私たちは過去に経験した事柄のイメージを思い浮かべることができるし，また見たばかりの光景が目から離れないこともある。バッドレーらのワーキング・メモリーのモデルでは，この種の記憶を保持する構成要素は視空間メモ帳とよばれる。

視覚的なイメージを保持するメカニズムが言語を保持するメカニズムと異なることが，以下のような実験から示唆される（Brooks, 1968）。この実験においては視覚的な処理を要する課題と言語的な処理を要する課題が比較された。

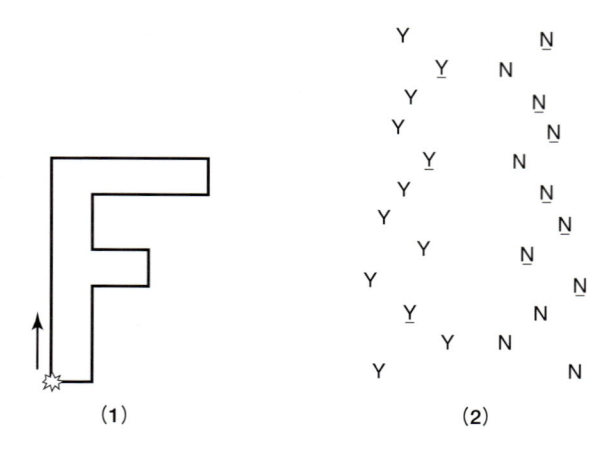

図 6.14 ブルックスの実験の材料 (Brooks, 1968)

　視覚的な課題は以下のような課題である。まず参加者は図のようなFの文字のイメージを頭に描く（図 6.14 (1)）。それから，そのイメージの上で左端にある矢印からスタートして，イメージ上で線をたどり，Fの角の部分に来たときにその角がFのどの部分にあるのか判断するように求められた。参加者の答え方は3種類あり，それらは以下のようであった。①発声（口頭）で答える。もしその角がFの上端か下端にあればYES，それ以外の位置にあればNOと答える。この図の場合には参加者の答えはYES，YES，YES，NO，NO……のようになる。②タッピングで答える。上端か下端にあれば左手で軽く机を叩く。そうでければ右手で叩く。③指さしで答える。図 6.14 (2)のようなYとNの配置を用意して，YESとNOの代わりにYとNを指さしで指示して答える（角がFの右側にあるかそうでないかの判断を行う条件ももうけられた）。

　言語的な処理を要する課題としては，

　　A bird in the hand is not in the bush.
　　（とらえた鳥はやぶにはいない）

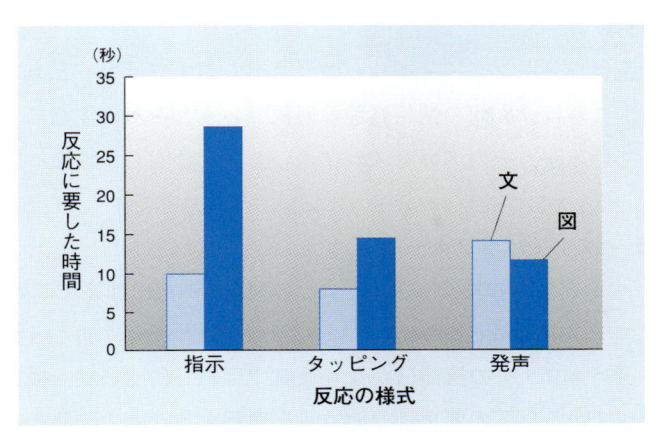

図 6.15　課題間の干渉 (Brooks, 1968)

という文を参加者は記憶する。そして，記憶の中で文をたどりながら文中の単語が名詞であるかそうでないかを判断した（単語が冠詞かそうでないかの判断を行う条件ももうけられた）。答え方は先の課題の場合と同じ3種類であった。

　視覚的な課題を行ったときに，上で述べた3種類の答え方に要する時間の違いが観察された。また，言語的な課題においても遂行に要する時間が測定された。実験の結果は図 6.15 に示されているが，視覚的な課題の場合には指さしによる指示で答えるほうが口頭で答えるよりも時間がかかる。それに対して，文の単語の品詞を判断する言語的な課題の場合は，口頭で答えるほうが時間がかかった。これは視覚的な記憶は，指さしによる指示で答えるので視空間的な処理を要する反応と干渉し，これに対して言語の記憶は口頭で答えるという言語的な処理を要する反応と干渉するためであると解釈された。この実験は一時的に保持される視空間的な記憶が言語の記憶と異なることを示唆している。

　視空間メモ帳は視覚的情報と空間的情報のいずれを保持するのかということも検討されている（Baddeley & Lieberman, 1980）。視空間メモ帳がこの2つの情報を含む1つの構成要素であるのか，あるいは2つの部分を持つのかは実

験で検討されている。

4. 中央実行系

中央実行系はワーキング・メモリーのシステムの中ではもっとも重要な構成要素である。これは，人間の情報処理の過程でいうところの注意に当たるものと考えられているが，そのメカニズムについては十分明らかになっているとはいえない。

5. エピソディック・バッファー

その後，バッドレーのモデルには，3つの構成要素に加えて**エピソディック・バッファー**（episodic buffer）という第4の要素が付け加えられた。エピソディック・バッファーの機能はかなり複雑で要約しにくいが，提案者のバッドレーが述べている以下の要旨はその性質を理解するための一助となるであろう。すなわち「要するに，仮定されるエピソディック・バッファーは，一時的な貯蔵システムであり，音韻ループ，視空間メモ帳，長期記憶，さらには知覚入力からの情報をエピソードにまとめることを可能にする。（一部省略）バッファーは中央実行系と長期記憶の間のリンクを提供する」（Baddeley, 2007, p.148）。エピソディック・バッファーは，ワーキング・メモリーと長期記憶をつなぐ要素として仮定されたのであろうが，その仕組みについてはまだ明確ではないと思われる。

6. 読書とワーキング・メモリー

ワーキング・メモリーは，私たちの生活にあまねく関与している。読書はその一つの例である。本を読むときには，直前に読んだことを記憶にとどめながら次に読み進んでいく。そのようにしないと文章の内容は理解できないであろう。この一時的な記憶が，ここで問題にしているワーキング・メモリーなのである。

項目をどのくらい一度に覚えることができるかということは，記憶範囲のテストをすれば測定することができる。一般の記憶範囲は7前後であるということはすでに述べた。ところで，ワーキング・メモリーの容量を測定するにはどのような方法をとったらよいのであろうか。ワーキング・メモリーはすでに述べたように認知，あるいは思考の場であるとすると，その容量を調べるには測

BOX 6.1　ハトのワーキング・メモリー

　ハトのワーキング・メモリーの実験もよく行われている。ハトに刺激を提示し，短時間の後にそれを記憶しているかどうかテストする方法である。このために遅延見本合わせという手続きが用いられる。遅延見本合わせの説明に入る前にまず，見本合わせとはどのようなものか説明しよう。

　見本合わせの課題をハトに行わせるには，次のような手続きをとればよい。3つのキーがついたスキナー箱を用意する。図6.16のように中央のキーに見本刺激を提示する。そしてハトがこれをつつくと両側のキーに比較刺激が提示される。はじめに見本をつつくことを要求するのは，ハトの注意を見本に向けさせるためである。比較刺激のうちの一つは見本と同じである。両側に提示される比較刺激のうち，見本と同じ刺激をハトがつつくと報酬が与えられるが，見本と異なる刺激に反応しても報酬はない。

　この場合は見本と比較刺激は同時に提示されているが，見本が消えた後で比較刺激を提示する手続きを**遅延見本合わせ**という。この課題に正しく反応するためには，動物が見本がどのような刺激であったか覚えている必要がある。そして，見本は試行ごとに変わるのでその都度記憶することが必要である。そのため，この課題はハトのワーキング・メモリーの課題とされている。

　この方法を用いて実験を行うと見本が提示されてから比較刺激が提示されるまでの保持時間が長くなるとハトの成績が低下する（Grant, 1975）。リハーサルという概念をハトの行動に適用する試みもある（Grant, 1984）。

図6.16　遅延見本合わせの実験
ハトが見本（中央のキー）に反応すると，見本は消え遅延時間に入る。数秒後左右のキーに比較刺激が提示される。ハトが見本と同じ色のキーに反応すると報酬が与えられる。

定の対象を考慮しなければならない。このために工夫されたのが**リーディング・スパン**（reading span）である（Daneman & Carpenter, 1980）。リーディング・スパンを測定するために，文を処理し同時に文中の単語を記憶するという課題が工夫された。

　次のような方法が試みられている。参加者は文を声に出して読みながら最後の単語を覚えるように要求される。まず2つの文から始める。そして，文を読んだ後でそれぞれの文の最後の単語を順序通りに再生するよう求められた。次に，文の数を3から6へと増やしていき，文末の単語を正しく報告できなくなるまで続けた。そして，参加者が文末の単語を正しく報告できる最大の文の数をリーディング・スパンとした。

　このようにして測定したリーディング・スパンは，文章の読解力と関係があることが示されている。上に示されたようなリーディング・スパンの測定の後で，読解力のテストが行われた。参加者は文を読んだ後で，代名詞の指示する内容などについて質問を受けた。このような手続きで調べた読解力とリーディング・スパンには相関があった。

7. 脳研究について

　脳研究の技術は年々進歩してきたが，特に近年，非侵襲的手法といわれる研究法が発展し，直接頭を傷つけることなく外側から脳の活動を画像にして見ることが可能になった。画像化の方法についてはいくつか開発されているが，これらについては，5章の章末の参考図書を参照されたい。

　本書が取り扱う範囲では，記憶をテーマとして扱った脳研究がとくに発展が目覚ましい。PET（陽電子断層装置）やfMRI（機能的MRI）を用いた記憶の研究は，最近の心理学の文献でも見かける機会が多い。このような研究では，たとえば，参加者が記憶の課題を行っているときに脳のどの部分が活動しているかを見ることができるので，認知，記憶研究の発展に大きな寄与をすることが期待されている。

　ところで，非侵襲的手法により多くのデータが蓄積されているが，それらは学習心理学の理論の発展にどのように寄与してきたのだろうか。データは次々に報告されているが，理論はそのようなデータにより修正されてきたのだろう

か。多くの研究が行われている現在，この問題を改めて考える必要があると思われる。

バッドレーらのワーキング・メモリーのモデルでは，すでに述べたようにいくつかの構成要素を仮定するが，その構成要素は非侵襲的手法による脳研究で裏打ちされているのであろうか。PETを用いた研究の一例として，以下のような研究をあげることができるであろう（Smith & Jonides, 1997）。実験の手続きは複雑であるので詳細は省略するが，基本的には，まず注視点が提示され，引き続いてターゲット刺激が提示される。そして，保持時間の後に一種の再認テストが行われた。再認の課題は3種類あり，それぞれ文字，ドットの場所，および図形を用いている。実験の結果，これらの課題で脳の別々の部分が活動すること，文字を用いた言語の課題では左半球に，ドットの場所，図形を用いた空間の課題では右半球により多く活動が見られること，などのデータが得られた。この他にも多くの研究があるが，必ずしも議論は一致しているとはいえないようである（渡邊，2005）。この点について，最近バッドレーは以下のような趣旨の意見を述べている。

「(非侵襲的手法の) 当初の期待は大きかった。しかしこれまでに得られた成果をみると，新しいアイデアを生み出したというよりもむしろこれまでの理論の補強を行うにとどまっているのではないか，という批判もあるであろう。(そういう批判が出るのは) 理論的な考察が欠けているためではない。データとその解釈に関して（研究間の）一致がないためである」(Baddeley, 2007, pp.233-234 より）。

おそらく，非侵襲的手法の知見を整理してまとめ，脳と記憶の全体像を明らかにするにはまだ時間を要するのであろう。

8. ワーキング・メモリーのモデルの問題点

ここで述べたバッドレーらのワーキング・メモリーのモデルの問題点は，この記憶システムで重要な役割を果たす中央実行系やエピソディック・バッファーなどについて，まだ検討が進められている段階にあり推測の域を出ていないことである。中央実行系は音韻ループや視空間メモ帳をコントロールし，注意を配分する役割を持つといわれているが，その働きについて詳しく知る手がか

6章　一時的な記憶

りがない。

むすび

　記憶を一時的な記憶と長期記憶の2つに分けるという考え方は一般的に認められていることである。本章では，一時的な記憶のモデルとして短期記憶のモデルがワーキング・メモリーのモデルに変わっていったことを述べた。ワーキング・メモリーは読書など認知的活動との関係についてもさまざまな研究が行われているが，本章ではリーディング・スパンという概念を紹介するのみにとどめた。

[参 考 図 書]

御領　謙・菊地　正・江草浩幸（1993）．最新 認知心理学への招待——心の働きとしくみを探る——　サイエンス社
グレッグ，V. H. 梅本堯夫（監修）　高橋雅延・川口敦生・菅　眞佐子（共訳）（1988）．ヒューマンメモリ　サイエンス社
高野陽太郎（編）（1995）．認知心理学2　記憶　東京大学出版会

長期記憶の多様性

　子どものころから蓄積されてきた私たちの記憶は，それを書き表すとすれば膨大なものとなるであろう。またその量だけでなく，私たちの記憶はさまざまな側面を持っている。そのような記憶を理解するための有効な方法の一つは記憶を分類することである。

7.1　長期記憶の区分

　6章では，記憶は一時的な記憶（短期記憶，ワーキング・メモリー）と長期記憶に分けられるという考え方が示された。その長期記憶は，またいくつかに区分される。

7.1.1　個人的な記憶と一般的な事柄の知識

　私たちの記憶がどのように区分できるかということを，自転車に関する記憶を例にとって考えてみよう。以下の(1)(2)(3)はいずれも長期的な記憶であるといえよう。以下の区分は自転車の記憶に限らず記憶一般に当てはまる。
(1)　個人的な経験の記憶。「昨日，自転車に乗って近くのスーパーマーケットに買い物に行った」，あるいは「大学1年生のとき，自転車で山中湖を一周した」などはその例である。
(2)　自転車の一般的な知識。自転車を知らない人がいたとして，その人に自転車がどのようなものか説明する必要が生じたとしよう。私たちは自分の自転車に関する知識から，それがどのような形をしているかということや，それが乗り物であることなどを話すであろう。そのような自転車やその他さまざまな知識も私たちが覚えている事柄であるということができる。
(3)　自転車の乗り方。自転車の乗り方も一種の長期記憶ということができる。ただし，自転車に乗ることができる人も，他者に自転車の乗り方について伝え

ることは実際にはできない。自転車の乗り方を説明したり，実際に自転車に乗ってみせることはできるが，それだけでは自転車に乗ることができるようにはならない。自転車に乗るためには練習が必要である。

　これらはいずれも過去の経験の効果が保持されているという意味で，記憶のカテゴリーに含めることができる。タルビングは上の(1)を**エピソード記憶**（episodic memory），(2)を**意味記憶**（semantic memory），そして(3)を**手続き記憶**（procedural memory）として区分した（Tulving, 1983）。エピソード記憶とは個人的な記憶であり，意味記憶とは身の回りの一般的な事柄についての知識といえる。そして，手続き記憶は技能にあたる（**図7.1**）。

　問題は，このような区分に対応した異なる記憶システムがあるかどうかということである。このような記憶区分に対応して脳の異なる部位が関わっているのであろうか。この問題に対する一つの手がかりは，健忘症患者の症状から得られる資料である。このような資料から手続き記憶がほかの記憶と異なるということが示されてきた。すなわちエピソード記憶に障害がみられるが，手続き記憶には障害がない例が報告されてきたのである。

　前章で述べたようにHMは脳の手術の後，個人的な事柄でも社会的な事柄でも新しい情報を記憶することができなくなった。しかし，HMは手続き記憶のテストでは障害がみられていない（p.105参照）。それは**追跡回転盤**の課題で

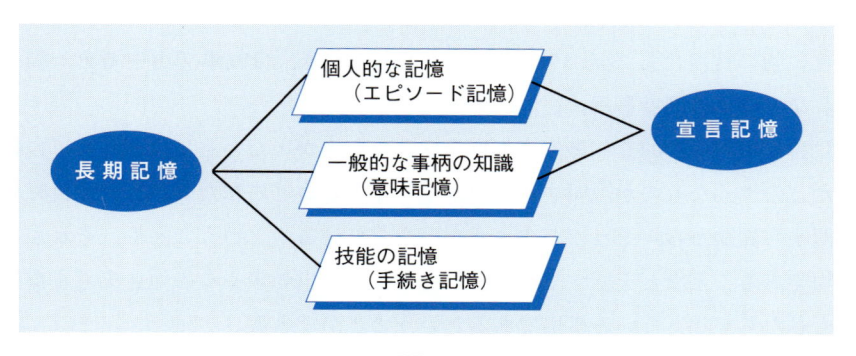

図7.1　長期記憶の区分

7.1 長期記憶の区分

練習によって成績が向上したことで証明された。追跡回転盤とは技能学習の課題の一つで、レコード盤のような回転する円盤の一部を棒の先で触れ続ける課題である。練習するにつれて長い時間その部分に触れていることができるようになる。ただし、彼は追跡回転盤の練習をしたということは覚えていなかった。鏡に映った像を見てあるパターンを鉛筆でたどる課題である**鏡映描写**の課題でも同様の結果が報告されている（Parkin & Leng, 1993）。

エピソード記憶と意味記憶については症例による区分は明らかではない（Parkin & Leng, 1993）。このようなことからエピソード記憶と意味記憶をまとめて**宣言記憶**（declarative memory）とよんで区分する場合もある（Squire, 1987）。

7.1.2 潜在記憶と顕在記憶

以前経験したことが情報として残っているが、以前経験したことには気がつかないままに、その情報が現在の行動やものの考え方に影響を与えていることがある。これも一種の記憶とみなされる。この種の記憶は**潜在記憶**（implicit memory）といわれる。エピソード記憶や意味記憶は意識的な想起を伴う。そこで、潜在記憶と対比して**顕在記憶**（explicit memory）ということができる。

1. 潜在記憶の実験

潜在記憶のテストは、顕在記憶のテストとは異なる方法を用いる必要がある。実験の際に参加者に記憶のテストであることを気づかれないようにして課題を与え、その成績により参加者が以前の学習内容を保持しているかどうかを調べる必要がある。顕在記憶のテストが直接的に記憶を調べるのに対して、潜在記憶のテストは何らかの課題により間接的に記憶を調べるということになる。

顕在記憶のテストとして、従来実験室で用いられてきたのは以下のようなものであった。

　　　再生──記憶していることを思い出して再現する。
　　　手がかり再生──再生であるが、検索時に手がかりが提示される。
　　　再認──学習時に提示された項目（ターゲット）を新しい項目と区別する。
　　　　　　項目が1つずつ提示されて、旧項目か新項目か判断を求める方法

（はい―いいえ法）と，いくつかの項目を提示しその中からターゲットを選択する方法（強制選択法）。
がある。

　潜在記憶のテストとしてはこれらの方法を用いることはできない。それでは，潜在記憶を調べるにはどのようにしたらよいのであろうか。タルビングらの実験を例にとって顕在記憶のテストと潜在記憶のテストの相違を具体的にみることにしよう（Tulving et al., 1982）。まずはじめに，彼らは参加者に単語のリストの学習を求めた。タルビングらの実験においてはあまり頻度の高くない"assassin"などの単語が用いられた。参加者は単語のリストを学習して1時間後に以下に示すような2種類の記憶のテストを受けた。そして1週間後に再び実験室に戻り同様のテストを受けた。

①顕在記憶のテスト

　単語が1つずつ提示され，参加者はそれが前に学習したリストにあるかどうかを判断した。このテストは「はい―いいえ法」である。テスト時に提示される単語には前に提示されたもの（ターゲット）のほかに新しいものが含まれている。これは単語の記憶を直接調べるテストである。

②潜在記憶のテスト

　あらかじめ学習したリストの記憶を調べるという形式はとらない。参加者に部分的に文字の抜けた不完全な単語を提示する。たとえば，"a ＿ ＿ a ＿ ＿ in"などのいわば虫食いの単語を提示し，空白を埋めてもらう。虫食いの単語は，半数はテストの前に学習したリストの単語から作ったものであるが，参加者にはこのことは知らせていない。この課題は**断片完成課題**といわれる。

　断片完成課題のテストは，一般的知識からある程度答えることが可能である。しかし，あらかじめリストを学習することにより成績が向上した。仮に日本語の場合で考えると，「か＿＿う＿ん」の空欄を埋めることはやや難しいが，「かみふうせん」が学習リストに含まれていると完成が容易になるといったことである。この現象は**プライミング**（priming）といわれる。**直接プライミング**，あるいは**繰返しのプライミング**といわれることもある。

　ところで，参加者がはじめの学習リストの単語を丸暗記して思い出しながら

7.1 長期記憶の区分

断片完成課題を行ったという可能性もある。もし，そのようであればこのテストも再認テストなどと同じく顕在記憶を調べているということになる。したがって，この2つのテストが同一の記憶をテストしているのではないということを明らかにする必要があるであろう。この点について，タルビングらのあげている根拠の一つは以下の通りである。この実験では，同じ単語が再認と断片完成課題の両方の方法によりテストされた。そして，正しく再認された単語が断片完成課題で成績がよいとは限らないという結果になった。したがって，この2つのテストは異なる記憶を測定している。ただし，この根拠については異論がないわけではない。また，意識的な想起がこのような間接的な課題にどの程度含まれるかということについても議論がある。

潜在記憶と顕在記憶の区分を示唆する資料がほかにもある。タルビングらは先に述べたように，再認と断片完成課題のテストをリスト学習後1時間後と1週間後に行っている。時間の経過の効果をみると，図7.2にあるように再認は1週間たつと成績が低下しているが，断片完成課題のほうは低下していない。

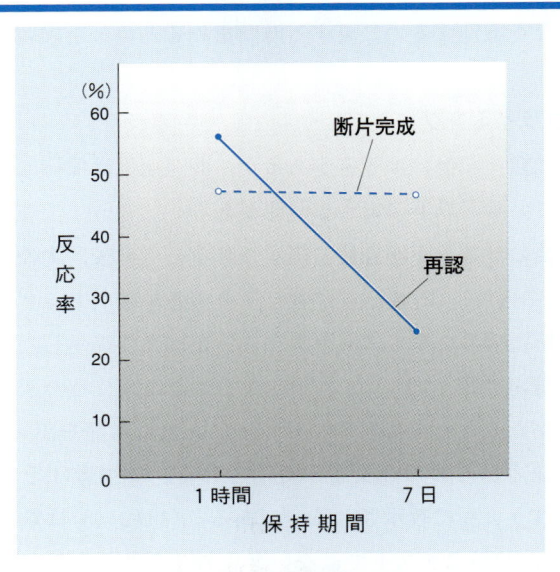

図7.2 プライミングの効果と時間の経過 (Tulving et al., 1982)

潜在記憶の課題は顕在記憶の課題に比べて時間の経過に伴う忘却が少ない。

このほか潜在記憶と顕在記憶を区分する要因としては次のようなものが指摘された。(1)顕在記憶は処理水準の影響を受けるが，潜在記憶は処理水準の影響を受けない。すなわち，意味的処理をしても非意味的処理をしてもプライミングには効果がないという報告がある（処理水準については次章を参照）。また，(2)学習時とテスト時で刺激を提示するときのモダリティ（感覚様相）を変えても顕在記憶は影響を受けない。たとえば，記銘時に聴覚的に提示された項目を，テスト時に視覚的に提示しても聴覚的に提示しても再認の成績の相違はない。しかし潜在記憶はそのような変化の影響を受ける。すなわち，潜在記憶は顕在記憶に比べて刺激の表面的な特徴に影響される傾向があるとされている（Schacter, 1987）。

単語完成課題としては，断片完成課題のほかに単語の最初の3文字を提示して，それを手がかりとして単語を完成する**語幹完成テスト**もよく利用される。このほかにも間接的に記憶を調べるテストがいろいろ工夫されている。アナグラムの問題（語のつづりを並べかえて別の語にする）を課したり，刺激を短時間提示してそれを識別するのに要する時間をみるといった課題が用いられることもある。

2. 健忘症とプライミング

健忘症患者は顕在記憶には障害があるが，潜在記憶は保持されているということも示されている。以下のような研究がある。

はじめに単語のリストが参加者に提示される。その後，次の4つの課題が行われた。(1)自由再生，(2)再認：学習リストの各単語（ターゲット）に2つの新しい単語（妨害項目；ディストラクター）を加えて提示し，3つのうちからターゲットを選ぶ課題，(3)手がかり再生：単語のはじめの3文字だけを提示し，それを手がかりとしてはじめのリストにあった単語を思い出す課題，(4)語幹完成：単語のはじめの3文字が提示される。参加者はそれを見て心に浮かんだ単語を言うように教示される，である。(1)(2)(3)は顕在記憶のテストであるが，(4)は記憶のテストではないと思わせる教示を与えており，潜在記憶のテストになる。

図 7.3 に (1)(3)(4) の実験結果が示されている。単語の自由再生，および手がかり再生においては健忘症患者は健常者よりも成績が悪かった。しかし語幹完成課題においては健忘症患者の成績は健常者のそれと変わらなかった。すなわちプライミングの効果は健常者と同じであった（Graf et al., 1984）。

7.1.3　展望記憶と回顧記憶

これまでは過去の経験の記憶について述べてきた。ところで，友だちと会う約束をして場所と時間を決めたときには，それを忘れないように覚えていなくてはならない。このように，過去の出来事ではなく今後の予定を覚えていることも一種の記憶であると考えることもできる。このような記憶は**展望記憶**（prospective memory）といわれている。多くの場合は，私たちは普段あまり気を遣わなくても予定にしたがって行動しているが，うっかり予定を忘れたときにこのような記憶の大切さを知らされる。駅まで行く途中にあるポストに手紙を投函するつもりで家を出て，忘れて後でその手紙をポケットに見つけたり

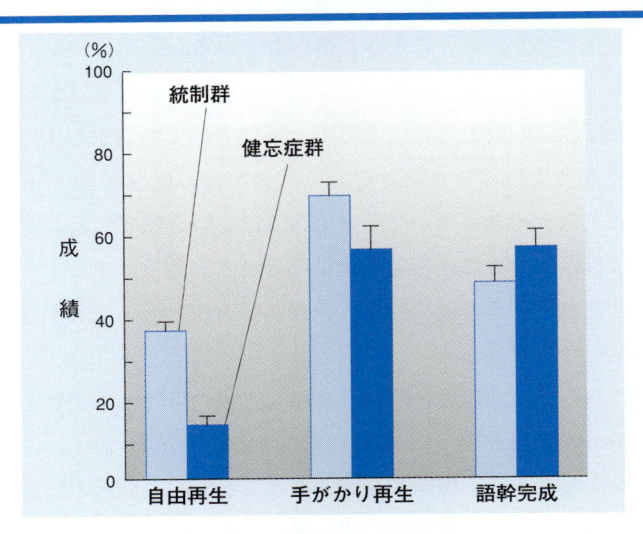

図 7.3　健忘症の患者とプライミング（Graf et al., 1984）
健忘症群は語幹完成のテストでは統制群（健常者）と成績が変わらなかったが，自由再生および手がかり再生のテストでは成績が悪かった。

するのは展望記憶の忘却といえる。展望記憶に対して，これまで述べてきた記憶は**回顧記憶**（retrospective memory）ということができる。

展望記憶にはさまざまな時間単位のものがある。たとえば，料理をしているときに5分たったら火を弱めることを忘れないようにするというような場合もあるし，また一方，1週間後の何時にある場所に行くことを覚えているという場合もある。

展望記憶を実験的に検討するにはいろいろな困難がある。時間が数分単位というような短い場合はともかく，何日か先の予定を忘れないようにするときには，私たちはそれを手帳に書きこんだりメモに書いたりしておくことが多い。メモに記録しては展望記憶の実験にはならないから，そのようなことは制限して実験を行うことが必要であるが，これはかなり不自然である。

展望記憶についてはまだ明らかになっていないことが多い。まず，展望記憶というカテゴリーを明確にするためには，これまで述べてきた記憶，すなわち回顧記憶とどのように異なるのかという点を検討する必要がある。この問題に対する一つの試みとして，回顧記憶の課題の成績がよい人が，展望記憶の課題で成績がよいかどうかということが検討されている。

以下のような実験がある。参加者は実験室に行くとそこで2つの課題を課せられる。そして課題が終わったところで，参加者は実験者から次の部屋でさらに実験があることを告げられる。そして次の部屋の実験者に，"Kandibadze"という名前の人のデータについて聞いてきてほしいと頼まれる。そこで参加者は次の部屋に行き，そこにいる実験者にそのことを聞く。すると，実験者はすぐにそれには答えず，その前に行うべき課題があると言って参加者にすぐにその課題にとりかからせる。

この実験においては，参加者が行う課題は実験の目的とは関係がない。実験の目的は"Kandibadze"という名前の記憶と伝言を忘れないという記憶との関係を調べることである。課題が終わったところで，参加者が伝言を思い出して実験者に伝えるかどうかが実験の関心であった。結果をみると，伝言を忘れない人が必ずしも名前を正確に覚えているとは限らないことがわかった。つまり，この2つの記憶の間には相関がないことが示された（Kvavilashvili, 1987）。

> **BOX 7.1　自伝的記憶**
>
> **自伝的記憶**という用語についてはいろいろな定義があるが，個人的な記憶で自己（self）が関与するものであるという定義（Brewer, 1986）は多くの人が同意するものであろう。しかし，自己が関わるというのは明確に規定しにくいという問題がある。自伝的記憶は先に述べたエピソード記憶と同じカテゴリーに入るが，比較的長く保持されやすいものをいうと考えてもよいであろう。「今朝，朝食にパンを食べた」とか「昨日，自転車で買い物に行った」というような，普段よく行っている習慣的な行動の記憶は自伝的記憶とはいわない。
>
> 自分の伝記を書こうとしてこれまでの経験を振り返ってみると，いろいろな出来事の記憶がよみがえってくる。それを一つずつカードに書いていくとカードの山ができる。そのようにして集められた記憶がここでいう自伝的記憶に当たる。ただ，このようなカードの中には，おそらく自分が生まれた年や場所が記されたカードもあるはずである。すると，エピソード記憶とはいえないものも含まれることになる。このように考えると自伝的記憶を厳密に定義することは難しい。

このような実験はあるが，全般的にいえば展望記憶についてはまだ明らかにされていないことが多いといえるであろう。

7.2　記憶の表現

私たちの記憶の内容は，どのように表現できるのであろうか。この問題は，記憶の**表現**（表象；representation）の問題として長い間検討の対象となってきた。

プラトンは対話篇『テアイテトス』の中で，記憶を心の中の蠟に感覚や思いつきが刻印されたものであるとたとえている。また，同じ書物の中で私たちの知識を心の中にある鳥かごに飼われている鳥にもたとえている。これらのたとえはいずれも記憶を表現したものである。

記憶を表現するにはさまざまな可能性がある。これは風景を表現する場合と

似ているということもいえるであろう。風景は，写真，絵やあるいは文章などさまざまな仕方で表現することができる。記憶の表現についても仮説がいくつかあるが，命題による表現はもっとも有力なものといえるであろう。なお，本章では表現という用語を用いているが，**表象**という用語も一般によく用いられている。

7.2.1 命題による表現

文章の記憶の表現（表象）の単位は**命題**（proposition）であるという提案にはいろいろな種類があるが，ここではその一例をとりあげよう（Kintsch, 1974）。命題は真か偽かを判断することができる表現の最小単位である。この考え方によると，たとえば「メアリーはケーキを焼く」という文を命題で表現すると，

（焼く，メアリー，ケーキ）

と表現される。

命題は括弧でくくられ，述部（上の例では焼く）と項（上の例ではメアリー，ケーキ）から構成されている（Kintsch, 1974, p.14）。この命題は文脈によって次のような文の命題ともなりうる。

メアリーはケーキを焼く。
メアリーはケーキを焼いている。
ケーキはメアリーに焼かれている。

このように命題を組み合わせると，長い文章の意味を命題で表現することも可能である。そして，そのような命題の組合せにより私たちの記憶は表現できるとみなされる（Kintsch, 1974）。

7.2.2 局所的表現と分散的表現

記憶の表現はその様式についても考え方が分かれる。

1. 局所的表現

7.2 記憶の表現

　記憶するということは，経験により脳に何らかの変化が生じ，その変化が脳の一部に残されていることであると考えることができるであろう．このような考え方は記憶が脳のある部分に存在するという意味で，**局所的表現**（local representation）という．学習が，脳の特定のニューロンの活動の変化に対応しているという考え方は局所的表現の一つであるといえる．記憶のモデルの次元でいえば，命題が意味の単位となって命題の組合せで記憶の表象が構成されるという考え方も局所的表現の考え方に沿っている．

2. 分散的表現

　脳の特定のニューロンに記憶が保存されるというのではなく，ニューロン群の状態のパターンとして記憶が保存されるということも考えられる．ニューロンは相互に結合しネットワークをなしている．ネットワークのユニットである個々のニューロンがどのような状態であるかということによって，記憶が決定される．この考え方によると，同一のニューロンがさまざまな記憶の表現に関わることが可能である．このような考え方を**分散的表現**（distributed representation）という．

　分散的表現について単純な例で考えることにしたい．たとえば，5個のユニットで構成されるネットワークを仮定する．そして，ユニットの状態で果物をコード化するとしよう．すると，たとえば以下のようなコード化が考えられるであろう．括弧の中の1および0はユニットの状態を表す．

　　リンゴ　（11100）
　　ナシ　　（11000）
　　モモ　　（11011）
　　ブドウ　（01110）
　　スイカ　（00111）

　このような分散的表現の利点は，個々のユニットに特定の記憶を対応させる場合よりも少ないユニットで多くの情報を表現できることである．局所的表現によって果物を表現すればそれぞれのユニットに果物が対応することになり，5個のユニットであれば果物を5個しか表現できない．しかし分散的表現によ

れば，ユニットの数よりもはるかに多くの項目を表現できるのである。また，分散的表現によればネットワークの一部のユニットの状態が失われても，ユニット全体の状態から情報を回復しやすいという利点もある。

分散的表現による情報処理の研究は，並列分散処理（parallel distributed processing）あるいはニューラル・ネットワーク（neural network）の研究として発展した（McClelland et al., 1986）。

7.3 メタ記憶

記憶内容ではなく，記憶についての知識も記憶に含めて考えることができる。記憶についての知識はメタ記憶（metamemory）といわれる。これには(1)記憶の働きに関する知識，(2)自分の記憶についての知識，(3)自分が何を知っているかに関する知識，などが含まれている。

(1) 記憶がどのように働くかということについては，私たちはさまざまなことを知っている。たとえば「繰返し学習すれば記憶に残りやすい」，あるいは「歴史の年号を文章に置き換えると覚えやすい」などを知っているが，この知識はメタ記憶である。

(2) 私たちは自分の記憶について評価することができる。たとえば「自分は人の名前をよく忘れる」とか，「記憶力では他人に負けない」あるいは「道順をすぐ忘れる」というように評価できる。実際にこのような記憶の自己評価の質問紙も作られている。

(3) 私たちは自分が何を知っているかということについて，正確ではないにしても判断することができる。すなわち，自分がある事柄についてよく知っているかあまり知らないか判断できる。あるいはもう少し具体的な例を考えると，「ベートーベンの作曲した曲を5曲あげなさい」という質問があるとしよう。私たちはそれに答える前に，その質問に答えられるか答えられないかおおよそ判断することができる。このことは当たり前のように思われるが，しかし私たちの知識は膨大なものであることを考えると，短時間でこのような判断ができるのは不思議なことであるともいえる。

7.3 メタ記憶

BOX 7.2　ティップ・オブ・ザ・タン状態

喉元まで出かかっているが思い出せない。そのような経験は珍しいことではない。とくによく知っている人に出会い，その人の名前を思い出せそうで思い出せないときには当惑することがある。このような状態は**ティップ・オブ・ザ・タン状態**（tip of the tongue state）といわれる。この状態のときに私たちは思い出すべき事柄について部分的な情報を検索できることが，この領域の古典的な研究によって示されている（Brown & McNeill, 1966）。

実験の材料には使用頻度の低い単語の定義を用意した。参加者に定義を述べ，その単語を思い出してもらう。すぐに思い出せる場合もあれば，まったく思い出せない場合もある。また思い出せそうで思い出せない，つまりティップ・オブ・ザ・タン状態になることもある。この状態になったときに参加者にいくつかの質問に答えてもらった。質問はその単語は何音節であるか，頭文字は何か，似ている発音の単語などであった。

参加者はこの状態のときに単語についての知識を部分的ではあるが示した。音節についても，頭文字についてもかなりの割合で正しく推測した。また参加者の反応を分析すると，単語のアクセントの位置についても同様の傾向がみられた。

ところで，私たちは現在自分が夢を見ているのではなく起きていることを知っている。すなわち，現在の自分の状態をモニターしているが，このモニタリングをメタ記憶に含めることもある（Cavanaugh, 1988）。

7.3.1 既知感の実験

自分が何を知っているか，ということに関する判断がどの程度正確かということは既知感の実験で検討されてきた。ここでは，古典的な実験の例としてハートの研究をとりあげよう（Hart, 1965）。

映画の題名や著名人の名前を思い出そうとするとき，確かに記憶しているはずだけれども今思い出せないという感じがすることがある。このような感じ，すなわち**既知感**（feeling of knowing；**FOK**）があるときには，誰かがヒントを言ってくれたらすぐわかるのにと思うこともある。ところで，このような既知感があるときに私たちは実際に候補をあげてもらえたら再認ができるのであろ

うか。ハートの実験はこの点を問題にした。

　まず，はじめに大学生に75個の次のような質問を行った。

「太陽系でもっとも大きい惑星はどれか」

　実験者が質問を読み上げると，参加者はそれに答えたが，答えることができないときもあった。答えることができないときには，今思い出せないけれども答えを知っているかどうかを聞いた。そして，その程度を「まったく知らない（Very Strongly No）」から「確かに知っている（Very Strongly Yes）」までにわたる6段階の尺度で評定してもらった。

　75個の質問について回答や評定を終えた後に，4選択肢の強制選択法による再認のテストが行われた。たとえば，上の質問の場合は以下のような項目が再認のテストとして提示された。

　　冥王星，金星，地球，木星

　実験の結果，参加者は再認の可能性をある程度判断できることがわかった。既知感の評定値と正しい再認の関係は図7.4のようになった。この図をみると，まったく知らないという評定をした場合は再認はほぼ偶然の水準にとどまっている。そして評定値が肯定的になるにつれて，再認の成績が向上している。ただし，確かに知っているという評定を行った場合にも再認の成績は100％ではなかった。その後，多くの実験で再認の成績が評定値に沿った勾配を示すということが確かめられている（Lachman et al., 1979）。

　一方，既知感の正確さには限界があることもその後指摘されてきた。現在既知感の実験の便宜を図るために，多くの質問についてその回答の困難度や既知感の基準表（ノーム）が作成されている。その質問を用いて，個々の質問について個人の既知感の評定，既知感のノーム，質問の困難度のいずれが記憶テストの成績を予言するかを調べたところ，個人の既知感の評定値よりも質問の困難度のほうがテストの成績をよく予言したという報告もある（Nelson et al., 1986）。

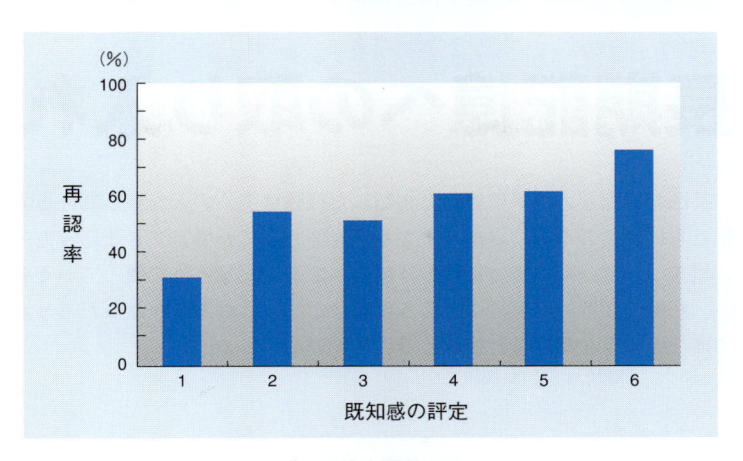

図 7.4 既知感の評定と再認(Hart, 1965)
何かを思い出そうとしたときに，今思い出せないが知っているという感じがすることがある。図の横軸の既知感の評定はこうした状態のときに，知っていると思う程度を参加者が評定した値である。評定はまったく知らない（1）から確かに知っている（6）までの6段階で行われた。図には既知感の評定値が大きくなるにつれて，その後に行われた再認テストの成績もよくなることが示されている。

むすび

　長期記憶がどのように区分されるかということについては，厳密に結論を出すのは難しいであろう。記憶の表現（表象）については，本章ではその考え方の一部を述べるにとどめた。興味のある方は以下の参考図書などを参考にしていただきたい。なお，メタ記憶についてもメタ記憶に影響する要因などについて多くの研究がある。

[参考図書]
東　洋・大山　正（監修）　小谷津孝明（編）（1975）．認知心理学講座2　記憶と知識　東京大学出版会
高野陽太郎（編）（1995）．認知心理学2　記憶　東京大学出版会

長期記憶への取り入れ

　英語の単語をカードに書いて暗記した経験は多くの人が持っているであろう。私たちは試験のためにさまざまな事柄を努力して記憶してきた。一方で、とくに気をつけていなくても毎日の経験の中で長期記憶として残っていくものも多い。記憶の長期的な保持に関わる要因はどのようなものがあるだろうか。本章ではこのような問題をとりあげることにしたい。

8.1　学習の要因

　この節では記憶を促進する要因をとりあげる。ここで述べる内容には、かつて言語学習といわれていた研究領域で検討されたことがかなり含まれている。

8.1.1　分散化効果

　試験の直前に短期間でつめこみ勉強をする場合と、以前から準備して長期間にわたって時間をかけながら少しずつ勉強する場合とではどちらが能率がよいだろうか。すなわち同じ時間をかけるとしたらどちらのほうがよく覚えることができるだろうか。おそらく多くの人は時間をかけて勉強するほうがよいと考えるであろう。

　この問題は、以前から**集中学習**（massed learning）と**分散学習**（distributed learning）の問題として実験的に検討されてきた。試行間にあまり時間をおかないで単語のリストを繰返し学習する場合（集中条件）と、試行間に時間をおいてリストを学習する場合（分散条件）の成績の比較が実験的に検討されたのである。このような実験を行うと、分散学習を行ったほうが集中学習の場合よりも単語は長期的に保持されることが示されている（Keppel, 1964）。

　以前はこの問題は、集中条件と分散条件で単語のリストをどのくらいよく記憶しているかという問題として検討されていた。ところで、学習の分散の問題

は個々の項目の分散の問題としてもとりあげることができる。あるリスト内で同一項目が繰返し提示されるとしよう。このときに，項目が接近して提示される場合と間隔を置いて提示される場合とを比較すると，どちらをよく覚えているかという問題である。

リストの単語を1つずつ提示し，提示直後に覚えているリストの項目を順番にかかわらずすべて報告してもらう手続きは，**自由再生**といわれている。リストは1回しか提示されない。この自由再生の手続きを使って項目提示の集中条件と分散条件を比較することができる。リストに同じ単語を2つ入れておき，2つの単語が間隔を置いて出てくる場合（分散条件）と比較的接近して提示される場合（集中条件）の再生の成績を比較すればよい。この手続きを用いた実験で，間隔を置いて提示された単語のほうが接近して提示された単語よりもよく再生されることが示されている（Madigan, 1969；図8.1）。このように項目の提示間隔をあけると再生の成績が向上することは**分散化効果**（spacing effect）といわれている。

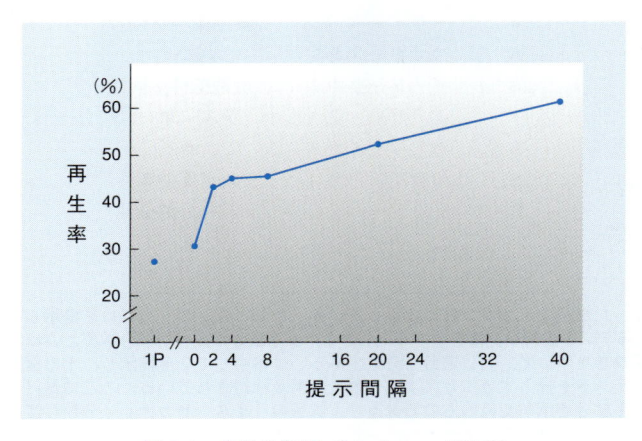

図 8.1　分散化効果（Madigan, 1969）

上に述べた実験では項目の分散を問題にしていたが，提示から再生までの間隔はとくに問題にしていなかった。提示の間隔と項目の2回目の提示から再生までの間隔を同時に変化させる方法がある。**連続対連合学習**といわれている手続きである（Peterson et al., 1963）。**表 8.1** に示されているのはこの実験の説明のために作ったものである。

この手続きを用いた実験によると，提示の間隔の効果は提示から再生までの間に介在する項目数により異なっていた。再生までの項目数が少ないときには，必ずしも項目の提示間隔をあけても再生の成績がよくなるとは限らない。しかし提示から再生までの項目数が多いと，すなわち再生までの時間が長いと項目の提示間隔が長くなれば再生の成績はそれにつれて向上した（Glenberg, 1976）。

表 8.1　連続対連合学習の実験

試行	項目	提示
1	イ ヌ―サカナ	分散条件1回目
2	ト リ―ツクエ	単一
3	トケイ―ペ ン	集中条件1回目
4	トケイ―ペ ン	集中条件2回目
5	ウサギ―スミレ	単一
6	イ ヌ―サカナ	分散条件2回目
7	ト リ― ?	テスト（単一）
8	ヤ マ―メガネ	単一
9	トケイ― ?	テスト（集中条件）
10	イ ヌ― ?	テスト（分散条件）
11	ソ ラ―キツネ	単一
⋮	⋮	⋮

対になった単語を1つずつ順に提示していき，ときどき対の一方だけを提示して他方を答えるテストを行い記憶を調べる（このような手続きは連続対連合学習といわれる）。この手続きを用いて，同じ項目を分散，あるいは集中して2度提示し，その後適当な試行にテストを挿入することにより分散化効果が検討されている。ここにあげたのは実験の手続きを示すためのものである。1試行の「イヌ―サカナ」は分散して提示される。また，3試行の「トケイ―ペン」は集中提示である。提示からテストまでの試行数をいろいろ変えて実験を行うことができる。

8.1.2 項目のまとまり

覚えるべき事柄にまとまりがない場合よりも，まとまっている場合のほうが覚えやすいことが多い．材料そのものにまとまりがない場合には，材料をまとめる工夫をすると記憶しやすくなる．

1. 項目のグループ化

多くの項目を記憶するときには，それを小単位に分けて覚えると覚えやすいことがある．たとえば862937541という数字の列を記憶するときには，それをそのまま暗記せずに862, 937, 541というように分けたほうが覚えやすい．とくにその小単位が何らかの手がかりによってまとまっているとその有効性も大きい．

このような材料をグループにまとめることはチャンク化ともいわれる．短期記憶の容量を表す単位として**チャンク**という用語は前にも出てきたが（p.100），チャンクは長期記憶にも適用できる用語である．チャンク化が長期記憶に有利に働くことは，上に述べたような数字や単語に限らない．囲碁や将棋の専門家は盤上の駒の配置を長期にわたって記憶しているが，専門家にとっては盤上の石や駒は相互に関係のない存在ではなく，あるまとまりを持ったパターンをなしている．したがって，盤上の配置はそのようなパターン，すなわちチャンクにより構成されたものとして記憶されるのである．

グループ化の有効性を例証する実験はいろいろある．たとえば，相互に関係のない材料よりもカテゴリーにまとめられた材料のほうが記憶しやすいことは実験により示されている．金属の名前が材料として用いられたが，材料を**図8.2**のように階層的に分類して提示する条件はそうでない条件に比較して成績がよかった（Bower et al., 1969）．

実際に項目を記憶するときにグループ化を行う傾向があることも実験で示されている．いくつかのカテゴリーの項目からなるリストの記憶の実験において，覚えるべきリストの項目はカテゴリーごとにまとめてないにもかかわらず参加者は思い出すときにリスト内の単語をカテゴリーにまとめて再生するということが報告されている（Bousfield, 1953）．

相互に関係のない単語のリストを学習するときに，参加者は自分の基準で項

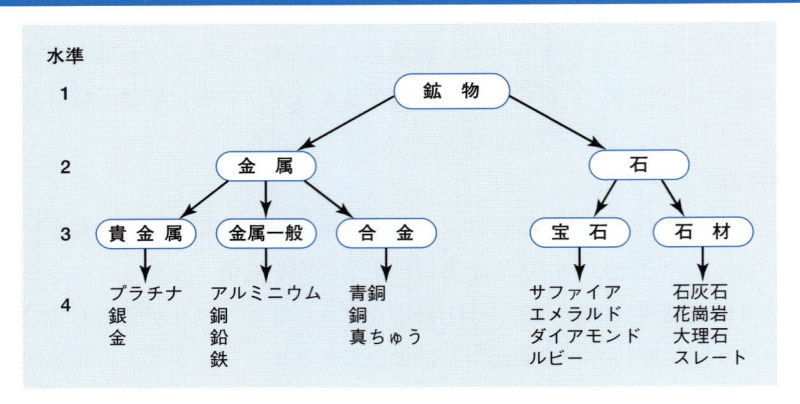

図 8.2 実験に用いられた金属の分類 (Bower et al., 1969)

目をまとめながら記憶していくということも示されている。無関連の単語を用いて自由再生の実験が行われた。この実験の特徴は，試行ごとにリスト内の単語の順序を入れ換えて同じリストを繰り返して提示し，再生を求めたことである。実験の結果をみると提示ごとにリスト内の単語の順序は変わるのであるが，再生を繰り返すにつれて単語を同じ順序で再生する傾向を強めた。これは参加者が材料を自分の基準でまとめていく過程を示唆するとみなされている（Tulving, 1962）。このような個々の単語のグループ化は**主観的体制化**（subjective organization）といわれる。

項目をまとめるにはさまざまな方策があるであろう。数字などを文章に置き換えるのは私たちがよく行うことである。円周率は文章に置き換えるとかなり多くの桁まで記憶することができる。これも，文章にすることにより項目をチャンクにまとめたためであると考えることができる。$\sqrt{2}$（≒ 1.41421356 ……）を記憶するのに「ひとよひとよにひとみごろ」という文句に置き換えると記憶しやすいことも同じような例である。項目をチャンクにまとめる方策としてはこれ以外にリズムをつけるなどもある。

2. イメージの効果

項目をまとめるために**視覚的イメージ**が有効であることは実験によっても例

証されている。はじめに対連合学習を用いた実験の例をあげよう。対連合学習とは対になった単語を材料として用いる。そして，その一方を見て他方を再生する課題の学習である。これは外国語の単語を学習するのと似ている。対連合学習において視覚的イメージを思い浮かべて単語の対を関連させると記憶に残りやすいことが示されている。

実験では20の単語対（イヌ―自転車など）のリストが5リスト用いられた。参加者はリストの各単語対を5秒ずつ見る。そしてリストの単語対をすべて見た後で，リストの単語対の一方を見て他方を再生するテストを受けた。このようにして5リストが終わったところで，実験に用いられた全部の単語の再生を行った。イメージの操作は教示により行われた。半数の参加者はただ覚えるように教示されたが，残りの半数は単語対を見て単語を関連させるような視覚的イメージを作るようにという教示を受けた。たとえば，イヌ―自転車という対の場合はイヌが自転車に乗っているというイメージを作る。結果をみるとイメージを作るようにという教示を受けた参加者はそうでない参加者に比べて成績

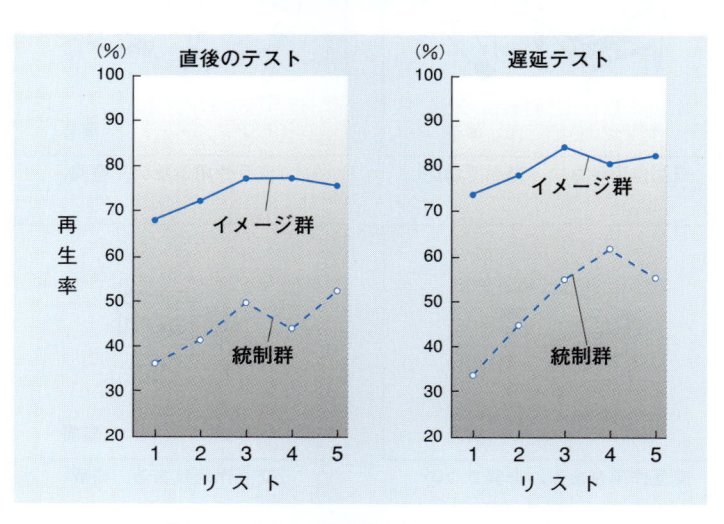

図 8.3　イメージの効果 (Bower, 1972)

がよかった（Bower, 1972）。この傾向は図 8.3 に示されている。図をみるとリストの提示直後の再生よりも全体の単語を再生する条件のほうが成績がよいことに意外な感じがするが，直後の再生のときに正しい答えを教えられたためと考えられる。

　イメージにはさまざまなものがあるであろう。目立つ奇異なイメージもあれば比較的自然なイメージもある。どのようなイメージが記憶に有効かということも検討されている。以下に対連合学習を用いた実験の一例を示すことにする。この実験では対になった単語のイメージが交互作用がある場合とそうでない場合，イメージが奇異な場合とそうでない場合の条件が検討の対象となった。ただ参加者のイメージを直接コントロールすることはできない。そこで対連合学習を行うときに図 8.4 のような絵を提示して，間接的にイメージに影響を与え

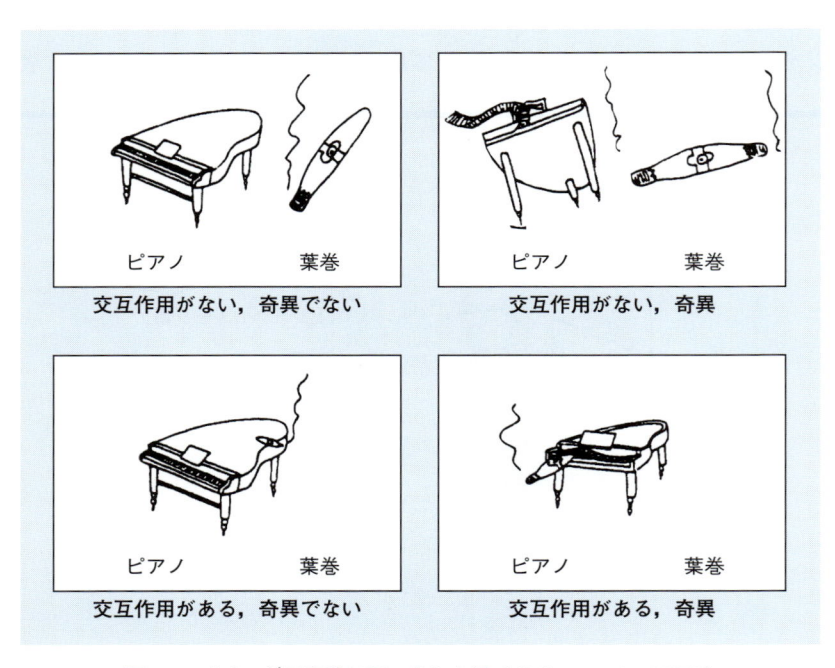

図 8.4　イメージの実験に用いられた図（Wollen et al., 1972）

8.1 学習の要因

るようにした。

その結果，交互作用がある絵のときに効果がみられた。このことは覚えるべき項目を関連づけるには交互作用があるイメージを作るのが有効であることを示唆している。しかし，この実験では奇異なイメージの効果はみられなかった（Wollen et al., 1972）。

3. 記 憶 術

西欧で用いられている記憶術には視覚的イメージを用いたものがある。よく知られているのは場所法（method of loci）である。場所法とは，はじめによく知っている家や町並のイメージを思い浮かべる。あるいは大学のキャンパスなどでもよい。次に記憶すべきものを，そのいろいろな部分に関連させて覚える。

たとえば，「ビデオテープ」「電池」「プリンター」をこの順番で覚えるとしよう。まず，よく知っている家のイメージを思い浮かべる。次に，覚えるべき項目をその家のいろいろな部分にイメージで関連させていく。

つまり，玄関で靴の横に大きなビデオテープがあり，居間のテーブルの上に電池が置いてある。そしてその隣の部屋でプリンターが書類をプリントアウトしているというイメージを作るのである。

項目を思い出す必要が生じると，まずその家を思い出してイメージの中でそこを訪問する。玄関のドアを開けてビデオテープを思い出し，次々にイメージの中で移動しながら思い出すべきものを思い出す。

この方法は古くから西欧で知られていた。古代ローマの政治家であり哲学者でもあったキケロはその著書『雄弁家について』（B. C. 55 年）において，この記憶術の誕生に関わるエピソードを述べている。ソクラテスよりも以前の時代のことであったが，ある詩人が宴会に招かれていた。宴会のさなか面会人が来たという知らせがあり，その詩人は外に出た。彼が外に出ている間に宴会場の屋根が落ちて，ほかの出席者は全員命を失った。友人が埋葬するために遺体を引き取りに来たが，損傷がひどいため誰が誰であるか判別できなかった。その詩人は誰がどこに座っていたか覚えていたので出席者の名前を教えたという。この経験から彼は場所法という記憶術を編み出したとのことである（Yates, 1966）。

BOX 8.1　ペ グ 法

　記憶術としては**ペグ法**（peg system）もよく知られている。この方法は認知心理学を提唱したミラーらの有名な書物の一つにも紹介されている（Miller et al., 1960）。ペグといわれる項目をあらかじめ文にして覚えておき，それに覚えるべき項目を連合させる方法である。まず次のような韻を踏む文を覚える。

One is a bun,	1 はパン
Two is a shoe,	2 は靴
Three is a tree,	3 は木
Four is a door,	4 はドア
Five is a hive,	5 は蜂の巣
Six are sticks,	6 は棒切れ
Seven is heaven,	7 は空
Eight is a gate,	8 は門
Nine is a line, and	9 は線
Ten is hen.	10 はめんどり

（Miller et al., 1960）

　左に述べた「ビデオテープ」「電池」「プリンター」を記憶するには，たとえば，パンの上にビデオテープがあるイメージ，靴の中に電池が入っているイメージ，木にプリンターが引っかかっているイメージを作る。イメージは自分で適当に考えればよい。そして思い出すときには，まず上記の文を思い出す。次に，文の中の単語を思い出してそれに関連する項目を思い出す。たとえば，2番目の項目を思い出すには2番目の文を思い出して，その文から靴を思い出し，それと連合した電池を思い出せばよい。

　このような方法を用いて，

　　1　灰皿，2　薪，3　絵，4　タバコ，5　テーブル，6　マッチ箱，
　　7　グラス，8　ランプ，9　靴，10　写真

のリストを容易に記憶できたことが先に述べた書物に記されている。ここで述べたのは 10 の項目の場合であるが，アルファベットを用いるなどしてより多くの項目を記憶する方式も考案されている。

8.2 記憶と選択

　私たちは日常生活において，とくに努力せずにいろいろなことを記憶している。覚えようと努力して覚えたことは，むしろ膨大な記憶の一部であるということもできるかもしれない。別に覚えようとしたわけでもないが，一度会った人にその後街で会うと遠くから顔を見ただけですぐ既知の人だと再認できることがある。中でも記憶に残りやすいのは大変印象の強い経験である。このような記憶の中にフラッシュバルブ記憶といわれているものがある。

　また一方，私たちは毎日見ているにもかかわらずよく覚えていないものも多い。たとえば，毎日見ている時計でもその文字盤のデザインについては聞かれても答えられないこともある。このよい例は毎日のように利用している硬貨である。硬貨のデザインについて，私たちはどの程度記憶しているのであろうか。

　フラッシュバルブ記憶の例から，私たちは一度見ただけのものでも重要性の高いものは記憶にとどめていることがわかるであろう。また，硬貨を使うときには必要がない細かい図柄などは記憶にとどめない。すなわち私たちの記憶の一つの特徴は，選択的であるということである。

8.2.1　フラッシュバルブ記憶

　非常にショッキングな出来事のニュースなどを聞いたり見たりすると，長い間はっきり覚えていることがある。ブラウンらはこの記憶が普通の記憶とは異なる特殊な記憶であると考え，フラッシュバルブ記憶（flashbulb memory）とよんだ（Brown & Kulik, 1977）。彼らは，この記憶は事件などを経験したときに瞬間的に焼き付けられるもので，特殊な神経メカニズムによると考えた。

　彼らは，暗殺などの不意の出来事の記憶について調査を行い，このような記憶の特殊性を示している。材料となった事件には，ケネディ暗殺に代表される白人の指導者の暗殺やキング牧師その他の黒人運動の指導者の暗殺などが含まれていた。参加者はその事件を聞いたときの状況を覚えているかどうかをはじめに聞かれる。そして事件を覚えている場合には，その事件について自由記述を行った。

ケネディ暗殺の自由記述を分析すると，半分以上の記述においてそのニュースを聞いたときに自分がいた「場所」，ニュースにより中断された「そのとき進行していたこと」「ニュースの情報源」，ニュースを聞いたときの「他人に対する影響」「自分に対する影響」，事件の「余波」の6項目について記憶していた。その他の事件についてもこの6項目のカテゴリーはフラッシュバルブ記憶の標準的なカテゴリーであるとみなされた。

　この研究は，1回の経験で刷り込まれる永続的な記憶があると指摘しているわけであるが，もちろん写真のように情景全体が記憶にとどめられるのではなく，上に述べた標準的なカテゴリーを記憶しているというのである。ブラウンらはヒトが原始時代の環境に適応していく過程で，重要な事柄を記憶にとどめるメカニズムを発達させたという可能性も述べている。

　フラッシュバルブ記憶が普通の記憶とは異なる特殊な記憶であるのかどうかということについては，意見が一致しているとはいえない。特殊な記憶であるという考え方に対して疑問を呈する立場の代表者はナイサーである（Neisser, 1982）。彼はいくつかの疑問点をあげているが，その一つはフラッシュバルブ記憶といわれているものが必ずしも正確ではないということである。

　一方，標準的なカテゴリーが記憶されやすいことを示す資料もないわけではない。1981年3月30日のレーガン大統領暗殺未遂事件について，その記憶をアンケートにより調べた例がある。結果の中で，上に述べた標準的なカテゴリーに関する回答については1カ月後と6カ月半後に行われた調査において，ほとんどの参加者が6個のカテゴリーの質問に答えていた。回答の内容が一致しているかどうかという点については，6個のカテゴリーのうち約5個は1回目の調査と2回目の調査で同様の内容を示し，参加者の記憶は安定していたことが示されている（Pillmer, 1984）。

　フラッシュバルブ記憶が特殊な記憶であるかどうかということは，現段階では結論を出すことはできない。また，フラッシュバルブ記憶とは何かということは明確に定義することは難しいように思われる。ただし，強力な印象を持つ出来事の記憶は時間がたってもあまり変容しない側面があるとはいえよう。

8.2.2 硬貨の記憶

フラッシュバルブ記憶のように1回の経験が長期的に記憶される場合もあるが，一方，毎日のように目にしているものでもほとんど記憶に残らないものもある。たとえば，自分の腕時計のデザインを覚えていない場合がある。また，よく会う人が眼鏡をかけているかどうか思い出せないこともある。毎日使用している硬貨でも，改めてそのデザインがどのようなものであったか聞かれると，正確には答えられない。次のような実験がそのことを具体的に示している。実験では，まず20人のアメリカ人に空白の円を提示して，1セント硬貨の絵を描いてもらった。そのいくつかが図 8.5 に示されているが，実際の硬貨とはかなりかけ離れている（Nickerson & Adams, 1979）。

硬貨は普段絵に描いて再生することはないので，このテストは記憶のテストとしては適当でない可能性がある。したがって，再生以外の方法でテストをするほうが望ましい。そこで再認のテストが行われた。すなわち，多くの硬貨の絵の中から実物と同じ絵を選ぶことができるかどうかというテストが行われた。具体的には，図 8.6 のような硬貨の絵をカードに描いたものを用意した。この中には実物通りの絵も1つ含まれているが，残りは実物と少しずつ違っている。これらの絵を(1)正しいと思うもの，(2) 2番目に正しいと思うもの，(3)正し

図 8.5　硬貨の再生（Nickerson & Adams, 1979）

図 8.6 硬貨の再認実験に用いられた図（Nickerson & Adams, 1979）

いかもしれないもの，(4)はっきり正しくないもの，の4つのカテゴリーに分けてもらった。なお，あらかじめ絵の中に正しいものが1つあるという情報を与えてある。

実験の結果によると，参加者の記憶はあまり正確ではなかった。正しい絵を指摘した人は36人の参加者のうちの約半数の15人であった。実際には，正しい絵に対して正しくないという判断をした人が5人もいた。また正しくない絵の中で，7人がそれを正しいとした絵(I)もあった。

8.3 スキーマと記憶

私たちの記憶は私たちの持っている知識に影響を受けているということを指摘したのはイギリスの心理学者バートレットであった（Bartlett, 1932）。彼はそのような知識をスキーマ（schema）とよんだ。

8.3 スキーマと記憶

　記憶が私たちの知識，すなわちスキーマの影響を受けるということは常識的にも理解しやすいが，このことを例証する実験もいろいろと行われてきた。以下の実験はその一つである。参加者が実験のためにある部屋を訪れると，そこで待つようにいわれる。その部屋は大学院の学生用の部屋で，机，椅子，文房具，心理学の実験装置などが置いてある。棚には頭蓋骨の模型など，部屋に適当でないものもあった。参加者はそこで35秒間待つと，別の部屋へ実験のために行くようにいわれる。別の部屋へ移ると，はじめの部屋にあった物を思い出してその位置と形や色を書くようにいわれる。つまり，実験のために待つようにいわれた段階から実験は始まっていたのである。

　この実験の結果をみると，容易に予想されるように私たちが部屋にありそうだと思う物，すなわちスキーマに沿うものは思い出しやすかった。30人のうち29人は机や椅子や壁を再生した。しかし，頭蓋骨の模型を思い出したのは8人であった。物の位置は一般にその物が置かれているだろう標準的な位置にずれて想起される傾向がみられた（Brewer & Treyens, 1981）。

　また，次のような実験もある。項目が状況に合うように配置されている絵とそれらの項目がランダムに並べて描かれている絵を参加者に見せた（図8.7）。そしてそれを直後と1週間後に再構成するように求めた。再構成は，そこに描かれている項目を切り抜いた図を用意し，それを配置する仕方で行われた。

　実験の結果によると，項目が状況に合うように配置されている場合のほうがよく再構成された。これも，その状況に関するスキーマの効果であるといえるであろう。また，1週間後の再構成では垂直方向の配置のほうが水平方向の配置より正確であった（Mandler & Parker, 1976）。これは垂直方向のほうが物の配置の仕方に変化の可能性が少ないために，知識と一致しやすいためであると考えられる。

　一連の出来事の一般的な知識は**スクリプト**ともいわれる。たとえば，レストランに入ると注文をし，料理を食べ，支払いをして店を出る。このような系列の一般的な知識，すなわちスクリプトを私たちはさまざまな場面について持っている。このような知識も記憶に影響していると考えることができる。

　このようなスキーマあるいはスクリプトを背景として，私たちは経験の意味

図 8.7 スキーマに合う配置と合わない配置（Mandler & Parker, 1976）

を理解している。そして，理解できる事柄は知識の中に取り込みやすい。野球をよく知っている人は野球をまったく知らない人に比べて，試合のことをよく覚えている。また，文章を記憶するときにもその内容を理解していると記憶しやすい。たとえば，あらかじめ文章のタイトルを提示しておくと，文章の記憶に有利に働く（Bransford & Johnson, 1972）。

　タイトルではなく，絵をはじめに提示して文章の理解を助けても同様な効果があることを示した実験を以下に述べることにしよう。参加者は以下のような文章を聞き，後で再生することが求められた。文章を聞く前に，参加者は30秒間図 8.8 にあるような絵を文章の文脈として見せられた。

　「風船が破裂したら，音が届かないだろう。なぜならすべてがその階から離れすぎてしまう。窓が閉まっていると音は届かない。なぜならほとんどの窓は遮音されているから。全作業には安定した電流が必要である。電線が途中で切れると問題が生じる。もちろん叫ぶことはできる。しかし，人の声はそんなに

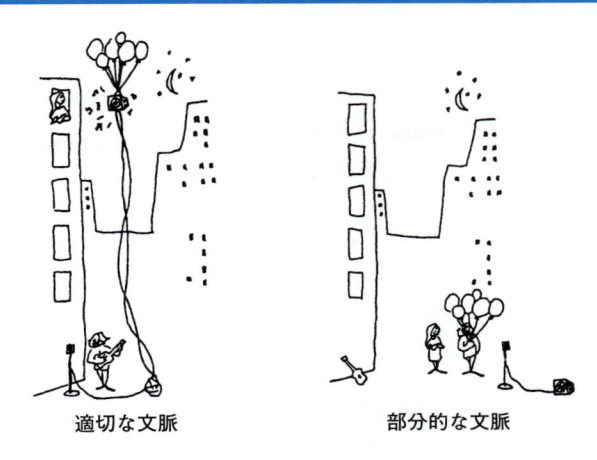

図 8.8 文脈としての絵 (Bransford & Johnson, 1972)

遠くまで届かない。もう一つの問題は，楽器の弦が切れるかもしれないということである。その場合にはメッセージに伴奏はない。もっともよいのは距離が近いことであるのは，いうまでもない。そうしたら，問題は少なくなる。顔と顔を合わせれば，うまくいかないことはない」(Bransford & Johnson, 1972)

　文章を聞く前に適切な文脈の絵を見た参加者は，部分的な文脈の絵を見た参加者よりも文章の理解度も高く，再生の成績もよかった。また文章を聞いた後で，絵を見た場合には効果は少なかった (Bransford & Johnson, 1972)。

8.4　意図と学習

　試験のために英語の単語を覚えたりするときは努力をしないと覚えられない。しかし，物がどこにあったかということはとくに覚えようとしなくても記憶していることも多い。学習には努力を要する学習と，努力がいらない自動的に生じる学習に区別できるということも指摘されている (Hasher & Zacks, 1979)。学習と意図との関係は偶発学習の実験事態で検討されてきた。

8.4.1 偶発学習

　学習の意図なく材料に接した場合も学習がみられるが，このような学習も実験的検討の対象となってきた。意図せず行われる学習は**偶発学習**（incidental learning）といい，意図的に行われる**意図学習**（intentional learning）と区別している。偶発学習を実験的に観察するには，材料を提示するときそれを学習するように教示は与えない。その代わり，参加者にその材料を用いて何かほかの作業をするように求める。この作業を**方向づけ課題**（orienting task）という。たとえば，文章の記憶の実験において，まず文章の言葉遣いで不適切なところがあるかどうかを読んでチェックしてもらう。そして，文章を読んだ後で不意に記憶のテストを行う。このような偶発学習のグループと意図学習のグループの成績を比較することにより偶発学習の程度を調べることができる。実際には，このほかに記憶のテストの教示を与えて方向づけ課題も行うグループも必要であると考えられている。それは，方向づけ課題が記憶を阻害すると困るからである。

　偶発学習のよく知られた実験例があるので，その具体的な実験の手続きをみることにしよう。実験の材料としては，24の単語から構成されるリストが用いられた（実際にはリストのはじめと終わりに2つずつ単語がつけ加えられたので28の単語であった）。単語は3秒に1つずつ参加者に提示した。そして提示終了後，自由再生のテスト（提示された単語を順序にかかわらず思い出すテスト）が行われた（Hyde & Jenkins, 1973）。

　方向づけ課題として次のような課題が設定された。

(1) 単語の頻度を5件法で判断する課題
(2) 単語の快不快の程度を5件法で判断する課題
(3) 単語にEまたはGという文字が含まれているかどうかの判断を求める課題
(4) 単語の品詞を判断する課題
(5) 文章に空欄があり，そこに単語が当てはめられるかどうかの判断を求める課題（判断の基準は定冠詞がつくかどうかの判断であった。すなわち，単語がIt is ＿＿＿. と It is the ＿＿＿. のいずれに当てはまるかの判断を求められた。）

8.4 意図と学習

これらの課題は，**意味処理**を要する課題と意味処理を要しない課題に分けられる。意味処理を要する課題というのは，その課題を行うときに単語の意味を考える必要がある課題で(1)，(2)がそれに当たる。残りは意味処理を要しない課題であるとみなされた。

この実験では，参加者は11グループに分けられた。すなわち，学習中に上に述べた方向づけ課題を行う偶発学習群（5グループ），および学習の教示と方向づけ課題の両方を与えられる群（5グループ），および単に単語を学習するように教示が与えられた意図学習群（1グループ）の全部で11グループであった。いうまでもないが偶発学習群が方向づけ課題を行うときには，後で記憶のテストがあるという教示は与えられていない。

実験の結果は図8.9のようになった。まず第1に，偶発学習群の間では，課題として意味処理を要する課題を行った群のほうが意味処理を要しない課題を行った群に比べて成績がよい。第2に，意味処理を要する課題を行った場合には，意図学習と成績が変わらない。第3に，方向づけ課題だけを行う条件と，

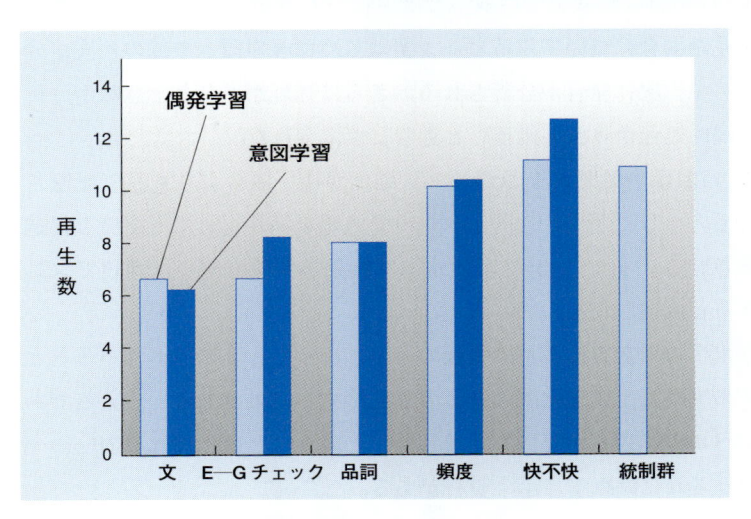

図 8.9　偶発学習の実験（Hyde & Jenkins, 1973）

それに後で記憶のテストがあるという教示をつけ加える条件を比較すると，成績に差はなかった。この実験の結果によると，記憶の要因は教示よりも処理が重要である。

8.5　処理水準説

　1960年代の終わりに提出されたアトキンソンとシフリンの記憶のモデル（6章参照）は，人間の情報処理の流れの中に記憶を位置づけたものである。このモデルは多重貯蔵庫モデルともいわれ，短期記憶貯蔵庫と長期記憶貯蔵庫の2つの貯蔵庫が仮定されていた。これに少し遅れて記憶に関するこれとは異なる見方が1972年に提案され注目を引いた。記憶は覚えるべき項目がどのように処理されるかということによって規定される。そして記憶の研究はそのような処理と記憶の関係を明らかにするべきであるという提案である。これは**処理水準説**（levels of processing theory）といわれる（Craik & Lockhart, 1972）。

　処理水準説はコード化の過程を重視する。主要な仮説は以下の通りである。まず，(1)記憶は刺激を受け取ったときに行われる一連の分析の結果生じる。単語を見た場合についてみると，まずはじめに線の傾きや線の角度が分析される。そして，次に発音が分析される。さらに処理が進むと，意味が分析される。処理は浅い処理から深い処理へと進むと仮定された。

　次に，(2)深い処理がなされると，処理が浅い場合よりも長く記憶される。この考え方にしたがうと，同じレベルで処理を繰り返しても記憶を促進しないと予測される。また，(3)処理の水準は偶発学習の方向づけ課題でコントロールできると仮定された。

　処理水準の考え方は多くの実験の対象となった。上に述べたハイドとジェンキンズの実験は，処理水準の考え方を支持する結果であるといえるであろう。同じレベルの繰返しが記憶を促進しないということは処理水準の一つの仮定であるが，これには以下に示す資料がある。

8.5.1 リハーサル

6 章において**リハーサル**（rehearsal）は復唱のことであると述べた。復唱も一つのリハーサルであるが，絵の場合もリハーサルという用語が用いられるので，一般的には復唱よりも広い意味で用いられる。リハーサルは声に出して行う場合もそうでない場合も含める。

アトキンソンとシフリンのモデルにおいては，リハーサルをすれば短期記憶貯蔵庫から長期記憶貯蔵庫へ情報が移りやすいということが仮定されていた。処理水準説によると処理の水準が同じであるなら，繰返しを行っても，すなわちリハーサルをしても記憶は促進されない。クレイクとロックハートは，リハーサルを**維持リハーサル**（maintenance rehearsal）と**精緻化リハーサル**（elaborative rehearsal）の2つに分け，リハーサルが必ずしも記憶を長期的なものにするように促進しないことに注意を喚起した（Craik & Lockhart, 1972）。彼らの考え方によると，維持リハーサルは情報を一時的に記憶にとどめておくものであり，いくら維持リハーサルを続けても情報は長期的に記憶されることはない。長期的に記憶するには精緻化リハーサルを行わなければならない。

このことは以下の実験によって例証されている（Craik & Watkins, 1973）。まず，単語のリストの自由再生の実験が行われた。各リストには 12 の単語が含まれているが，参加者はリストの最後の 4 単語がとくに重要であると教示された。実際にその単語はブロック体で書かれていた。このようなリストの提示と再生を 12 のリストについて繰り返した。参加者はこの課題を遂行する間，声をあげてリハーサルするように教示が与えられておりリハーサルの数が測定された。

リストの半分はリストの提示の直後に，また残りの半分は提示の 20 秒後に再生のテストが行われた。そして参加者には予告せず，実験の終わりにそれまで行ったすべての 12 リストの再生が改めてテストされた（最終自由再生）。実験の結果は図 8.10 に表されている。最後の 4 項目はリハーサルをされているが，最終自由再生の結果から長期的な記憶としては残っていないとされる。

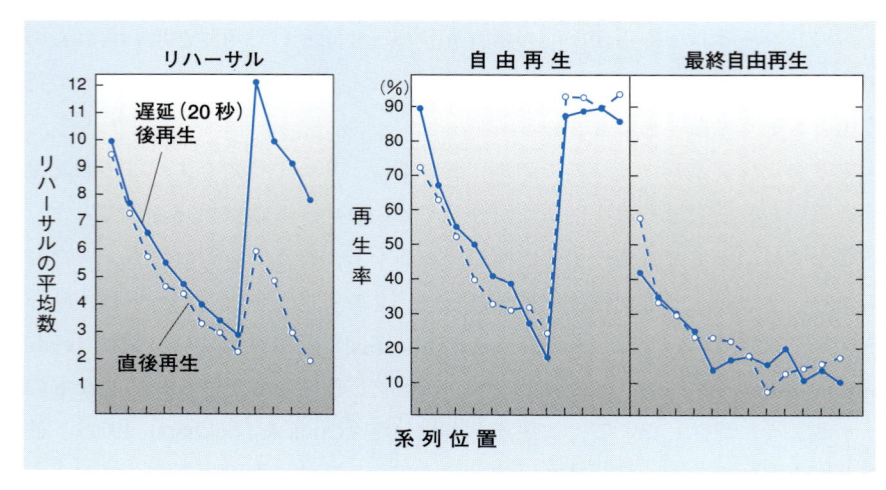

図8.10 リハーサルの効果（Craik & Watkins, 1973）
左端のグラフはリハーサルの数を示す。中央のグラフはリストの自由再生の成績を示している。実線は提示直後に再生を行った場合の成績で、点線は提示20秒後の再生の成績である。右端のグラフは、実験が終了してからその日に学習した全リストの再生を行った結果を示す。

8.5.2 処理水準の問題点

　処理水準の考え方は注目を引き、多くの実験的検討が行われたが、その後さまざまな問題があることが指摘されるようになった。中でもやっかいな問題は、処理の水準を独立に規定できないことである。深い処理をすれば長期的に記憶できるとしても、深い処理とはどのような処理かということを明確に規定することができないという問題があった。

　処理の深さを独立に定義する方法はなく、記憶のテストの成績から深さを定義することになっては循環的である。記憶テストの成績とは独立に処理の深さを定義することが求められた。この一つの解決の可能性は時間により深さを定義する試みであった（Craik & Tulving, 1975）。つまり、方向づけ課題を行う

8.5 処理水準説

> **BOX 8.2　2重符号化理論**
>
> 　絵と単語の記憶を比べると，そう複雑な絵でない限り絵のほうがよく記憶されている場合が多い。この説明としてペイビオの **2重符号化理論**（dual-coding theory）はよく知られている（Paivio, 1971）。この理論によると，私たちの記憶のシステムには言語のコード化を行うシステムとイメージのコード化を行うシステムの2つの記憶の独立のシステムがある。そして，絵，とくに言葉で表現できるような絵を記憶する場合には，言語とイメージの2つのコード化が行われるが，単語，とくに抽象的な語の場合には言語のコード化が行われるだけである。このコード化の違いが記憶の成績の違いを反映するとみなされる。

時間が長くかかれば，深い処理が行われるという考え方である。

　この点を検討した以下のような実験がある。参加者には，単語についての判断をどの程度早く行うことができるかを調べる課題であるといってある。はじめに質問が提示され，参加者は一連の単語を見てなるべく早くそれぞれの単語がその質問に合うかどうかを判断した。質問が **表 8.2** に示されているが，浅い処理を要求する質問から深い処理を要求するものまであった。この表に示されている質問の中で，カテゴリーの質問と文の当てはめの質問は意味処理を要する方向づけ課題であるとみなされる。

　実験の結果をみると，形態処理および音韻処理を要する方向づけ課題は意味処理を要する課題よりも反応時間が短かった。そして，記憶テストの成績も方向づけ課題に要する時間に対応していた。その意味では，時間は処理の深さに対応しているようにみえる。

　しかし，いくつかの点で処理水準説では説明できない問題があった。(1)同じ課題内で成績に差があった。(2)「はい」という判断を行った項目のほうがよく記憶されていた。(3)意味処理の方向づけ課題の文の複雑さを変えたところ，同じ意味処理のレベルでも複雑な文に当てはまるかどうかという課題を行ったほうがよく記憶されていた。複雑な文に当てはまるかどうかという判断を行うには項目は，比較的多くの事柄と関連づけられなければならない。このように意味的な関連の複雑さ，つまり **精緻化**（elaboration）を処理水準のほかに考慮

表 8.2 方向づけ課題 (Craik & Tulving, 1975)

処理水準	質問	答え はい	答え いいえ
形態的	この単語は大文字ですか	TABLE	table
音韻的	この単語は "WEIGHT" と韻を踏みますか	crate	MARKET
カテゴリー	この単語は魚の一種ですか	SHARK	heaven
文	この単語は次の文に当てはまりますか：彼は町で＿＿に会った。	FRIEND	cloud

する必要があることも明らかになった。

8.5.3 転移適切処理

処理水準説は，また別の面からも問題を指摘された。習字を習う場合には漢字の意味は知らなくても字を書くことはできるであろう。意味処理をしなくても記憶に残ることは可能である。意味処理をしたものが長期記憶として残るという考え方は意味処理に関連したテスト法を用いるからであるという主張がある。この考え方によると，ある方向づけ課題が記憶に有効かどうかということは，どのような記憶テストが用いられるかということによって決まる。実際に意味処理を行わなくてもよく保存される情報があることが実験により示されている（Morris et al., 1977）。

実験では意味処理を要する方向づけ課題として，文の空白部分に単語が当てはまるかどうかの判断を行った。また，意味処理を要しない課題としては単語がある単語と韻を踏むかどうかの判断が行われた。具体的には，文が The ＿＿＿ had a silver engine. の場合にはリストの単語が Train の場合には肯定的な判断を行い，Eagle の場合には否定的な判断になる。また，文が ＿＿＿ rhymes with legal. の場合は，Eagle という単語の場合には肯定的な判断になるし Peach の場合は否定的な判断をする必要がある。

このあと2種類のテストが行われた。一つは，標準的な再認のテストであっ

8.5 処理水準説

た。そしてもう一つは，単語の韻の再認を求めるテストであった。すなわち，単語を提示してそれが先に方向づけ課題で提示されたリストの単語と同じ韻を踏むかどうかの判断を求めた。韻の再認のテストには方向づけ課題の段階では提示されていない単語が用いられた。

　実験の結果，方向づけ課題とテストの方法の間に交互作用がみられた。すなわち再認の課題が用いられると意味処理を行ったほうが成績がよいが，同じ韻を踏む単語を判断するという韻の再認のテストを行うと，非意味処理のほうが，つまり韻を踏むかどうかの課題をはじめに行ったほうが成績がよくなった。すなわち，どのようなテストを行うかによりテストの成績が異なったのである。コード化のときの処理と検索時の処理は関係しているという**転移適切処理**（transfer-appropriate processing）の考え方は，処理水準の考え方を強く批判するものであった。

むすび

　本章では，情報が長期的に残っていく要因について扱った。その意味でフラッシュバルブ記憶や硬貨の記憶の記述はこの章に入れることにした。また，この章では処理水準説についても述べているが，これは一般の教科書とは少し異なっているであろう。処理水準は短期記憶と比較して解説されるのが普通であるが，本書では学習と意図との関わりの一部として述べることにした。

[参 考 図 書]

コーエン，G. 川口　潤（訳者代表）（1992）．日常記憶の心理学　サイエンス社
クラッキー，R. L. 梅本尭夫（監修）　川口　潤（訳）（1986）．記憶と意識の情報処理　サイエンス社
高野陽太郎（編）（1995）．認知心理学2　記憶　東京大学出版会

保持と忘却

人間の記憶とコンピュータの記憶にはいろいろな面で違いがあるが，人間の記憶の一つの特徴は忘れるということであろう。試験のときなどに大事な事柄を思い出せなくて困った経験は誰にでもあることである。ただし，忘却はマイナスばかりもたらすわけではない。いやな事柄を時間とともに忘れることができるのは有難いことである。覚えているということと忘れるということは表裏をなしている。本章では保持と忘却に関する事柄をとりあげよう。

9.1 忘却の経過

忘却はどのような経過で生じるのであろうか。一般的には，以下に示されるようにはじめのうちは忘却は急速に生じ，時間がたつにつれてゆるやかになっていく。

9.1.1 エビングハウスの忘却曲線

忘却についてはじめて実験的研究を行ったのは，ドイツの心理学者エビングハウスであった（Ebbinghaus, 1885/1978）。彼は，1879年から80年にかけて自分が実験者かつ参加者となって記憶の実験を行った。彼は記憶を調べるための材料として，子音，母音，子音の3文字からなる意味のない文字の組合せ，すなわち無意味綴りを作ったが，それは無意味綴りは覚えやすさが均等であると考えたからである。これをいくつか集めて記憶テストに用いるためのリストを作った。

はじめに，このリストを間違いなく2回暗唱できるようになるまで学習し，その時間を計る。それから19分から31日にわたるいくつかの間隔を置いて再び同じリストを学習して，それに要する時間を計った。彼の方法は節約法ともいわれるが，再学習をしたときに学習の時間が節約されるかどうかということ

9.1 忘却の経過

により記憶の測定を試みたのである。言い換えると原学習の効果がどのくらい残っているかということを保持あるいは忘却の指標とした。この残存する原学習の効果は**節約率**で表現された。節約率とは原学習の時間から再学習の時間を引いた値を原学習の時間で割りそれに 100 をかけた値である。

100 ×（原学習の時間－再学習の時間）/原学習の時間＝節約率

たとえば，最初の学習（原学習）に 10 分かかったとする。再学習で暗記するまでの時間が 5 分だったとすると節約率は 50 % となる。

エビングハウスの実験の結果は**表 9.1** にある。この表の値をグラフにしたものは**忘却曲線**としてよく知られている。この表から読みとれるように，1 日たたないうちに節約率は 50 % 以下になり，そしてその後，忘却はゆるやかになる。すなわち忘却ははじめ急速に生じその後はゆるやかに進行する。

エビングハウスの方法は**再学習法**ともいわれるが，現在ではあまり用いられていない。現在では，記憶は項目の再生や再認の成績により調べられることが多い。彼は，自分で自分の記憶を調べたためにやむをえず再学習法を用いたのであろう。

表 9.1　エビングハウスによる忘却の経過（Ebbinghaus, 1885）

保持期間	節約率
19 分	58.2
63 分	44.2
525 分	35.8
1 日	33.8
2 日	27.2
6 日	25.2
31 日	21.2

9.1.2 長期間の記憶

エビングハウスの結果に示されるこのような忘却の傾向は，記憶一般についてみられるといってよいであろう。ところで，実験室の実験では学習してから記憶のテストを行うまでの時間をそんなに長くとることはできない。長期間にわたる保持を調べるには実験室の外に出る必要がある。

私たちは，学校で学んだ外国語をどのくらい覚えているのであろうか。この問題をとりあげたアメリカで行われた研究がある。高校あるいは大学で学んだスペイン語をどの程度覚えているのかということを，卒業した直後から 50 年後にわたる期間のさまざまな人について調べた（Bahrick，1984）。参加者は 773 人であったが，スペイン語の読解力，語彙，文法，慣用句の再生と再認のテストが行われた。また，自分が受けたスペイン語の授業課程，成績，その後

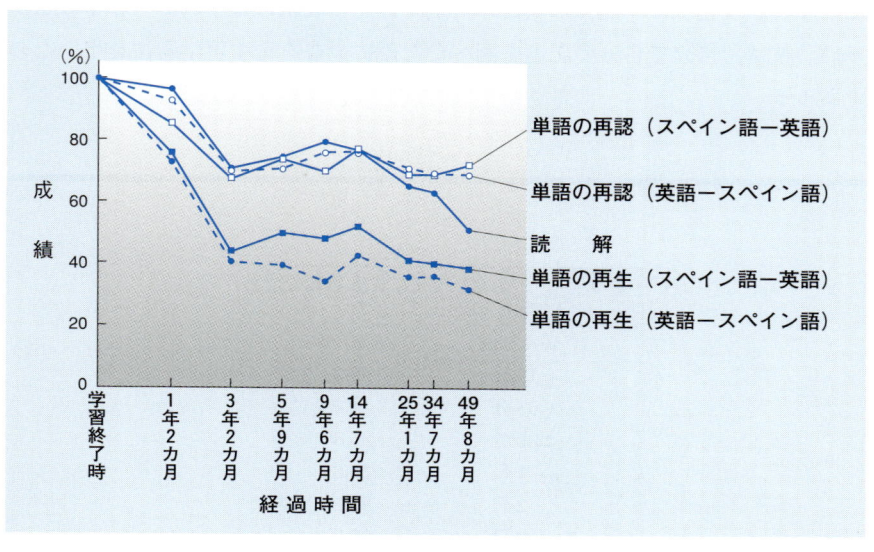

図 9.1 スペイン語の語彙と読解力の保持（Bahrick，1984）
成績は学習終了時を 100 としたときの比率で表されている。

にスペイン語を使った頻度について質問を受けた。

図 9.1 に時間の経過とともに忘却が生じる経過が示されている。エビングハウスの場合と同じように，はじめの3年ぐらいに急速に忘却は進み，ある程度忘却が進むと後はそれほど忘れないという傾向が示されている。

ところで，この調査では学習してからの経過時間，成績，受けた授業課程については参加者の報告によっている。これらは参加者が忘れている可能性があるので，一部（14 %）について学校の記録でチェックしたところ，かなり正確であった。卒業してから再学習したり，あるいはスペイン語を使ったりしたかどうかということは気になる要因であるが，実際にそのような例はほとんどなかった。この研究は方法に問題がないわけではないが，外国語は再学習したり使ったりしなくても長期間維持されることも示しているといえるであろう。

9.2 忘却の要因

何が忘却を引き起こすのかという問題は記憶研究の大きな問題であった。以下にあげるように3つの要因が考えられる。

9.2.1 記憶痕跡の減衰

記憶が残るということは，何らかの経験の残存物が存在しているということになる。この残存物は**記憶痕跡**といわれる。初期には記憶痕跡は思い出したりして利用しないと時間とともに衰退すると考えられていた。このように痕跡の減衰を忘却の要因とする考え方は**不使用説**（disuse theory）あるいは**減衰説**（decay theory）といわれる。

不使用説に合わない資料は早い時期から示されていた。コーネル大学のジェンキンズとダレンバックは睡眠の記憶に及ぼす効果を実験的に検討し，覚えてから起きている場合と覚えた後で睡眠をとった場合で記憶の程度が異なることを示した（Jenkins & Dallenbach, 1924）。具体的には，2人のコーネル大学の学生を対象にして10の無意味綴りを朝あるいは夜寝る前に学習し，1, 2, 4, 8時間後に思い出してもらった。夜寝る前に学習した条件では時間がくる

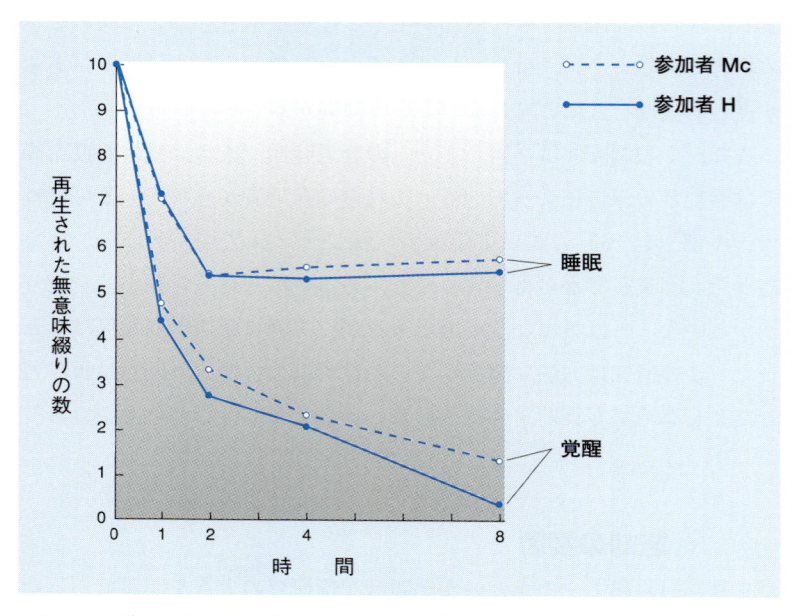

図 9.2　ジェンキンズとダレンバックの実験（Jenkins & Dallenbach, 1924）

と起こしてどのくらい覚えているかを聞いた。

　実験の結果は図 9.2 に示されている。図からわかるように学習してから睡眠をとった条件のほうが成績がよい。記憶してから再生までの経過時間は同じであるから，これは単純な不使用説では説明できない。このような実験の結果から徐々に以下に述べる干渉説が有力になってきた。

9.2.2　干　渉

　記憶内容の相互の干渉を忘却の要因とする考え方を干渉説（interference theory）という。干渉説は 1930 年代に入って，マギュウの論文「忘却と不使用の法則」（1932）により明確になったといわれている（McGeoch, 1932）。この論文で彼は「錆は時間がたつと生じるのではなく，化学反応により生じる」

というたとえを引きながら，時間のみが忘却を生じさせるのではないということを述べた。

干渉は，とくに類似の学習をいくつか行った場合に生じる。干渉には2つの型がある。あることを覚えた後でまた別のことを記憶すると，後で行った学習が以前の学習に影響を与える逆向干渉（retroactive interference）ないし逆向抑制（retroactive inhibition）と，以前の学習が後の学習に影響する順向干渉（proactive interference）ないし順向抑制（proactive inhibition）がある。表9.2に逆向干渉および順向干渉の実験型が示されている。

1. 逆向干渉

たとえば，外国語の単語のリストを学習する場合を考えてみることにしよう。記憶したいリスト（リストA）があれば，それを学習した後それに似ているリストを学習しないようにしたほうがよい。リストAを学習した後でほかのリスト（リストB）を学習すると，後でリストAを思い出そうとしたときに再生の成績が低下する。とくに2つのリストが類似している場合にこのような効果が顕著である。これは後で行ったリストBの学習が，以前のリストAの記憶に干渉して忘却を生じさせるためであると考えることができる。このような

表9.2 干渉の実験

逆向干渉の実験

	学習1	学習2	ラスト
実験群	A	B	A
統制群	A	—	A

順向干渉の実験

	学習1	学習2	ラスト
実験群	A	B	B
統制群	—	B	B

このような実験を行うと，AとBが類似している場合には実験群のテストの成績は統制群に比較して低くなる。

干渉を**逆向干渉**という。

　マギュウが干渉説を提唱した1930年代のはじめには，逆向干渉が忘却の主要な要因であると考えられていた。干渉の主要な実験型は**表9.2**に示されている。実験の手続きとしては，**対連合学習**が主として用いられた。対連合学習はすでに述べたように外国語の学習に似た言語学習の方法である。対になった単語，あるいは無意味綴りのリストを用意する。そして，その一方（刺激語）を見て他方（反応語）を再生することを学習する。

　逆向干渉のメカニズムについての検討も行われた。初期には，逆向干渉は**反応競合**によるという説が出された（McGeoch, 1942）。すなわち，学習された項目が競合して再生を妨げるという考え方であった。しかしその後競合のみが逆向干渉を生じさせるわけではないということが実験により示された（Melton & Irwin, 1940）。逆向干渉には反応競合と，もう一つの要因があるという提案がなされた。新しい要因ははじめ要因Xといわれたが，その後**学習解除**の要因とみなされるようになった。つまり，2番目の学習が最初の学習を解除するという解釈である。学習解除の要因は条件づけの消去に似ており，一度学習解除が行われるとそれは思い出すことはできない。すなわち，逆向干渉には反応競合と学習解除の2要因があるという考え方が提出された。

2. 順向干渉

　先に述べたように，干渉説が提案された初期のころは逆向干渉が忘却の主要な要因であるとみなされていた。しかし，忘却がすべて逆向干渉によるとする考え方には疑問もあった。当時，記憶の研究の多くは無意味綴りを用いたものであったが，アンダーウッドは参加者が学習した内容を24時間後にどのくらい覚えているかを文献で調べた。すると，あるリストを学習して24時間後に再び実験室に戻り記憶のテストをしたときに覚えているのは，学習したリストの4分の1程度であることがわかった。これはかなりの量の忘却である。参加者は，実験が終わると翌日テストするまでの間実験室の外で24時間近くを過ごすわけであるが，この間に無意味綴りに類似した学習を行っているとは考えにくい。つまり，保持期間に行われる学習が干渉するという逆向干渉による説明だけではあまりにも忘却が多いと思われた（Underwood, 1957）。

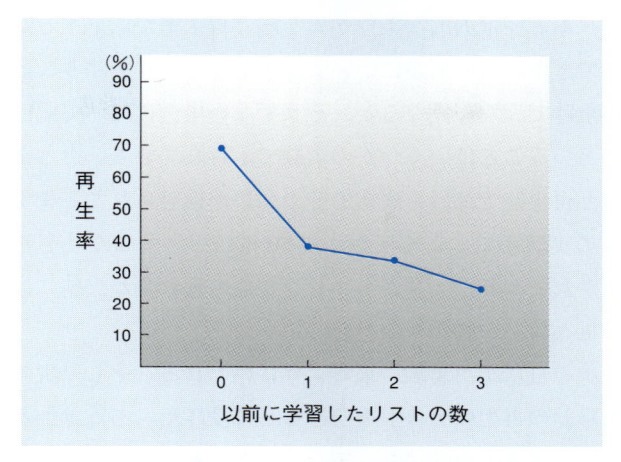

図 9.3 以前に学習したリストの数の関数としての再生率
(Underwood, 1957)

　そこでアンダーウッドは，学習以前に行われたことが忘却の要因になると考えた。つまり**順向干渉**を忘却の要因としたのである。そして順向干渉を生じさせるのは，以前にその参加者が実験室で経験した言語材料の学習であると考えた。アンダーウッドは経験したリストの数とリストの記憶の関係を調べてみた。すると，言語材料のリストを経験した数が多くなるほど記憶の成績は低下することがみられた。一方，はじめて実験を経験する場合は 24 時間後にリストの 75 ないし 80 % を記憶していた（**図 9.3**）。

　このように，以前に行われた学習もまた記憶に影響して忘却の要因となる。上に述べた外国語のリストの学習を例にとると，リスト A の学習の前にそれと類似したほかのリスト（リスト B）を学習していると，リスト A を後で思い出そうとしたときに成績が低下する。

9.2.3　文脈の変化

　これまで述べてきた不使用説や干渉説のほかに，学習時と再生時の刺激条件

の相違も忘却の要因と考えられている。すなわち，学習したときと思い出すときの環境条件，あるいは内的な条件が異なると再生率が低下するということが実験で示されてきた。この問題については次章でもとりあげることにする。

　学習時と再生時で環境が異なると，そうでない場合に比べて記憶テストの成績はよくないということはいくつかの実験で示されている。たとえば，ある実験では学習時と再生時で部屋を変えてその効果が検討された。まず最初の日に参加者は地下の実験室で，よく使われる80単語を学習した。その部屋にはじゅうたんが敷かれており，天井からオレンジ色の垂れ幕が，壁にはポスターや絵が掛かり，机と椅子が置かれていた。

　参加者は，次の日にまた実験に来るようにいわれる。そして次の日に，前の日に学習した単語の再生のテストを予告なしに受けた。ある参加者は学習した部屋と同じ部屋でテストを受けた。また，ほかの参加者はコンピュータがたくさん置いてある防音室でテストを受けた（Smith, 1979）。

　結果をみると，同じ環境でテストを受けるほうが異なる環境でテストを受けるよりも多くの単語を再生した。つまり学習時と再生時で環境が異なると成績は悪かった。このことは環境が忘却に関係するという考え方を支持している。

　再生時に学習時の環境を思い出すことが効果を持つことも示されている。参加者は学習と再生テストを異なる部屋で行った。ただし，再生時に最初の学習した部屋にあったものを思い出すようにいわれた。そして，その部屋で学習した単語を思い出すのにその記憶を使うようにいわれた。すると，部屋が異なるにもかかわらず，成績は同じ部屋で学習と再生を行った群と差がなかった。したがって，環境のイメージを思い浮かべることも記憶に有効であることが示唆される。

　このような環境変化の極端な例も報告されている。陸上あるいは水中で再生のテストを行い，環境が異なると再生に影響することを示した実験例がある。ある大学のダイビングクラブの学生を対象として実験が行われた。参加者は次の4群に分けられた。それらは (1)学習を水中で行い，水中で再生する群，(2)学習を水中で行い，陸上で再生する群，(3)学習を陸上で行い，陸上で再生をする群，(4)学習を陸上で行い，水中で再生する群であった。

9.2　忘却の要因

　各群の参加者は，36単語のリストを学習しその自由再生を行ったが，水中でも陸上でも潜水の用具を身につけていた。水中の条件は水面下20フィートのところで行われた。また，単語は水中では聴覚的に提示され，それを水中でも陸上でも書くことができる鉛筆を用いて再生した（Godden & Baddeley, 1975）。

　この結果は図9.4に示されているが，学習時と再生時で環境が異なるとそうでない場合に比べて成績が悪いことがわかる。この実験では環境の変化がかなり著しい。その変化が記憶とは別の影響を与えたのではないかという疑問もあるかもしれない。そこで第2実験では，学習も再生も陸上で行う参加者を2群作り，1群は実験期間中陸上にとどまり，もう1群は学習と再生の間に水中に飛び込んだり泳いだりした。この2群は成績に差はなかった。したがって，水に出入りするということが成績に影響するという可能性は除かれている。興味深いのは，このような文脈の効果は再生の時にのみみられ，再認のテストを行うとみられないことである（Godden & Baddeley, 1980）。

　このような環境の変化が記憶に影響するという例はそのほかにもある。しかし，また一方でこの効果はかなり不安定なものであることも示されている。環境の変化が記憶に影響しないことを示す実験も多い（Fernandez & Glenberg,

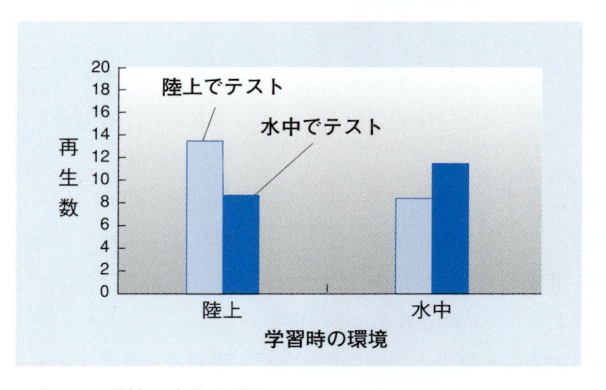

図9.4　環境の変化と再生（Godden & Baddeley, 1975）

1985；Saufley et al., 1985)。環境の変化がすべて忘却の要因になるということはできないのであるが，どのような環境の変化が忘却の要因になるのかということについてはまだ明らかでない。

上に述べたのは外的な環境の変化についてであった。外的な環境だけではなく，身体内部の状態も記憶に影響することも指摘されてきた。すなわち，学習

BOX 9.1　記憶の永続性

経験した出来事を忘れてしまうということは，必ずしもその情報が記憶からなくなってしまうことを意味するわけではない。長い間すっかり忘れていたことを突然思い出すことがある。また，思い出そうとしてもどうしても思い出せなかったことが，後でふっと記憶によみがえることもある。

あることを覚えていないときに，その記憶内容は失われてしまったのか，それともただ思い出せないだけなのだろうかということは実際には区別できない。本文に述べたように，環境を変えると学習したことを思い出せたり，思い出せなくなったりするのである。

この問題は実験で確かめることはできないが，人々がどのように考えているかということを調査したデータがある。心理学者を含む169人の人を対象として，以下のような2つの意見のうちのいずれかを選択してもらった。

(1) 私たちが学習することは，個々の詳細は思い出せないときがあるとしてもすべて心の中に貯蔵される。催眠やその他のテクニックによってこれらの詳細も呼び起こされうる。

(2) 私たちが学習することのある部分は永久に記憶から失われる。それらは催眠やその他のテクニックでは呼び起こすことはできない。なぜならすでに失われているから。

調査の結果によると，質問を受けた75名の心理学者の84％が(1)を選んだ。(2)を選んだのは14％であった。そして残りの2％がその他の答えであった。心理学者以外の94人の69％が(1)を選び，23％が(2)で，8％がいずれでもなかった (Loftus & Loftus, 1980)。

このことは記憶は永続するという意見を持つ人が多いことを示している。ただし，これを支持する証拠は今のところない。

時の身体の状態と再生時の状態が異なるとそうでない場合に比べて再生の成績が低下することを示す実験例がある。これについては次章で述べることにしたい。

9.3 記憶の変容

これまで忘却の要因についてとりあげてきた。ところで，時間とともに私たちの記憶は変容する場合があることも考えなければならない。記憶の変容は忘却と明確に区別できない場合もあるであろう。

9.3.1 記憶と再構成

私たちが，経験したことを文字どおり記憶していることはむしろ少ない。経験をどのように解釈したかにより記憶の内容が変わってくることもあるであろうし，またこまごました枝葉の部分は忘れて重要な内容だけが記憶に残るということもある。

このことを実例で示したのはイギリスの心理学者バートレットであった。彼は文章や絵を実験の材料に用いて記憶の実験を行ったことでよく知られている。彼の実験の材料としてとくに有名なものは，北米先住民の民話の英訳「幽霊の戦」である。これは表9.3に示されている。

バートレットは，この文章を2回参加者に読んでもらい，再生をしてもらった。表9.4にはまた，ある参加者の再生の内容が示されている。バートレットはさらに何日かたってから，再び同じ人にこの文書を再生をしてもらうというようにして，繰り返して再生のテストを行った。すると，再生を繰り返すにつれて再生の内容は変わっていった。このような実験の結果に基づき，バートレットは次のようなアイディアを出している。すなわち，記憶内容は私たちの知識に取り込まれる。そして思い出すときには，知識の中に残っている痕跡から以前の経験が再構成される。彼は記憶における活性的な知識の役割を強調し，このような知識をスキーマ（schema）と名づけた（p.146参照）。

表 9.3　バートレットの用いた文章 (Bartlett, 1932)

「ある晩エグラックの2人の若者がアザラシ狩りをするために川へ行った。川にいると，霧がかかって静かになった。すると鬨の声が聞こえてきた。彼らは「これはたぶん戦の部隊だ」と考え，岸に逃げて丸太の後ろに隠れた。カヌーが来た。櫂の音が聞こえ，1艘のカヌーが彼らのところにやってくるのが見えた。カヌーには5人の男が乗っていた。彼らは言った。

「どうかね。君たちを連れていきたいんだが。われわれは戦をするために川を上っているんだ」若者の一人が「私は矢がない」と言った。すると彼らは「矢はカヌーにある」と言った。「私は行かない。殺されるかもしれない。私の身内は私を捜そうにも捜せないだろう。しかし君は」，と彼はもう一人の若者に向かって言った。「一緒に行ってもいい」そこで，一人はついて行き，もう一人は家へ帰った。

戦士たちは川をさかのぼってカマラの対岸の町へ行った。人々は川へおりてきて戦が始まった。大勢殺された。しかし，まもなく若者は戦士の一人が「急げ，帰ろう。あのインディアンがやられた」と言うのを聞いた。若者は「あ，彼らは幽霊だ」と思った。彼は気分は悪くなかったが，彼らは彼が撃たれたと言った。

そこでカヌーはエグラックに戻り，若者はそこでおりて家に帰った。そして火をたいた。彼は皆に話をし，そして「驚くな，私は幽霊について行って戦をした。仲間は大勢死んだ。攻撃の相手も死んだ。彼らは私が撃たれたと言ったが気分は悪くない」と言った。それを言い終わると彼は静かになった。夜明けに彼は倒れた。何か黒い物が口から出た。彼の顔はゆがんだ。人々は飛び上がって叫んだ。「死んだ」

表 9.4　再生の例 (Bartlett, 1932)

2人の若者がアザラシ狩りをするために川へ行った。彼らは戦士の乗ったボートが彼らのところに来たときに岩の後ろに隠れていた。しかし，戦士たちは彼らは仲間であると言い，対岸の敵と戦うのを助けてくれないかと言った。年上のほうは，もし彼が家に帰らないと親戚が心配するから行けない，と言った。そこで若いほうがボートの戦士たちと一緒に行った。

夕方彼は帰ってきて友だちに彼は激しい戦をしていた。そしてどちらの側も大勢死んだと言った。火をともして，寝に行った。朝夜明けに彼は気分が悪くなり，近所の人が来た。彼は戦で傷を負ったけれども痛くないということは言ってあった。まもなく容態は悪化し，彼はもだえ苦しみ，叫び，地面に倒れて死んだ。何か黒い物が口から出た。近所の人は彼は幽霊と戦をしたに違いないと言った。

9.3 記憶の変容

9.3.2 事後情報効果

　私たちの記憶は経験した後に与えられる情報によって影響を受けることがあるようである。このことは**事後情報効果**，ないし**目撃者の証言**といわれる実験によって示唆されている。多くの実験が行われているが，ここではロフタスらにより行われた実験の一つを述べることにしたい（Loftus et al., 1978）。

　ロフタスらははじめに参加者に自動車事故の一連のスライドを見せた。次にその事故について質問をする。その後で，はじめの事故の記憶をテストした。この手続きは，この種の実験型では一般に用いられている。参加者の半数のスライドには，車が前方道路優先の標識の手前で止まっているスライドが含まれていた。また，残りの半数は車が停止信号の手前で止まっているスライドを見た。

　この後，参加者はいくつかの質問に答えるのであるが，その質問には自分が見たスライドと一致する項目とそうでない項目が入れてあった。つまり車が前方道路優先の標識の手前で止まっているスライドを見た参加者の半数は「車が前方道路優先の標識の手前で止まっていたときに……？」という質問を受けたが，残りの半数は「車が停止の標識の手前で止まっていたときに……？」という実際には自分が見たスライドとは内容の異なる質問を受けたのである。このように，半数の参加者は自分が見たスライドと一致する質問を，残りの半数は食い違う質問を受けた。

図 9.5　ロフタスらの実験で用いられたスライド
（Loftus et al., 1978）

この後，すべての参加者は事故のスライドについて再認のテストを受けた。再認の課題は，実際に提示されたスライドと提示されなかったスライドのペアの中から，自分が見たスライドを選ぶという課題であった（図 9.5）。ロフタスらの実験の結果によると，標識の手前で車が止まっているという場面のスライドについて，実際に見たスライドと一致した質問を受けた参加者の 75 % が正しい再認を行った。一方，実際に見たスライドと食い違う質問を受けた参加者は 45 % しか正しい再認を行うことができなかった。

9.3.3 偽りの記憶

　事後情報効果は記憶の不正確さを指摘したが，その後，この問題は子どものころの出来事の記憶の真偽へと移行した。いわゆる偽りの記憶の問題である。これに関する議論は社会問題になった。詳細は省略するが，上に述べたロフタスはその議論の渦中の人であった。彼女は子どものころの記憶には，実際には起こらなかった事柄も起こったこととして記憶していることがあるという立場をとり，実験も行ってそれを実証しようと試みた。実験はいろいろあるので，詳しくは章末の参考図書を参照していただきたいが，一例を挙げてみよう。

　実験では，参加者の子どものころの出来事の記述を実験者が用意し，それを参加者に読んでもらって，それぞれの出来事について覚えていることを書いてもらうという仕方で行われた。覚えていないことについては「覚えていない」と書くように言ってある。出来事は 4 つで，そのうち 1 つは架空の出来事であり，残りの 3 つは実際に起こったことであった。これらはあらかじめ家族に聞いて確かめてある。それぞれ 1 パラグラフの記述で，3 番目が架空の出来事であった。架空の出来事は，「ショッピングモールあるいはデパートでかなり長い時間迷子になって泣いていたときに，年配の婦人が見つけて助けてくれて，家族と再会した」という内容であった。参加者はそれらを読み，それぞれの出来事について覚えていることを書いた。

　その後 1〜2 週間後に 2 回のインタビューがあった。参加者は 24 人であったが，正しい出来事については，72 のうち 49（68 %）を思い出したそうである。この割合は，最初の記述でもその後のインタビューでも変わらなかった。

架空の出来事については，24人の参加者のうち最初に出来事の記述を読んだときには7名がそれを「覚えている」と報告した。その後のインタビューでは6名（25％）が「覚えて」いた。これらの結果からみると，実際に起こった出来事のほうが思い出しやすいようである。しかし，この結果は，実際に起こっていなかったことを「思い出す」ように誘導することが可能であることを示している（Loftus, 1997a, b）。

記憶の誤りに関しては，人工的な材料を用いた実験も蓄積されている。実験の手続きは，大分前に行われた記憶実験（Deese, 1959）に端を発するとされる。当初の実験は学習リストの項目と連想関係にある語が誤って再生されることを示したものであった。それがその後30年あまりの時を経て，再認の手続きを用いた実験として復活した（Roediger & McDermott, 1995）。この種の実験型は研究者の頭文字をとり，**DRMパラダイム**といわれている。

一般的な手続きは，はじめにある単語（クリティカル語といわれる）と連想関係にある項目からなるリストを参加者に学習させる。その後，クリティカル語が含まれるリストを用いて再認のテストを行う。すると，クリティカル語が実際には学習リストには入っていなかったけれども，入っていたと誤って再認される。この現象自体は，一見してわかるように別に意外なことではない。また，この現象と偽りの記憶との関係も明らかでないが，このパラダイムを利用して，刺激の提示時間などいろいろな要因を操作して多くの実験が行われている。

9.4　記憶の分布

私たちはこれまでの自分が経験してきたことの中で，いつごろのことを多く記憶しているのであろうか。あるいは，いつごろのことは覚えていないのであろうか。私たちの記憶は，自分の過ごしてきたこれまでの時間の中でどのように分布しているのであろうか。

9.4.1　過去を振り返る

記憶の分布の問題をはじめてとりあげたのは個人差の研究で知られるゴール

トン（Galton, F.）であった。19世紀後半のことである。ゴールトンは連想の研究をするために以下のような方法を工夫した。まず何か単語を見て，その単語からどのような連想が生じるかを調べた。そして，過去の出来事がその単語から連想されると，その出来事の時期を判断した。この実験を行ったときに彼は57歳であったそうである。彼が思い出した出来事の期間を大きく3つに分けると，思い出した出来事の39％が22歳以前のものであり，46％がその後のもので，かなり最近のものは15％であった（Conway, 1990）。これは個人差もあるであろうからどの程度一般化できるのかは明らかでない。

　その後このような問題はしばらくとりあげられなかったが，1970年代になって再びこの方法は記憶研究の分野に戻ってきた。このころ実験室の研究ばかりでなく，身の回りの記憶に関心が向けられるようになったのである。そして，記憶が過去にどのように分布しているかという問題は**自伝的記憶**の一つの問題として研究対象となった。ゴールトンがはじめに試みたときには対象は彼自身であったが，新しい手続きでは多くの参加者を用いるなど時代に合わせてある。ただし，基本的な手続きは同じである。すなわち，何らかの単語（手がかり語）を提示して，参加者にその単語から過去の出来事を思い出してもらう。そして，その時期を推定してもらう。たとえば「船」という単語を見て，「伊豆に旅行に行き遊覧船に乗った。たしか去年の7月だった」などの報告をしてもらうのである。

　この手続きを用いて大学生を対象にして実験が行われた（Crovitz & Schiffman, 1974）。92名の大学生に20の単語のリストを読んで聞かせ，それに関する個人的な記憶を思い出すように求めた。単語はいずれも身近なものであった。すべての単語について記憶を検索してから，それぞれの単語についてそれがいつの事柄であったか，時期を判断してもらった。この方法で記憶の分布を調べると，最近の事柄についての記憶がもっとも多く，時間がたつにつれて思い出す事柄は少なくなっていくことがわかった。この傾向は大学生を対象にしたほかの研究でもみられている。ルビンの研究はこの分布を詳細に検討しているものとして標準的な文献である（Rubin, 1982）。

　ところで，このような研究にはいくつかの問題があることはすぐわかるであ

9.4 記憶の分布

ろう。この種の研究では一般に多くの単語，および参加者を用いて実験が行われる。そして得られた記憶の分布はその結果を平均したものである。そこで，まず単語によって分布が異なる可能性はないかという疑問が生じる。また，参加者によって分布が異なるという可能性も気になるであろう。この点についてルビンは実験の結果を個々の単語ごとに集計をしたり，個々の参加者ごとに集計をしてみても同じような傾向がみられるので問題はないとしているが，これで疑問が解消するわけではない。

もう一つの問題は，記憶の時期の推定に関する問題である。研究のほとんどは参加者が報告する過去の出来事の時期をそのまま資料としている。したがって，間違った時期の報告をしても確かめることができない。参加者が正確に時期を覚えているとは考えられないので，たとえ誠実に述べたとしても正しくないということはあるであろう。

この点について，ルビンは日記をつけている人を対象にした実験も行い，過去の出来事の時期を確認しようと試みた。まず，大学の心理学の授業の受講生から日記をつけている人を募集した。そして，比較的長い間日記をつけている18人に参加者となってもらった。この人たちに経験した出来事の時期の推定を行ってもらい，それを日記によってチェックしてもらった。すると，時期の判断はかなり正確で，ほとんどの誤りは1年以内であったといわれる（Rubin, 1982）。ただ，時期の判断の正確さについてきちんと統制できないこともこのような研究の弱点である。

これまで述べてきたのは大学生を対象にした研究例である。しかし興味があるのは，むしろ年齢の高い人たちの記憶の分布である。比較的高齢の人を対象とした研究もいくつかある（Rubin et al., 1986）。この場合には，最近の出来事の記憶は思い出される傾向が大きく，時間がたつと想起される事柄は減少するが，それは再び増加しさらに時間が離れると減少していく。図9.6にそのおおまかな傾向を示したが，一度想起される事柄が増加する時期がある。この一度増大する想起は50歳の人の場合は10代のころの記憶に，また70歳の人の場合には20代のころの記憶にみられた。

記憶の分布がどのようになっているのかということは興味のある問題である。

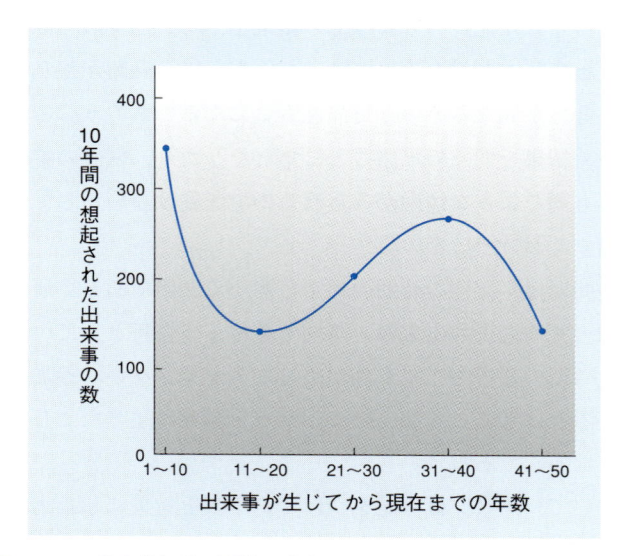

図 9.6　50歳の参加者の記憶の分布（Rubin et al., 1986 を一部改変）

ただし，これを検討する方法には限界がある。方法の制約を前提として，ある程度の傾向を知ることで満足しなければならないであろう。手続きを変えると分布が異なるということも示されている。ただし，時期の推定が正確であるかどうかは別として，ここで述べた研究は人が過去の出来事の時期の推定を行うことができるということは示しているといえるであろう。ところで，記憶の分布について私たちが誰でも知っていることがある。それは自分が赤ん坊のころのことは覚えていないということである。

9.4.2　幼児期健忘

　私たちは幼稚園のころのことは断片的に記憶していることもあるが，それ以前のことになるとまったく覚えていない。私たちが幼いころのことを記憶していないことは，幼児期健忘（infantile amnesia, childhood amnesia）といわれ，

9.4 記憶の分布

研究者の関心を引いてきた。この用語は，もともとフロイトによるものである（Freud, 1905/1990）。彼はこの問題に注目し，精神分析学の理論から幼児期の記憶は抑圧されるとしたが，フロイトの場合は年齢はかなり遅れていて6，ないし8歳以前の記憶を思い出せないと考えた。

何歳からの記憶が保持されているかということについては，はっきり区切ることはできないが，ある研究によるとだいたい3歳ぐらいが境界になるといわれている。この研究では，大学生に弟や妹が生まれたときのことを聞いた。「お母さんが病院に行くことを誰に聞いたか」，「赤ちゃんが男の子か女の子かどうして知ったか」などの質問をしたのである（表9.5）。そしてその回答を母親に確かめて結果をまとめたところ，弟や妹が3歳以前に生まれた場合には

表9.5　インタビューのときの質問（Sheingold & Tenney, 1982）

1. あなたのお母さんが入院するということを誰に聞きましたか。
2. お母さんが家を出るとき，あなたは何をしていましたか。
3. お母さんが入院するために家を出たのは何時ごろですか。
4. お母さんは誰と一緒に行きましたか。あなたは行きましたか。
5. お母さんが入院するために家を出た後，誰があなたの世話をしましたか。
6. お母さんが出かけた後，あなたは何をしましたか。
7. 赤ちゃんが男の子か女の子かということはどうして知りましたか。
8. お母さんが入院している間，誰があなたの世話をしましたか。
9. お母さんが入院している間，その人とどういうことをしましたか。
10. 病院にお母さんの見舞いに行きましたか。
11. お母さんが入院しているときに電話でお母さんと話をしましたか。
12. お母さんはどのくらい入院していましたか。
13. 誰がお母さんと赤ちゃんを連れて戻ってきましたか。
14. お母さんと赤ちゃんが家に戻ったのは何曜日でしたか。
15. その日の何時ごろでしたか。
16. 2人が家についたとき，あなたは何をしていましたか。
17. はじめて見たとき，赤ちゃんは何を着ていましたか。
18. 赤ちゃんはどういう贈り物をもらいましたか。
19. あなたはそのとき贈り物をもらいましたか。
20. 赤ちゃんが産まれるということをどうして知りましたか。

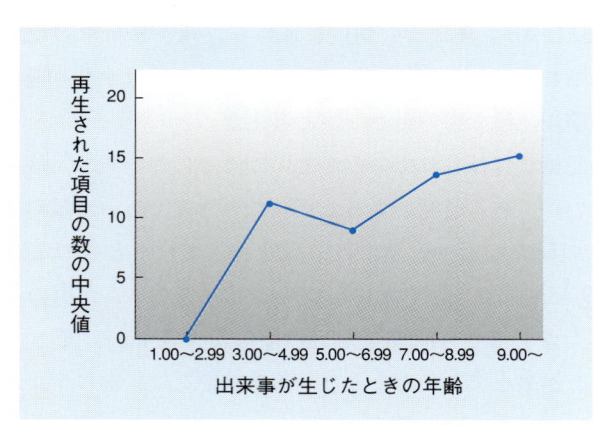

図 9.7 弟や妹が生まれたときの年齢と出来事の記憶
(Sheingold & Tenney, 1982)

参加者のほとんどがそのときのことを何も覚えていないようであった（Sheingold & Tenney, 1982；図 9.7）。年齢については正確に決めることは難しいが，3 歳前後を指摘する研究は多い。

　このような記憶については何を覚えているかということによっても年齢が変わるという可能性がある。そのような意味で上に述べた兄弟の誕生が適当な例であるかどうかという問題はあるであろう。幼い子どもにとって兄弟の誕生に伴ういろいろな事柄が，大人の場合と同じように印象深いということは一概に断定できないのである。

むすび

　覚えていること，すなわち保持の問題はまた忘却の問題であるともいえるであろう。忘却の問題はすでに述べたように，ある時期記憶心理学の主要な問題であった。干渉について多くの研究が行われたが，本章では煩雑を避けるために詳細は省略した。本章にはまた，記憶の変容に関する記述を入れた。さらに，記憶の分布についてもふれることにした。

BOX 9.2　ハイパームネジア

　学習した直後には思い出せなかったことを後になって思い出すことがある。再生のテストを繰返し行うと，はじめに思い出せなかった項目を後の再生で思い出すようになることは多くの実験で示されている。このような現象はレミニセンス（reminiscence）といわれていた。エビングハウスの忘却曲線によると記憶は時間がたつとともに減衰する。レミニセンスはこのようなエビングハウスのデータに合わないため興味ある現象として1940年代ごろまで多くの研究の対象となった（Payne, 1987）。

　その後，しばらく研究は途絶えていたが，1970年代になり再びこの種の研究が行われるようになった。この端緒となったのは単語と絵を用いた研究であった（Erdelyi & Becker, 1974）。この研究では絵（スケッチ）および単語を混ぜ合わせたリストが用いられた。まず，それら80項目をスライドで1項目5秒ずつ提示する。提示の直後に参加者に7分間の再生時間を与え，覚えている項目をできるだけ多く列挙するように求めた。単語の場合はその単語を書き，絵の場合はその名前を書くように求めた。7分が過ぎてから，再び新しい用紙に先に提示された項目の再生を求めた。このようにして再生を2回繰り返した。その結果，絵に関しては1回目の再生よりも2回目の再生のほうが成績がよかった。結果は図9.8に示されている。

　直後の再生よりも後で繰り返して再生を行ったほうが，多くの項目を再生できるという現象は新たに**ハイパームネジア**（hypermnesia）と名づけられた。これは健忘（amnesia）の対極の用語である。レミニセンスとハイパームネジアという2つの用語の関係は明確ではないが，現在ではハイパームネジアという用語のほうが一般的に用いられている。

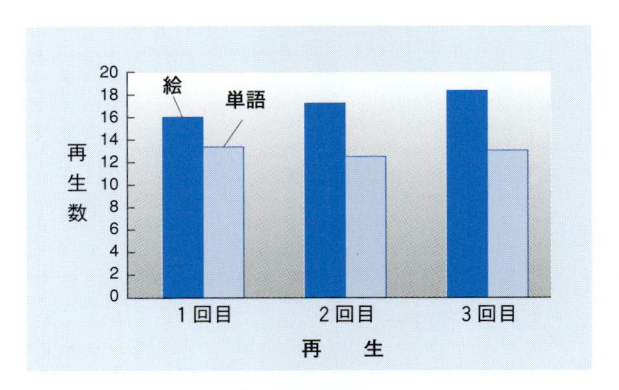

図9.8　ハイパームネジアの実験（Erdelyi & Becker, 1974）

[**参 考 図 書**]

井上　毅・佐藤浩一（編者）（2002）．日常認知の心理学　北大路書房
高野陽太郎（編）（1995）．認知心理学2　記憶　東京大学出版会
バートレット，F.C.　宇津木　保・辻　正三（訳）（1983）．想起の心理学　誠信書房
ロフタス，E.F.　西本武彦（訳）（1987）．目撃者の証言　誠信書房

検索

　プルーストの『失われた時を求めて』のはじめの部分に，主人公がマドレーヌ（お菓子）を溶かした紅茶を飲むと追想が現れる場面がある。
　「突如としてそのとき回想が私にあらわれた。この味覚，それはマドレーヌの小さなかけらの味覚だった。コンブレーで日曜日の朝（というのは日曜日はミサの時間になるまで私は外出しなかったから），私がレオニー叔母の部屋におはようと言いに行くと，叔母は彼女がいつも飲んでいるお茶の葉またはぼだい樹の花を煎じたもののなかに，そのマドレーヌをひたしてから，それを私にすすめてくれるのであった。」（プルースト（著）井上究一郎（訳）『失われた時を求めて　第一編　スワン家のほうへ』プルースト全集1　筑摩書房）
　よく知っている曲を聴くと，努力することもなくその曲名を思い出す。知人に会えばすぐに誰であるかわかる。私たちの記憶の内容は膨大なものであることを考えると，その中から素早く必要な事柄を思い出すことができるのは驚くべきことであるといえるであろう。本章では過去の経験を思い出すこと，すなわち検索に関する諸現象をとりあげたい。

10.1　記憶のテスト，再生と再認

　記憶の実験はさまざまな仕方で行われてきた。古くから行われてきた手続きは，はじめに何らかの項目を提示し，一定の保持時間をおいてからその項目のテストを行うという手続きである。テストの手続きはいくつかある。覚えているかどうかを直接テストする手続きとしてよく用いられているのは，再生，手がかり再生，および再認である。以下にこれらのテストの説明をするが，記憶すべき項目をターゲットということにする。
　再生とはターゲットを思い出して再現することである。たとえば「昨日誰に会ったか」という質問は再生のテストである。手がかり再生とは学習時に提示された何らかの手がかりをテスト時に提示して，ターゲットの再生を求める方

法である。上の例を続けると，「昨日大学の食堂で会ったのは誰だったか」という質問が，手がかり再生に該当する。また，再認とはターゲットを含むいくつかの項目を提示して，その中からターゲットを選ぶことを求めるテストである。名前を数人あげて，その中から昨日会った人を選んでもらう手続きはそれに当たる。

再認はいくつかの項目を同時に提示して，その中からターゲットを選択してもらう方法もあるが，1つずつ項目を提示してそれがターゲットであるかそうでないか判断してもらう方法もある。前者は**強制選択法**，後者は**はい―いいえ法**あるいは絶対判断法といわれる。またテストのときに提示されるターゲットでない項目はディストラクター（妨害項目）ともいわれる。このほか，記憶を間接的にテストする方法もいろいろ考案されている。その例については7章で述べた。

10.2 検索の理論

再生と再認のテストを比べると，再認のほうが容易である。たとえば，昨日誰に会ったかという質問に対して名前を思い出せない場合でも，その名前をいわれれば会ったか会わなかったか判断することができることがある。生成再認理論（generation-recognition model）は，このような再生と再認の区別を説明する理論の一つである。

1. 生成再認理論

生成再認理論によると再認は1段階の過程であるが，再生は2段階の過程を要する。すなわち再生の場合は，はじめに思い出す項目の候補を記憶の中に探す過程がある。そして次にその候補の中から目標の項目，すなわちターゲットがどれであるか判断する。一方，再認はすでに候補は提示されているので，その中からターゲットを選択すればよい。この考え方は何人かの研究者によって提案されたが（Anderson & Bower, 1972；Kintsch, 1970），それらはほぼ同様の構想をとっている。

10.1で述べたように顕在記憶のテストとしては，再生，手がかり再生，再認

10.2 検索の理論

がよく用いられる。これらのテストを比較すると再認がもっとも成績がよく，その次に手がかり再生，再生の順になる。この傾向をこの理論は次のようにして説明する。**再生**は候補の探索と判断の2段階の過程を必要とする。**手がかり再生**もやはり2段階の過程を要するが，再生よりも探索の情報が多いので探索が容易である。また**再認**は1段階の過程ですむ。

このほかにも，この理論は多くの実験結果を説明すると考えられてきた。たとえば，使用頻度の多い単語と少ない単語を用いて再生と再認の実験を行うと，再生においては頻度が高い単語を用いたほうが成績がよい。一方，再認では頻度が低い単語を用いたほうが成績がよいのである。再生において高頻度語のほうが成績がよいのは，頻度が高い単語のほうが探索は容易に行われると考えれば理解できる。一方，再認において高頻度語が成績がよくないのは，高頻度語は普段よく見かけるのでリストの中にあったということが特定しにくいためと考えることができる。

2. 符号化特定性原理

大学のキャンパスの中で会えばすぐわかる友だちも繁華街で見かけると知合いだと気がつかない。このように，普段会っている環境とは違う場所で知人に会ってもその人だと気がつかないことがある。学習時の環境とテスト時の環境が似ていないと思い出しにくいということはすでに前章でも例をあげて述べてきた。このような環境は覚えるべき項目の**文脈**と考えることができる。

①手がかり再生の実験

学習時の環境とテスト時の環境の関係が記憶に関連することは，手がかり再生の実験で示されている（Tulving & Osler, 1968）。記憶材料としては単語の対が用いられた。はじめに24対の単語が提示される。それぞれの対の片方の単語は手がかり語といわれ，小文字で書いてあった。もう片方の単語がターゲットで大文字で書かれている。手がかり語としてはターゲットの弱い連想語を用いた。つまり手がかり語はターゲットからもっとも連想されやすい単語ではないけれども，2つの単語の関係は容易にわかるようになっていた。身体，健康（body, HEALTH）はその一つの例である。

すべての参加者は同じターゲットを提示されたが，手がかり語は2種類用意

された．たとえば，脂肪，マトン（fat, MUTTON）と脚，マトン（leg, MUTTON）のような材料が用意されたのである．半数は片方の手がかり語とともにターゲットが提示され，残り半数にはもう片方の手がかり語とともにターゲットが提示された．課題はターゲットを覚えることである．

　その後再生のテストでは手がかり語が提示されてターゲットを再生するように求められた．このようなテストの方法を手がかり再生という．半数の参加者は学習時と同じ手がかり語を提示された．つまり学習時に脂肪，マトン（fat, MUTTON）の対が提示され，テスト時に脂肪，＿＿＿＿（fat, ＿＿＿＿）が提示され，ターゲットを再生することが求められた．また残りの半数はテスト時に学習時と異なる手がかり語を提示された．すなわち，学習時に脂肪，マトン（fat, MUTTON）の対が提示されたとすると，テスト時には脚，＿＿＿＿（leg, ＿＿＿＿）が提示されて，ターゲットの再生が求められた．2通りの手がかり語があり，学習時とテスト時で同じ手がかり語を用いる条件と異なる手がかり語を用いる条件があるので4つの条件ができる．

　結果は図 10.1 に示されている．テスト時に学習時と同じ手がかり語が提示されると，そうでない場合に比較して再生の成績はよかった．すなわち，手が

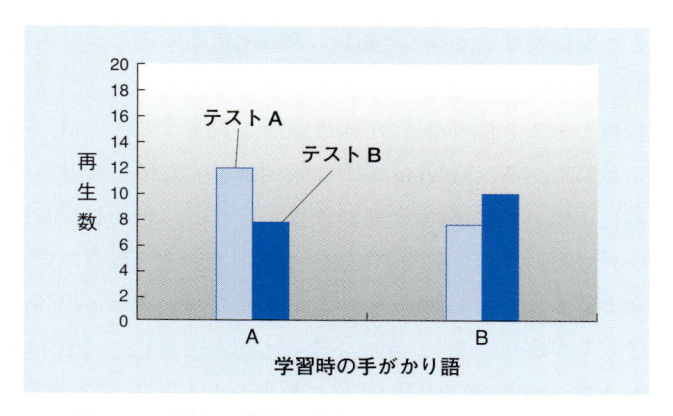

図 10.1　手がかり再生の実験 (Tulving & Osler, 1968)

かり語の有効性が示されている。この場合の手がかり語はターゲットの文脈をなすという言い方もできるであろう。

このような結果から，タルビングらは**符号化特定性原理**（encoding specificity principle）を提案したが，そのおおよその意味は次の通りである。学習の段階でターゲットとともにコード化された文脈と検索時の文脈のオーバーラップの程度によって検索は決定される。オーバーラップが大きければ検索が生じやすい。この考え方によると再生の実験と再認の実験の相違は，学習時にコード化された文脈と検索時の文脈の一致度の相違に帰せられる。再認が再生よりも成績がよいというのは一致度が高いからである。

②再認の失敗

符号化特殊原理によると，学習時にターゲットとともにコード化された文脈と検索時の文脈の一致度が検索を規定する。一般には，再認のほうが再生よりも文脈の一致度は高い。しかしこの理論によれば，もし実験的に文脈を操作して再生のほうが文脈の一致度が高いようにすることができれば，再認よりも再生のほうが成績がよくなるはずである。このことは**再生可能な単語の再認の失敗**といわれる実験により例証された。この実験の手続きはいくつかあるが，ここではその一つをあげて実験の主旨を説明したい（Watkins & Tulving, 1975）。手続きは**表 10.1** に述べられているが，以下の手順で実験が行われた。表のリスト，1，2，3はいずれも手がかり語とターゲットの対から構成されるリストである。

(1) まずはじめにリスト1の手がかり再生を行う。
(2) 次にリスト2の手がかり再生を行う。
(3) 次にリスト3が提示される。この段階から実験の主要な部分に入る。
(4) このリストのターゲットと強い連想関係にある単語が提示され，参加者はその単語の自由連想を行う。連想した単語の中にはリスト3のターゲットが含まれる可能性が高い。
(5b) 用紙が配付されてリスト3のターゲットと判断される項目に丸印をつける。言い換えるとリスト3の再認のテストが行われる。
(5c) 再認の確信度を評定する。

表10.1 再認の失敗の基本的な実験型 (Watkins & Tulving, 1975)		
段階	手続き	例
1a	リスト1の提示	badge——BUTTON
1b	リスト1の手がかり再生	badge——button
2a	リスト2の提示	preach——RANT
2b	リスト2の手がかり再生	preach——rant
3	リスト3の提示	glue——CHAIR
4a	自由連想のための刺激の提示	table
4b	自由連想	table chair cloth desk dinner
5a	再認のテスト用紙の配布	DESK TOP CHAIR
5b	リスト3の項目を丸で囲む	DESK⓪TOP⓪CHAIR
5c	丸印をつけた項目の確信度の評定	DESK⓪TOP⓪CHAIR
5d	丸印をつけた項目の手がかり語の再生	DESK⓪TOP⓪CHAIR
6	リスト3の手がかり再生	glue——chair

(5d) 丸印をつけた項目の手がかり語を再生する。
(6) 実験の最後の段階として，リスト3の手がかり語が提示され，ターゲットを再生する。

　この実験の(5)の段階で，参加者はターゲットを再認できないことがあった。そのような再認できなかった単語も(6)の手がかり再生を行うと再生可能になることがあった。つまり，再認できない単語の再生が可能な場合があったのである。それは(5)の段階よりも(6)の段階のほうが学習時の文脈と検索時の文脈の一致度が高いためであるとみなされる。

　学習時にコード化された文脈と検索時の文脈がどの程度一致しているかという問題を考えてみると，再認の場合は再生の場合よりも普通は一致度が高い。しかし上の実験ではそれが逆になったのである。

10.3 文脈と記憶

学習時の状況と検索時の状況が似ている場合とそうでない場合で記憶の検索に影響があるということはいくつかの研究で指摘されてきた。

10.3.1 外的な環境手がかり

前章においてすでに環境が忘却に影響するという実験は述べた。再生と学習を同じ部屋で行うほうが部屋を変えた場合よりも再生の成績がよいことや，水中で学習したことは水中で再生するほうが陸上で再生するよりも成績がよいことを示す実験例を述べた。しかし，すでに述べたようにこの効果は必ずしも安定しておらず，環境の効果はないという実験結果もあることも考慮に入れる必要がある。

10.3.2 状態依存の検索

外的な環境のほかに，身体の状態も手がかりとなる場合があることが実験で例証されている。

1. 薬物の効果

薬物を摂取したときの身体の状態も検索に関係するという可能性が示されている。実際に少量のアルコールを飲んだときに学習したことは，少量のアルコールを飲んだときによく再生できるという有名な報告がある（Goodwin et al., 1969）。また，大麻についても同様なことが示唆されている（Eich et al., 1975）。興味深いことはこのような研究の成功した例の多くは再生のテストを利用しており，再認ではこの効果はみられにくいことである。

2. 気分と記憶

気分が記憶の文脈として働くかどうかということも興味のある問題である。ある気分のときに学習したことがそれと同じ気分のときに再生しやすいということはあるのであろうか。このような問題も実験で検討されてきた。

気分が記憶検索の手がかりとなることを示す実験がある（Eich & Metcalfe, 1989）。この実験では，学習者の気分を明るい音楽あるいは暗い音楽を聴かせ

て誘導した。学習時に明るい音楽を聴いて明るい気分になったときには，再生時に同じように明るい音楽を聴いたほうがよく再生できることが示されている。

実験に用いられた材料は単語のリストである。2つの学習条件が設定された。単語のリストを読んで覚える条件と，単語のリストを生成する条件であった。単語を生成する条件というのは，実験者が手がかり語を提示し，それに対し参加者が単語を言う条件である。この後，覚えたかあるいは生成した単語のリストの再生のテストが行われた。実験の結果，学習時と再生時に同じ気分でいると単語の再生の成績はよかった。これは**気分依存効果**（mood-dependency effect）といわれる。この効果は，単語のリストを読む条件に比べて単語のリストを生成する条件のほうが大きかった。

ただし，このような効果に否定的な研究もある。以下に述べるのは催眠で気分を変化させた例である。はじめに，参加者を幸福な気分かあるいは不幸な気分に暗示で誘導する。その状態で参加者は単語のリストを学習する。次に，その反対の気分に誘導して再生のテストを行う。たとえば，幸福な気分で学習した場合には，不幸な気分に誘導して再生のテストを行う。その後再びはじめの気分に誘導して再生のテストを行った。実験の結果気分と記憶の関係はみられなかった（Bower et al., 1978）。このような実験結果の相違は，学習時に気分がコード化できるかどうかという問題と考えることもできるであろう。

ここで述べた気分依存効果とは，中性の項目が学習時と再生時に気分が同じ場合にそうでない場合に比べて再生されやすいということであった。これと区別して学習時の気分は中性であっても学習した内容と検索時の気分が一致すると検索が促進されるということも示されてきた。たとえば，検索時に肯定的な気分であれば，肯定的な内容は再生しやすい。これは**気分一致効果**（mood-congruency effect）といわれている。検索時の気分を操作するにはいくつかの方法があるが，明るい文章や暗い文章を読むというのはその一つである。こうして検索時の気分を変える手続きをとって，気分が低下した参加者は自分の過去の肯定的な経験を思い出しにくいことを示した研究がある（Teasdale & Fogarty, 1979）。

また，暗示によって気分を操作することも試みられている。バウアーは暗示

をかけて参加者の気分を変化させて記憶を調べた。すると，幸福な気分のときには幸福な事柄を多く思い出し，不幸な気分のときには不幸な事柄をよく思い出した（Bower, 1981）。

10.3.3 記憶の中の手がかり

1週間前の夕食に食べたものを思い出すときに，食事時の様子を思い出すことが検索の手がかりとなることがある。たとえば，知人が訪ねてきて一緒に食事をしたことを思い出せば食事の内容も思い出しやすいことがあるであろう。

このことは実験でも示されている。4人の参加者に学生時代の友人の名前をできるだけたくさん思い出すように求めた実験がある。この実験は長時間かけて行われ，実際に2週間にわたり10時間にも及んだ。参加者は名前をもう思い出せないと思っても，その後また思い出すのであった。このときに参加者の発話プロトコル（記録）をとったところ，文脈をまず思い出して名前を思い出そうとしたことが示された。たとえば，理科の授業のときのことや昼食の列などを想起して友人の名前を思い出そうとした（Williams & Hollan, 1981）。

10.4 再認の過程

生成再認理論によると，再認は1段階の過程であるとみなされている。しかしその再認も2つの過程に分けることができる。

10.4.1 再認の2つの過程

道を歩いていると向こうから知人がやってくる。するとまず知っている人だという感じ，つまり親近感を感じる。それから，それが誰であるかということを思い出す。この再認における親近感と記憶の検索は区別できるということが提案されているのである。

この区別はマンドラーにより論じられている（Mandler, 1980）。彼によれば再認には最初の親近感，つまり文脈の検索を伴わない過程とその後の文脈の検索を伴う過程が含まれている。

むすび

　本章では検索に関わる要因について述べた。検索が文脈に依存するということを示す実験はいろいろあるが，そのような効果がみられない実験結果もあることは注意するべきであろう。

[参　考　図　書]

クラツキー，R. L.　箱田裕司・中溝幸夫（訳）（1982，1987）．記憶の仕組み I・II　サイエンス社
Squire, L. R.　河内十郎（訳）（1989）．記憶と脳　医学書院
タルビング，E.　太田信夫（訳）（1985）．タルビングの記憶理論　教育出版

BOX 10.1　再認の実験

　人は非常に多くの項目を再認できることが実験により示されてきた。シェパードにより行われた実験はその一つの例を示している（Shepard, 1967）。実験は強制選択法により行われた。参加者ははじめに多くの項目を見て，それから1対の項目を提示され再認のテストを受ける。テストで提示される項目の対のどちらかが以前に見た項目，すなわちターゲットである。

　実験材料としては単語，文，写真の3種類が用いられた。単語は540語で半分が使用頻度が高い語で，残りの半数は頻度が低い単語であった。単語の再認のテストのために60対の語が用意された。テストの項目は表10.2にあるように使用頻度が高い単語と低い単語を組み合わせて4種類作られた。

　文は612文，あるいは1224文が提示され，その後68対の文がテストに用いられた。また写真については，612枚のカラー写真が提示され，その後いくつかの保持時間を経た後でテストが行われた。この実験の結果は表10.2に示されている。これをみると人の再認の能力はきわめて高いことがうかがえる。とくにカラー写真についてはそのような傾向が著しい。

表10.2　シェパードの実験の結果
（Shepard，1967を一部改変）

刺激			正反応率（％）
単　語		540語	88.4
（旧）	（新）		
高頻度	高頻度		82.1
高頻度	低頻度		86.7
低頻度	高頻度		93.0
低頻度	低頻度		92.0
文		612文	89.0
		1224文	88.2
カラー写真，絵		612枚	96.7
2時間後			99.7
3日後			92.0
7日後			87.0
120日後			57.7

BOX 10.2　知っていることと覚えていること

　再認には「知っている」というカテゴリーと「覚えている」というカテゴリーがあるという指摘がある。タルビングは参加者が再認の反応を意識的なエピソード記憶の想起に基づくものと，そうでないものに分類できることを示した (Tulving, 1983)。参加者は再認を行うときに項目を「覚えている（remember）」と「知っている（know）」という2つのカテゴリーに分けることを求められた。

　「覚えている」というのはたとえば，その単語がリストのどの辺にあったとか，実験室の様子とかを覚えている再認をいう。つまり，その単語のエピソード記憶の想起を伴う再認である。一方「知っている」という判断は，前にその単語がリストにはあったということだけを覚えている場合で，リストのどの辺にあったかなどは覚えていないような再認である。別の例をあげれば，自分の名前は「知っている」というカテゴリーに入る。以前に観た映画は映画館の様子などを記憶しているときには「覚えている」というカテゴリーに入るということができる。

　このような「覚えている」という判断と「知っている」という判断は，異なる要因により影響されているということが最近指摘されるようになった。「覚えている」という判断には影響するが「知っている」という判断には影響を与えない要因がいくつか見出されている。たとえば「覚えている」という判断には処理水準や語の頻度の効果があるが，「知っている」という判断に効果がないといわれる。このような傾向はこのほかにもいくつか見出されている。またこの2つの判断と異なる効果を持つ要因も見出されている。たとえば，「覚えている」という判断に比較して「知っている」という判断は保持時間が長いということも示唆されている（Gardiner & Java, 1991）。「覚えている」判断は時間とともに成績が低下するが「知っている」という判断にはそのような傾向が認められない。

学習と思考

　私たちの学習はさまざまな形式をとって行われる。自分で経験したことを記憶して知識を蓄積する。また，本を読んだり，人から話を聞いて学ぶことも多い。そのようなことのほかに，私たちはいろいろな事象を観察して個々の事例に共通する一般性を引き出す。すなわち，いろいろな事象を観察し，一般化し，その結果として得られた規則性を知識として蓄積していく。これは私たちにとって大変重要な学習であるといえよう。私たちが自分で経験できる範囲は限られているので，その限られた範囲の事柄から一般化を行うことにより知識の幅は広がるのである。

11.1 推　理

　推理というと名探偵の推理をまず思い浮かべるかもしれないが，私たちの日常生活の判断にも推理が伴うことが多い。たとえば，ある場所に決められた時間に行かなければならないとき，遅刻しないように交通機関の時間などを考慮して何時ごろに家を出れば間に合うという推測を行うのは珍しいことではない。これは，約束の時間，および交通機関にかかる時間を前提として，家を出る時間を結論と考えれば，前提から結論を導く一種の推理であるといえよう。私たちの推理は普通，極めて複雑な日常生活の習慣，人間関係，その他の知識などに関連している。そのためかなり複雑である。推理は，一般に2通りに分けて考えられる。演繹推理と帰納推理である。本章では推理（reasoning）という用語を用いるが，推論（inference）という用語が用いられる場合のほうが多いかもしれない。

11.1.1　演繹推理

　「松は木である」という情報と「木は植物である」という情報があれば，松

を知らない人でも「松は植物である」ということは容易に推測できる。この場合は「松は木である」と「木は植物である」という前提は，「松は植物である」という結論の内容を含んでいる。

　ある人が「図書館の本をたくさん読んだ」と言ったとき，その図書館には小説しかないということがわかっていれば，その人はたくさん小説を読んだなと思う。これは**演繹推理**の一例である。「彼はたくさん小説を読んだ」という上の推理の結論は，すでに「図書館の本をたくさん読んだ」「その図書館には小説しかない」という前提の中に含まれている。正しい演繹推理においては，結論に含まれる情報はすべて前提の中に提示される。

　私たちに身近な演繹推理の一つの形式は条件推理である。先生が「50点以上とれば合格です」と言ったとしよう。もし自分の答案が55点であれば，自分は合格したのだとわかる。これは条件推理と考えることができる。

11.1.2　帰納推理

　帰納推理とは，個別的な事柄から一般的な結論を引き出す推理である。ある店でいくつか買い物をしたら，それらはみな良質のものであったとしよう。そのことから，その店の品物はすべて良質であると考えてしまうことがある。これはその店で買った限られた品物から，その店の品物すべてに及ぶ一般化をすることになるが，このような推理を**帰納推理**という。帰納推理においては前提にない新しい情報が結論につけ加えられる。そして推理が正しいかどうかは，前提からどれだけ高い確率で結論が引き出せるかということにかかっている。上の例では，その店にあるものを少ししか買っていなければ質の悪いものがある可能性が少なからず残るので，推理の正確さは低くなる。

　帰納推理は，私たちに身近なものであると同時に研究においても重要な役割を果たしている。たとえば，心理学の研究も帰納的である。大学生に質問紙調査を行い研究の資料とすることが多いが，その結果を調査に参加した大学生だけでなく大学生一般に当てはめるのは帰納推理の一例である。

11.2 帰納推理と学習

　帰納推理は個別的な事柄から一般的な結論を引き出そうとするもので，私たちは帰納推理により多くの知識を獲得している。子どもは成長する過程で身の回りの事柄について，自分の経験から知識を得ていく。私たちも外国に旅行すると，その国について多くの知識を得ることができるが，このような知識の獲得に帰納推理の果たす役割は大きい。また日常の生活においても，帰納推理による学習の例をあげることはたやすい。コンピュータの操作を学習する場合を考えてみよう。手順がわからないときに試しにあるキーを押してみる。そしてそれがうまくいけば，次から同じ事態でそのキーを押せばいいことがわかる。このような帰納推理による学習を**帰納による学習**ということにしよう。

　帰納による学習は必ずしも正しくない場合がある。殿様が鷹狩りに目黒に来て，そこで食べたサンマがおいしかったので，「サンマは目黒に限る」といったという落語がある。このような極端な例ではないにしても，帰納推理には誤りが混入する余地があるのである。緑色のピーマンだけを食べていると，ピーマンはすべて緑色をしていると思ってしまう。コンピュータの操作についても，そのときはうまくいったが次にはその操作は有効ではないということがある。

　本章では，以下に帰納による学習の例として実験研究が行われてきた問題をいくつかとりあげたい。

11.2.1 概念の学習

　イヌには大きいのもいれば小さいのもいる。また形や色もかなりさまざまである。しかし，私たちはそれらをイヌとして，1つのグループにまとめている。すなわち，それらはイヌというカテゴリーのメンバーであるとみなされる。

　いろいろなものをグループにまとめるということは，私たちの知識を体系づけるうえで基本的に重要な事柄である。このような事物のグループ化は**カテゴリー化**といわれ，そしてそれぞれのグループは**カテゴリー**とよばれる。私たちは個々の事物を見たときに，それらをあるカテゴリーに属する事例として見ている。カテゴリーはイヌやリンゴなどの具体的な対象に限られない。「親切」

「不親切」など無形のものなどを含めればきりがない。カテゴリーがあることにより私たちの知識は整理される。また，カテゴリー化はものを考えたり，ほかの人に自分の考えを伝えたりするときに大きな役割を果たすのである。

概念（concept）という用語は人により定義が異なる。ここで述べたカテゴリーと同じ意味で用いられることもあるが，本書では，あるカテゴリーのメンバーとそうでないものを分けるルールという意味で用いることにしたい。カテゴリーの学習は従来，**概念形成**（concept formation）ともよばれてきた。**概念学習**（concept learning）ともいうこともできる。

このようなカテゴリーの学習は帰納による学習の一つの例を示している。たとえば，イヌとはどのようなものか，つまり何がイヌというカテゴリーに入り，何が入らないかということは，子どものころから個々の身近な動物がイヌかそうでないかということを経験しながら学習する。多くのカテゴリーについての知識は成長の過程で習得されるが，大人になってからもカテゴリーの学習を行っている。病気を例にとって考えてみよう。病気の症状は時には複雑で，一義的に症状が決まっていないこともある。つまり，同じ病気でも症状がまったく同じであるとは限らない。症状からある病気であると診断されたとしよう。すると次に同じような症状が出た場合には，同じ病気であると考えることが多い。

概念学習はかなり以前から実験的な研究が行われている。概念の学習は，刺激を共通の特徴を持つものとそうでないものに分類するという課題を通して観察されてきた。もっとも初期の実験は行動主義者ハル（Hull, C. L.；1884-1952）によって行われた。

1. ハルの実験

概念形成の実験的研究をはじめて行ったのは行動主義の理論家として知られるアメリカの心理学者ハルであった（Hull, 1920）。彼は漢字を材料として用い，カテゴリーは偏(へん)または旁(つくり)の共通するもので構成された。実験に先立って同じ偏または旁を持つ漢字に共通の名前をつけておく。

実験では多くの漢字のリストを提示し，参加者にその漢字のカテゴリーの名前を言うことを求める。そして，その後で正しい名前を教える。これを繰り返して行った結果，参加者は新しい漢字の名前を正しく答えることができるよう

図 11.1 ハルが概念形成の実験に用いた刺激（Hull, 1920）

になった。同じ偏または旁の漢字が提示されたときに同じ名前を言うことができればカテゴリーは形成されたとみなされた。なお，用いられた刺激は**図11.1**に示した。

　ハルは偏や旁などの特徴が漢字の名前と連合することによりカテゴリーの学習が生じると考えた。連合強度の増大という枠組みでカテゴリーの学習を理解しようとしたのである。参加者は正しい反応をしながらも，しばしば何が手がかりになっているのかを答えることができなかった。

2. 仮説検証

　刺激を分類する学習，すなわち概念学習の時代を画した研究として知られるのはブルナーらの実験である（Bruner et al., 1956）。この研究はこうした分類学習における参加者のストラテジー（方略）を問題にすることにより，認知心理学の発展に大きな寄与をした。

　実験に用いられた材料は**図 11.2**に示されるような図形のカードである。カ

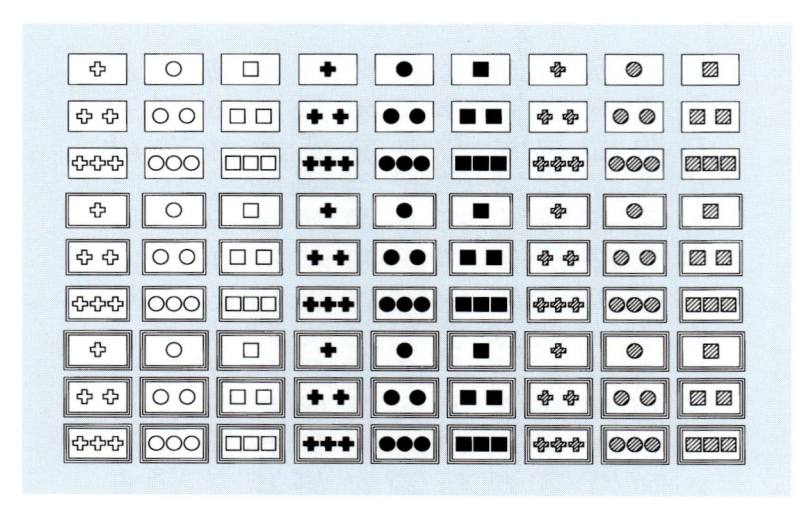

図 11.2　ブルナーらの実験で用いられた刺激（Bruner et al., 1956）

ードは枠の数，図形，図形の色，図形の数の4つがそれぞれ3通りに変わるように作られている。すなわち，枠（1，2，3本），図形の形（円，正方形，十字），図形の色（赤，緑，黒），図形の数（1，2，3）をすべて組み合わせて81枚のカードが用意された。

　実験者は，あらかじめこのようなカードのうちの部分集合を指定するルール，つまり概念を用意する。たとえば「赤い図形」という概念の場合には，このカードの中で図形の形や枠の数にかかわりなく赤いカードすべてが当てはまる。また「枠が2重で円の図形」という属性の組合せの概念も考えられる。参加者ははじめはこの概念については知らされていない。そして，一枚一枚のカードについてそれが概念に当てはまるかどうかを実験者から聞きながら，実験者があらかじめ想定している概念を見出すのが課題である。

　このような実験を行ってブルナーらは，この種の実験ではハルが述べたように，学習は連合の強度が強められて進行するのではなく，参加者が概念に関する仮説を立てそれを検証することによって概念に到達することを示した

(Bruner et al., 1956)。このような共通の特徴を持つ刺激の分類としての概念学習の研究は，その後さまざまな刺激を用いて行われた。この実験は概念達成，あるいは概念識別の実験ともいわれる。

11.2.2　自然概念の性質

　上で述べた実験では，概念は図形の数や形によって規定されていた。しかし，実験で検討された概念は，イヌやリンゴのような身近な概念とは異なるということが指摘されるようになった。このような考え方に大きな影響を与えたのはロッシュであった（Rosch, 1973）。概念学習の実験で扱われたカテゴリーはいずれも特徴によって明確に定義することができるものであった。しかし，身の回りのカテゴリーはそのような特徴により規定できない場合が多い。たとえば，机というカテゴリーを考えてみてもそのことは明らかである。木の机もあれば，金属の机もあるから材料で規定はできない。また，おもちゃの机もあるわけであるから，大きさによる規定もできない。ミカン箱も机になるということを考えれば，形によっても規定できないであろう。

　さらに，身近なカテゴリーには典型的なメンバーとそうでないものがあることも考慮に入れなければならない。鳥の名前をあげるようにいわれると，スズメや自分の知っている野鳥は比較的思い出しやすいであろうが，ダチョウやヒヨコはなかなか思いつかない。鳥のカテゴリーについて考えるとスズメは典型的なメンバーであるが，ヒヨコやダチョウはそうではない。さらに概念の境界も明確でない場合もある。たとえば，野菜と果物のカテゴリーの境界は，少なくとも日常生活のレベルにおいては明確ではない。ロッシュはこのような考え方を推し進めた有力な人である。表 11.1 に多くのカテゴリーについてロッシュの調べた典型性の評定値を示した（Rosch, 1975）。

11.2.3　プロトタイプと範例

　ある対象がどのカテゴリーに属しているか，という判断はどのような手がかりによるのであろうか。概念学習の実験で用いられた図形により構成されたカテゴリーの場合には，あらかじめ定められた規定を満たしているかどうかを判

表 11.1　カテゴリーの当てはまりのよさの評定
(Rosch, 1975)

家　具		鳥	
イス	1.04	コマドリ	1.02
本棚	2.15	ミソサザイ	1.64
ピアノ	3.64	ダチョウ	4.12
果　物		乗り物	
オレンジ	1.07	自動車	1.24
スイカ	2.39	ボート	2.75
トマト	5.58	イカダ	4.37
スポーツ		野　菜	
フットボール	1.03	ニンジン	1.15
ホッケー	1.44	ホーレン草	1.22
ハイキング	3.50	パセリ	3.32

7件法で参加者がカテゴリーの当てはまりのよさを評定した結果。数字が少ないほうがよく当てはまることを示す。

断すればいいであろう。たとえば「赤い図形」という概念であれば，対象が赤い図形であればそのカテゴリーに含まれ，そうでなければそのカテゴリーの事例ではないと考えればよい。

　上にも述べたように，身の回りのカテゴリーについては，ある特徴を満たしていればそのカテゴリーのメンバーであるという規則がはっきりしない場合が多い。たとえば，ある新しい果物が，どのような特徴を備えていればリンゴのカテゴリーに属するかという明確な判断規準を私たちは持っているとはいえない。

　それでは何を規準として，あるカテゴリーの事例であるかそうでないかを判断しているのであろうか。言い換えると，この問題は概念の学習の過程で学習されたものは何であろうかという問題になる。この問題についてはいくつか理論があるが，ここでは2つの主要な考え方を述べよう。

BOX 11.1　メンタル・モデル

　7章で私たちの記憶や知識の表現（表象）に命題を用いる考えがあるということを述べた（p.128参照）。一方，メンタル・モデルを用いて知識を表現するアプローチもある。この考え方によると私たちは環境世界のモデル，すなわちメンタル・モデルを心の中に構成する。このモデルはもちろん世界を単純化したものであり詳細は含んでいない。このようないわば作業モデルにより私たちは言語や身の回りの世界の状況を理解できると考えるのである。たとえば，私たちは小説を読むと場面の進行状況や空間的構成を思い浮かべることができるが，これは一種のメンタル・モデルに当たるものと考えることもできる。

　メンタル・モデルの考え方によると，文章を理解するのに命題による表現（表象）だけでは不十分である。命題による表現では指示対象を十分表現することができない。指示対象の理解には，文章の背景にある私たちの持つ知識が必要である。また文章の理解には読者の意図も関与するであろうが，このような面も命題では十分表現されないと考える。メンタル・モデルの提案者の一人であるジョンソン-レアードによると，文章の理解にはまず命題の表現が行われた後にメンタル・モデルが構成されなければならない（Johnson-Laird, 1983）。

1. プロトタイプ理論

　カテゴリーの学習が行われると，そのカテゴリーの事例の平均的な事例が習得されるという考え方がある。このような考え方はプロトタイプ理論といわれる。カテゴリーの事例の平均または典型はプロトタイプ（prototype）といわれる。この考え方によると，ある事例があるカテゴリーに属するかどうかは，すでに知識として持っているそのカテゴリーのプロトタイプと比較して判断される。

　カテゴリーの学習の実験においては，典型的な事例はカテゴリーの判断を行いやすいということが示されている。プロトタイプ理論はこのような実験の結果を説明するのに有力である。プロトタイプ理論の問題点は，場合によってはプロトタイプからかなり離れる特殊な事例がカテゴリーに含まれることがあるということである。このような場合には，人はプロトタイプを記憶していて新

しい刺激をそのプロトタイプと比較してカテゴリーの判断を行うという考え方は説得力が弱い。

プロトタイプ理論と類似した理論にレスコーラとワグナーの理論（2.6.3 参照）を拡張したネットワーク理論もある（Gluck & Bower, 1988）。

2. 範例理論

あるカテゴリーを学習するということは，そのカテゴリーの個々の事例を学習することであると考える理論もある。たとえば，リンゴというカテゴリーはそれを構成する個々のリンゴにより定義される。この考え方によると，ある刺激があるカテゴリーに属するかどうかという判断，すなわちカテゴリー判断はそのカテゴリーの記憶されている個々の事例とその刺激を照合することによって行われる。たとえば，ある果物がリンゴかどうか判断するのは，記憶しているすべてのリンゴと新しい果物を比較して判断する。この考え方は，そもそもカテゴリーを考えない立場であるともいえるであろう。このような考え方は，<u>範例理論</u>（exemplar model），ないし事例理論といわれる。

範例理論は，多くのカテゴリーの実験の結果を説明することができるとされている。たとえば，ある事例があるカテゴリーに属しているかどうかの判断を行う場合に，典型的な事例はカテゴリーの判断を行いやすいという結果が一般にみられる。これはプロトタイプ理論によると容易に説明されるのであるが，範例理論ではどのようにして，説明されるのであろうか。

典型的な事例は記憶されているそのカテゴリーの事例と共有する特徴が多い。範例理論では，カテゴリー判断は記憶にある事例と当該の項目を比較して行われる。それにより，そのカテゴリーの事例と共有する特徴を多く持つ項目はカテゴリー判断を行いやすい。したがって，典型的な事例はカテゴリー判断が容易であるとするのである。ところで，ここではカテゴリー判断の 2 つの考え方についてふれたが，この考え方を混合した理論もある。

11.2.4 知識の役割

一般に，個々の事例から一般化を行う場合には，私たちは身の回りの事柄についての知識を用いている。以下の文章はこのことを示している。

「新しく発見された島を探検している自分を想像してみる。新種の鳥，シュリーブルを3羽発見した。それらは皆青かった。このことから「シュリーブルは皆青い」ということをどの程度確信を持って言えるだろうか。これをフローリディウムという新しい金属を3個見つけた場合と比較してみよう。これらは皆熱すると青い炎を出した。「すべてのフローリディウムは青い炎を出して燃える」という一般化と，先の「シュリーブルはすべて青い」という一般化とどちらをより確信を持って言えるだろうか。第3のケースを考える。3羽のシュリーブルはバオバオの葉を巣の材料に用いていた。そこで，「すべてのシュリーブルはバオバオの葉を巣の材料に用いる」と考えることができるであろうか。

ほとんどの人は，シュリーブルの一般化よりもフローリディウムの一般化に確信度が高いであろう。そして，シュリーブルがバオバオの葉を巣作りに使うということよりも色が青いという一般化のほうが確信度が高いであろう」(Thagard & Nisbett, 1982)。

上の例は，個々の事例から一般化を行う場合に同じ特徴を持つ事例の数だけで一般化が規定されているわけではないことをわかりやすく示している。一般化には私たちの知識が関わるのである。上の例では，一般化は私たちの金属および鳥についての知識により支えられている。

11.2.5 因果関係の学習

おなかをこわしたときに，直前に食べたものを思い出して，何がよくなかったかその原因を判断する。そして，それ以後は原因になったと思われる食べ物を食べないように気をつけるということは珍しいことではない。**因果関係**を帰納的に学習するということは身近な事柄である。

たとえば，ある伝染病が流行したとしよう。そして，ある食品がその原因であるという可能性が出てきた。それが原因であるのかどうかを判断するためには以下のような4種の資料を検討する必要がある。

(1) その食品を食べて伝染病になった人の数。
(2) その食品を食べたが伝染病にならなかった人の数。

(3) その食品を食べなかったが伝染病になった人の数。
(4) その食品を食べず，伝染病にもかからなかった人の数。

　この(1)から(4)までの数の比率がどのようなときに，因果性の判断が生じやすいかということは，架空の事態を設定して実験的に検討されている。また，このような判断についてのモデルも提案されている（Anderson & Sheu, 1995；Schustuck & Sternberg, 1981）。

　以下に実験の一例をあげておくことにしよう。薬物とその副作用についての因果性の帰納の実験である。上に述べた病気の場合と同じように薬の副作用について

(1) 薬を飲んで副作用があった。
(2) 薬を飲んで副作用がなかった。

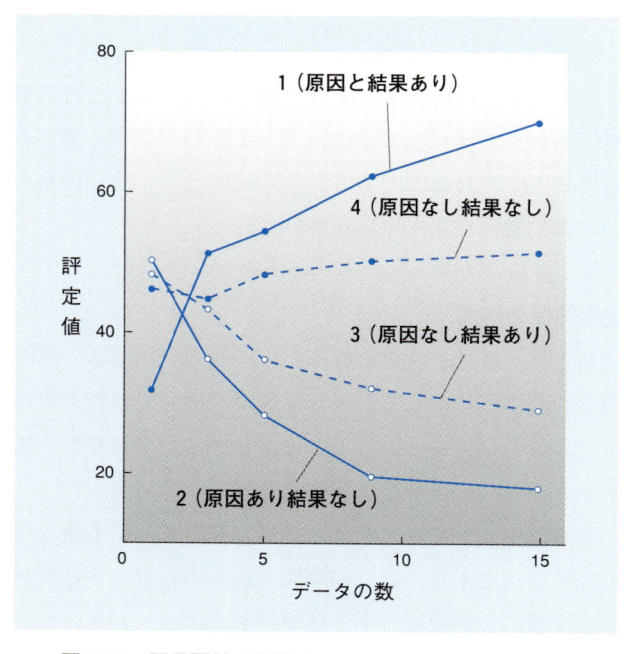

図 11.3　因果関係の実験（Anderson & Sheu, 1995）

(3) 薬を飲まなかったが副作用が出た。
(4) 薬を飲まず，副作用もなかった。
の4種のデータがある。この4種のデータの数を操作して提示し，その後で1〜100の値で薬が副作用の原因であるという評定を求めた。データの操作は(1)から(4)の4項目のうち3項目を一定にして，1項目を1〜15の範囲で値を変化させた。

この結果が図 11.3 に示されている。それぞれの曲線は要因を変化させたときの評定値の変化を表す。たとえば，薬を飲んで副作用が出たという人の数を，1，3，5と増やしていくと評定値が上がることがみられる（Anderson & Sheu, 1995）。

11.3 類推

同じ血液型の人が2人いるとする。その人の性格についてはわからないが，血液型が同じだから性格も似ているだろうと考えることがある。このように，似ている2つのものについて，片方がある性質を持っているが，もう一方がその性質を持っているかどうかわからないようなときがある。このようなときに，私たちはほかの類似性からその性質も片方が持っていれば他方も持っているだろうと推理することがある。このような推理を類推（analogy）という。たとえば，薬物の効果を動物実験により調べ，それを人間の場合に当てはめるのは類推の例である。動物と人間は生理的に似ているので，薬物の効果についても共通な面があると考えるのである。このような類推は帰納推理の一つである。

類推は比較されるものがどのくらい似ているか，とくに問題となる性質に関わる点でどの程度似ているかということにより有効性が異なる。あまり似ていないものについて比較し，類推を行ってもそれは不完全な推理にすぎない。性格が似ているかどうかを判断するときに，血液型の類推の例を述べたが，たとえば生まれた月が同じだから性格が似ているのではないかと考えることもできるであろう。

電流を理解するときに水流の類推を用いることがある。また，群衆の流れが

用いられることもある。このような類推の違いについては実験的に検討されている。まず単純な電気回路を利用して問題が作られた。行われた実験の中からここでは抵抗の配列の問題をとりあげよう。問題は2つの抵抗を直列につないだ場合と並列につないだ場合に，抵抗が1つの場合に比べて電流の変化がどのようになるかという問題であった。この問題は直列の場合は理解しやすいが，並列の場合は電流は増えるので直観的には理解しにくい。

　2群の参加者がこの問題を解いた。片方の群は，電流のモデルとして群衆の動きを提示された。抵抗は人の流れをせき止めるゲートであると考える。ゲートが直列に2つつなげられると人の流れは少なくなる。しかし，ゲートが2つ並列になると，人の流れは分散するので，ゲートが1つの場合よりも流れはスムーズになるはずであるという予想が立てられた。

　別の群の参加者は水道管を流れる水のモデルを提示された。抵抗は水道管の細い部分にあたる。この場合は水道管の細い部分が2つになると，直列の場合も並列の場合も参加者は水の流れは悪くなると考えると予想された。実際に群衆の動きの類推を用いた参加者のほうがこの抵抗の配列の問題を正しく理解した（Gentner & Gentner, 1983）。

　類推は知識の習得において重要な役割を果たしている。たとえば，はじめて見る種類のものであっても，リンゴと言われればどのようなものか推測ができる。すなわち，食べてみなくてもある程度の判断を行うことができる。これは同じカテゴリーのメンバーの持つ共通性から可能になるので，カテゴリーからの類推ということができる。

　カテゴリーからの類推は，就学前の子どもを対象とした実験でも示されている（Gelman & Markman, 1986）。以下のような実験が行われた。材料として3枚一組の絵を用意する（図11.4）。たとえば，熱帯魚，イルカ，サメの絵を用意する。この一組の絵は以下のように構成されている。2枚の絵は同じカテゴリーのメンバーから構成されている。しかし，カテゴリーは同じであるが見かけは異なる。そしてこのうちの1枚は，カテゴリーが異なる3枚目の絵と見かけが似ているように作られている。上の例では，熱帯魚とサメは同じカテゴリーであるが見かけはあまり似ていない。カテゴリーが異なるイルカとサメの

図 11.4 カテゴリーによる類推の実験に用いられた図
(Gelman & Markman, 1986)

ほうが外観は似ている。

4歳の子どもにこのような3枚の絵を見せる。そして，熱帯魚に「魚」，イルカに「イルカ」，サメに「魚」と名前をつける。この後，まず実験者は熱帯魚の絵を指して「この魚は水の中で呼吸します」と言う。次に，イルカの絵を指し「このイルカは水の上に出て呼吸します」と言う。そして，サメの絵を指し「これはこの魚（熱帯魚）のように水の中で呼吸しますか，それともイルカのように水の上に出て呼吸しますか」という質問を行う。このような手続きを20組の絵について行った。

この実験においては，見かけによる推理を行った場合には，サメは「水から出て呼吸する」という答えになるが，カテゴリーによる推理が行われると「水の中で呼吸する」という答えになる。結果をみると70％近い割合でカテゴリーによる推理がみられた。

1. 類推と問題解決

数学の問題を解くときに，その問題が前に解いたことのある問題と似ているとその解法を当てはめると解けることがある。これは，類推による問題解決の例である。類推が問題解決を促進することはいくつかの実験で示されてきた。問題解決と類推に関するよく知られた実験がある（Gick & Holyoak, 1980）。

この実験で用いられた問題はドゥンカーの考案した放射線問題である。これ

は有名な問題で，解くのは難しいと考えられている。以下にその問題を示す。

「胃に悪性の腫瘍(しゅよう)ができている患者の治療をしなければならない。腫瘍を治療しないと患者は死ぬが，手術はできない。放射線を腫瘍にあてると治療できるが，放射線が強いと腫瘍に届くまでに途中の健康な組織を破壊してしまう。放射線が弱いと，健康な組織に影響はないけれども腫瘍も治療することはできない。この放射線を使って腫瘍の治療をし，同時に健康な組織に害を与えないようにするにはどうしたらよいか」

問題に先立って実験者は，次のような物語を読んで要約するように求めた。

「独裁者がある小国を支配するようになった。独裁者のいる堅固な要塞はその国の中央にあり，そのまわりは農地や村があった。そして多くの道が要塞から放射状に延びていた。

この国を独裁者から自由にするために，ある将軍が大軍を率いて国境まで来た。全軍で同時に攻撃をすれば，要塞は陥落することはわかっていた。彼は要塞へと続く道に，攻撃の用意をして軍隊を待機させた。しかし，独裁者がそれぞれの道に地雷をしかけたという情報が届けられた。独裁者は自分の軍隊や労働者が要塞と村の間を移動することができるように，その地雷は少人数で通るかぎりは安全なように設定していた。

人数が多いと地雷は爆発するので，要塞に攻め込むのは不可能であるように思われた。しかし，将軍はひるまなかった。彼は軍隊を小集団に分け，それぞれ別々の道へと派遣した。準備がすむと，彼の合図の下に各集団は進軍し，地雷の上を安全に通過して要塞を全軍で攻撃した。こうして将軍は要塞を占領し，独裁者を倒すことができた」（以上の2つの文章は，Gick & Holyoak, 1980 から引用した）

参加者はこの物語を読んだ後で，それをヒントとして使って放射線の問題を解くように言われた。すると，多くの人が物語の内容と放射線問題の類似性に

気づき，物語の中の将軍の作戦を利用して問題を解くことができた。答えは，弱い放射線を腫瘍のところで交差するようにいろいろな方向から照射するというものであった。

　類推は問題解決に有用ではあるが，類推が当てはまることに気づきにくい。上の問題でも，それを利用するようにというヒントを与えないと正解者の数は少なくなったのである。

むすび

　推理，概念形成，問題解決は高度な学習であるといえるであろう。本章ではこのような学習を対象としている。ただし，推理および概念形成についてはふれたが，問題解決は扱うことができなかった。問題を解決することにより，事態に対処していくことを学ぶという意味で問題解決は重要な学習である。関心のある方は以下の参考図書などを参考にしていただきたい。

[参 考 図 書]
安西祐一郎（1985）．問題解決の心理学　中央公論社
市川伸一（編）（1996）．認知心理学4　思考　東京大学出版会
中島秀之・高野陽太郎・伊藤正男（1994）．認知科学8　思考　岩波書店
波多野誼余夫（編）（1996）．認知心理学5　学習と発達　東京大学出版会
ホランド，J. H.・ホリオーク，K. J.・ニスベット，R. E.　市川伸一ら（訳）（1991）．
　　インダクション　新曜社

技能

スポーツの練習をするとはじめは難しかったこともだんだんできるようになっていく。技能（skill）とは普通このような練習を通して習得される行動様式をいう。楽器の演奏の技能なども身近な例であろう。本章でとりあげる技能はかなり広い意味で用いられている。それは専門家の特殊な技術だけを指すのではない。むしろ日常生活のさまざまな活動においてみられる技能を対象としている。話をしたり、字を書いたり、料理を作ったり、掃除をしたり、素早く計算をしたりすることは身近な技能である。

12.1 技能の学習

自転車に乗ったり楽器の練習をしたりする場合には、運動の熟練が重要な要素となる。もちろん自転車の仕組みについての理解や、音楽に関する知識があると上達を促進するであろうが、それだけでは技能習得の役に立たない。むしろ、練習により手や体の動きが熟練したものへと変わっていくことが主要な課題である。このような技能を運動技能（motor skill）という。そして、この技能の学習は運動学習、ないしは知覚運動学習といわれることもある。運動技能の研究は古くから関心を引いていた。最初の複雑な運動技能の研究は19世紀の終わりに行われた電信の技術の学習の研究であった（Bryan & Harter, 1897）。電信は当時コミュニケーションの手段としてよく利用されていた。

技能には、運動よりも認知的な側面が重要なものもある。将棋や囲碁の技能を習得すると、盤上の配置を見て次の手を素早く判断することができるようになる。このような技能においては、運動はあまり重要な要因ではない。数学の問題を見て素早く解き方を見出す技能もこの種の技能の例である。この知的な側面が重視される技能は認知技能（cognitive skill）といわれる。

また観察を重ねることにより弁別能力が高まることがある。このような技能

を**知覚技能**（perceptual skill）という。

普通は技能において，上に述べた運動技能，認知技能，知覚技能は分離できないことが多い。スポーツを考えてみても，上達するためには運動の習熟が必要であるが，知的な側面もかなり関与する。自動車の運転を考えてみても，地理に関する知識，状況判断などは技能の重要な一部である。

技能の学習は一般に3段階に分けることができる。すなわち，はじめに課題がどのようなものであるか知らなくてはならない。すなわち，最初に**認知の段階**がある。次に，**連合の段階**に入る。この段階では練習により遂行の誤りは減少し，また遂行の速度は増す。そして，3番目の**自律の段階**に入ると正しい反応がスムーズに行われるようになる。いわば反応が自動的に行われるようになる。この段階になると遂行の誤りはなくなり，素早く反応が行われるようになる（Fitts, 1964）。この3段階に分ける考え方は運動技能だけではなく，認知技能にも当てはまると考えられている。

12.2 運動技能

運動技能の身近な例であるスポーツは一般に2つに分けることができる。たとえば，砲丸投げの場合には1回の投擲（とうてき）で課題は完了する。すなわち，投げるという一連の動作が終わるとその課題は終了する。一方でサッカーの場合には，ボールを蹴る，あるいはヘディングをするというような個々の動作で区切ることはできない。次から次へと連続的に動作は進行していく。砲丸投げのような課題は**離散課題**，サッカーのような課題は**連続課題**として区別される。連続課題の例としては自動車の運転なども身近な例である。

12.2.1　学習の3段階

先にもふれたが，運動技能は3つの段階を踏んで習得されると考えられている。認知の段階，連合の段階，および自律の段階である。

1. 認知の段階

技能学習においては学習者はまず課題についての知識を得ることから始める。

スポーツの場合は初心者は教示を受けたり，実際に選手の動作などを見てそのスポーツについての知識を得る。たとえば，テニスでボールを打つのにどのように腕を振ったらよいか，というような基本的な知識を得るのは最初の段階である。

2. 連合の段階

　練習の初期においては動きはスピードが遅くまたぎこちない。学習者は一つ一つの動作を行うごとに視覚的にその結果を確かめて次の動作に移り，そしてその結果を確かめる。練習を行うときに重要なことは行動のフィードバックである。フィードバックは大きく2種類に分けることができる。動作を行うごとに筋肉からフィードバックが与えられるが，このようなフィードバックを**内的フィードバック**ということにする。また，自分の行った動作が目標の動作とどのように違っているかという情報は**外的フィードバック**ということにしよう。これは以下に述べるように結果の知識ともいわれる。

①結果の知識の役割

　自分の行動が目標の行動とどの程度異なっているかという情報は**結果の知識**（knowledge of result；KR）といわれて技能の習得に大きな役割を果たしている。

　一般にスポーツなどにおいては，このようなフィードバックを利用しながら技能の学習を行っている。たとえば，野球の投手の技能を例にとってみよう。投手はボールを投げ，自分の今投げたボールがストライクであるか，そうでないか，あるいは自分が投げようとしたところに入っているか，球質は思うようにいったか，などのフィードバックを得ることができる。そのようなフィードバックが結果の知識である。

　結果の知識の重要性は，それを制限すると技能学習が妨げられるという実験で示されてきた。結果の知識は2つに分けることができる。動作が正しい動作であったか，誤りだったかということだけに関するフィードバックは**質的な結果の知識**といわれる。また，動作がどの程度目標と異なるかということに関するフィードバックは**量的な結果の知識**といって区別することができる。野球の例ではボールがストライクだったかそうでなかったかというフィードバックは

質的な結果の知識で，ボールの投げられたコースについてのフィードバックは量的な結果の知識ということもできるであろう。

技能の学習におけるフィードバックの重要性は古くから指摘されていた。問題箱の実験で知られるソーンダイクの 1927 年の研究はその一つであった。彼は目隠しをして，3 インチの線を描くという課題を用いて，フィードバックの重要性を実験的に示した。この時代には，フィードバックは学習における正の強化子の効果を持つと考えられた。その後もフィードバックの重要性を示す研究は行われてきた（Bilodeau & Bilodeau, 1958）。

フィードバックの与え方は技能の保持に関係があるようである。試行の度に結果の知識を与える条件と，結果の知識を与えない試行をときどき入れる条件を比べると，学習の段階では差はみられないが，長期の保持をみると毎回情報を与えたほうがかえって不利になるということも示されている。以下のような実験が行われた（Winstein & Schmidt, 1990）。課題は軸にとりつけられたレバーをある決められたパターンで回転するというものであった。参加者は 2 グループで，片方は練習において毎試行結果の知識を与えられた。また他方のグループは 2 回に 1 回の割合で結果の知識を与えられた。学習期が終了してからテストが 2 回行われた。1 回目は 5 分後に，また 2 回目は 24 時間後に行われた。学習の経過をみると，両グループに差はみられなかったが，24 時間後のテストをみると結果の知識を毎回与えられたほうが誤りが多かった。

この一見理解しにくい結果は，結果の知識の**ガイダンス仮説**（Salmoni et al., 1984）によって説明できるとみなされた。ガイダンス仮説によれば，運動学習のフィードバックの役割には 2 つの対立する過程が関わっている。一つは，フィードバックは学習者に誤りの修正のための情報を提供し動機づけるという，学習者をガイドするプラスの効果を持つ。2 番目に，フィードバックはマイナスの効果を持つ。それは，学習者はそのガイドと動機づけを利用し続け，それに依存してしまう可能性をもたらす。上の結果は，毎回フィードバックが与えられたことによりそれに依存し，反応により生じる内的なフィードバックをなおざりにしてしまった結果であると考えることができる。

②結果の知識の遅延

結果の知識は，通常は動作の直後に与えられる。もし，これが遅れた場合には学習に影響が出ると予想されるであろう。課題にもよるのであろうが，離散課題（p.211 参照）においては遅延は重要な要因とは考えられていない。結果の知識をある範囲で遅らせても，学習には影響がないということを示す実験があるのである。ただし，これは離散課題に限られている。連続課題においては，当然予想されることであるが，フィードバックの遅れは一般に技能学習の決定的な障害となる。

結果の知識の遅延の効果を調べた古典的な研究に以下のようなものがある。ボールを後ろ向きに，見えない目標に向かって投げるという課題を用いて，結果の知識の遅延が検討された。目標は参加者からは見えない直径 32 インチの円であり，その中に同心円が描かれている。参加者は自分の動作の量的な結果の知識を与えられた。結果の知識は動作の直後および 1 秒〜 6 秒後に与えられたが，遅延の効果はなかった。つまり遅延は学習を遅らせることはなかった。

この傾向は遅延が次の試行に移る前に挿入される場合に限られる。次の試行を行ってから，1 つ前の試行に関する情報を与えられても，それはあまり役に立たない。上の課題でも，一度ボールを投げてから時間を遅らせてフィードバックを与えるのではなく，次の試行を行ってから 1 つ前の試行のフィードバックを与えるようにすると学習は生じなかった（Lorge & Thorndike, 1935）。

この実験では 1 つ以上前の試行のフィードバックを与える，つまりフィードバックをずらして与えると学習ができないということが示された。しかし一般的にはフィードバックのずれは学習に不利にはなるが，学習を不可能にするのではないと考えられる。

フィードバックの遅延に関しては，遅延の間に行われる情報処理が技能学習に影響することも示唆されている。次のような実験がある。決められた時間の間だけ遂行を行う課題，すなわちちょうど 1 秒間だけスライドをあるパターンで動かす課題が課せられた。参加者の課題は 1 秒になるべく近い時間遂行を行うことである。このための装置が図 12.1 に示されている。遂行の後，遅延時間をおいて結果の知識を与えられた。参加者は遅延時間中の課題により，介在グループ，自由グループ，評価グループの 3 グループに分けられた。介在グル

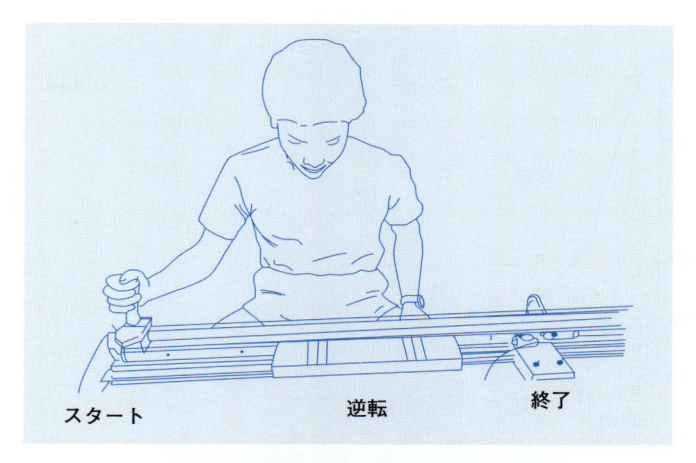

図 12.1　技能学習の実験に用いられた装置（Swinnen, 1990）

ープの参加者は，遅延時間中に自分の行っている課題と同じ課題を実験者が遂行するのを見る。そして実験者の遂行の時間を推測する。自由グループの参加者は，遅延期間中に休息した。また評価グループは，遅延時間中に自分の誤りを評価した。結果の知識は遅延時間終了後に与えられた。学習期が終了してから，結果の知識なしで10分後と2日後にテストが行われた。この実験の結果は図12.2 に示されている。図から読みとれるように，遅延時間に介在課題を与えられたグループの成績が悪かった。つまり遅延時間に実験者の遂行を評価することにより自分の遂行をチェックしなかったグループは成績が悪かった（Swinnen, 1990）。

　離散課題において結果の知識が遅れると，保持がかえって有利になる場合があることも示されている。以下のような実験が行われている。上記の実験と同様に，参加者はスライドを動かし定められた運動をちょうど1秒間行うという課題である。あるグループでは自分の遂行の時間のフィードバックを直後に与えられた（直後 KR 群）が，ほかのグループは8秒後に与えられた。8秒後に

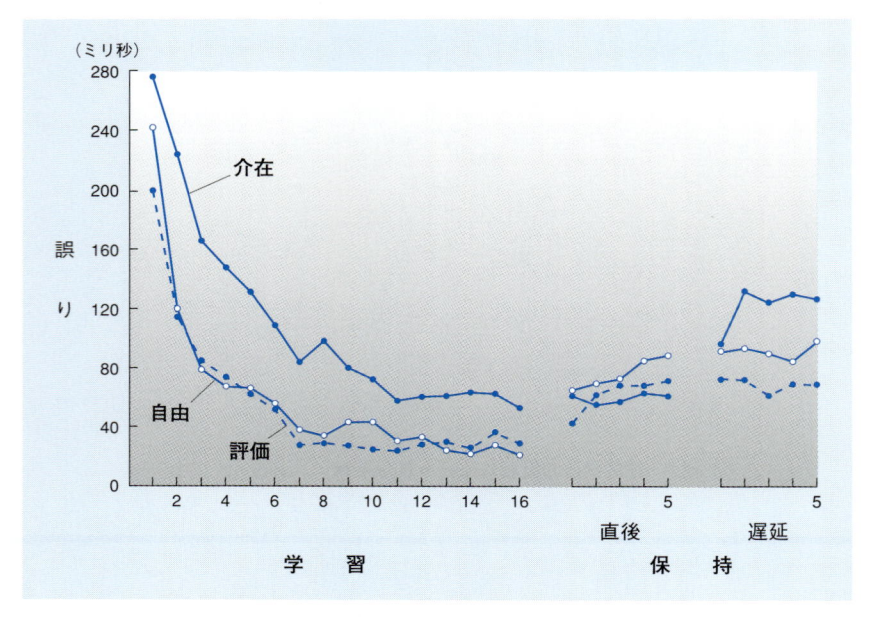

図 12.2 遅延時間の課題の結果（Swinnen, 1990）
遂行の誤りが試行数の関数として，5試行ごとにまとめて示されている。80試行の学習の後に25試行ずつ保持がテストされた。

フィードバックを与えられる群はさらに2つに分けられた。8秒間何もしないグループ（遅延KR群）と自分の時間を評価するグループ（遅延KR評価群）であった。学習の段階ではこれらのグループ間には差はなかった。しかし，2日後の保持テストにおいてはフィードバックを遅れて与えられたグループのほうが成績がよかった（Swinnen et al., 1990；図 12.3）。この結果も上に述べたガイダンス仮説により理解できると考えられる。

ところで，これまで述べてきたのは離散課題についてであった。連続課題においては事情がまた別である。一連の動作を連続して行うことが求められる連続課題においては，直前の行動のフィードバックを手がかりとして遂行が行わ

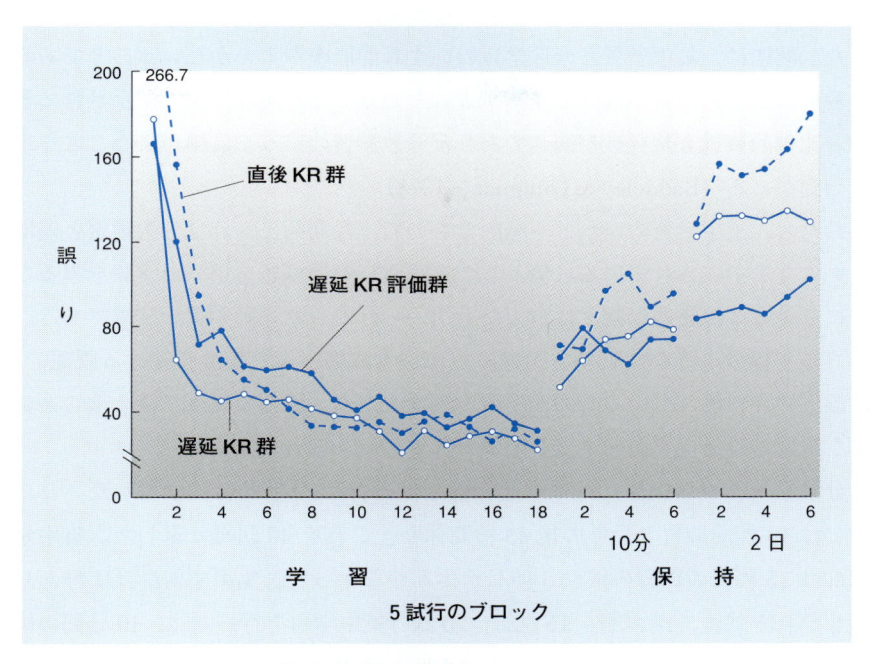

図12.3 結果の知識の遅延（Swinnen et al., 1990）
遂行の誤りが試行数の関数として，5試行ごとにまとめて示されている。90試行の学習の後に，30試行ずつ保持のテストが行われた。

れるので，フィードバックを遅らせると遂行自体に影響が出る。たとえば，自動車運転などの連続課題ではフィードバックが遅れて与えられると運転自体が不可能になることは明らかであろう。

③集中学習と分散学習

運動技能は短期間でまとめて学習する場合もあれば，長期にわたって少しずつ学習する場合もある。毎日1時間学習に当て5日間続ける場合もあれば，1日に続けて5時間学習に当てる場合もあるであろう。短期間にまとめて学習する仕方を**集中学習**（massed learning），長期にわたって少しずつ学習する仕方

は**分散学習**（distributed learning）といわれている。

　学習の分散は，運動学習の分野でもっとも関心を引いてきた問題の一つであった。問題は，集中学習と分散学習のいずれが能率がよいかということである。一般的には分散学習のほうが能率がよいということが実験によって示されてきた。比較的最近も試行数が同じであれば分散学習のほうが成績がよいことを示す研究がある（Baddeley & Longman, 1978）。

　ただし，集中学習の遅れは一時的なもので，長期的にみれば分散学習と差はないことも示唆されている。例として追跡回転盤の課題を用いた実験をみることにしよう。追跡回転盤とは古くから用いられてきた運動学習の装置である。レコード盤のような回転する円盤の上の一点に細い棒で接触し続ける課題で，円盤上の点に触れている時間が学習の測度となる。回転の速度を変えることにより課題の難易度を調節することができる。

　分散学習群（統制群）は追跡回転盤を40試行，分散条件で学習した。具体的には15秒間練習し，その後45秒間休む。これを40回繰り返した。集中学習群は15秒間の練習の後に5秒しか休みがなかった。集中学習群は4群あり，それぞれ5試行，10試行，15試行，20試行集中学習を行った後，10分間の休みをとり分散学習に切り替えられた（Adams & Reynolds, 1954）。

　この実験の結果，集中学習群の成績はよくないが，分散学習に切り替えるとすぐに，はじめから分散学習を行っていた分散学習群と差がなくなることがわかった。つまり，集中学習の効果は一時的なものにすぎないということが示された。

　また，この結果からはいくつかの傾向がみられる。集中学習群は10分間の休みの後分散学習に切り替えられたのであるが，その最初の試行でその前の試行に比べて成績がよい。このように休憩の後に成績が向上することはレミニセンス（reminiscence）といわれている。さらに切り替えた後の2試行目に成績が急上昇している。これは休憩後の試行の効果を示すウォームアップ効果とみなされる（図12.4）。

3. 自律の段階

　技能学習の第3段階，すなわち自律の段階になると，一連の動作はまとまっ

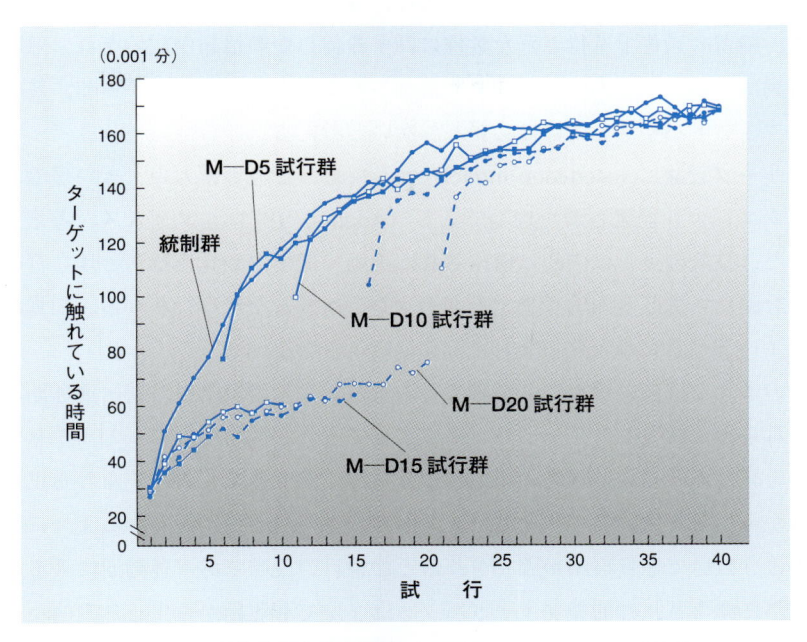

図12.4 分散学習と集中学習（Adams & Reynolds, 1954）
M―D5試行群は集中学習を5試行行い，その後分散学習に切り替えた群である。同様にM―Dの後の数字は分散学習に切り替える前の集中学習の試行数を示す。

て遂行されるようになり，動作の遂行はスムーズに行われるようになる。それまでは視覚的に統制してきた行動も内的な統制に移っていく。日常行う動作，たとえば平坦な道の歩行は熟練した技能である。これは自律の段階に入っているとみなすことができるが，外的に統制されているというよりは，内的に統制されているといえるであろう。

12.2.2 運動技能の理論

熟練した行動を生じさせるメカニズムも古くから検討されてきた。大きく分

けると2つの立場がある。一つは閉ループ理論ともいわれ，フィードバックを重視する見方である。もう一つの立場は，運動のプログラムを重視する。すなわち，練習の過程で習得された動作に関する何らかの情報が記憶され，熟練した行動はそのような内的要因により統制されると考える。したがって，熟練行動はフィードバックを常には必要としないと考える。

閉ループ理論（closed-loop model）としてもっとも影響力の大きい理論は，アダムズにより提案された理論である（Adams, 1971）。アダムズの考え方によると，技能の遂行は内的に構成された運動の記憶（知覚痕跡）と現在行っている行動から生じる内的なフィードバックを比較しながら行われる。知覚痕跡とフィードバックが一致しないと行動は修正される。

このような技能の習得は2段階で行われる。最初の段階は言語—運動期ともいわれるが，練習とフィードバックによって動作が適当なものかどうかを知る。練習を続けると正しい運動の記憶（知覚痕跡）ができてくる。すなわち正しい運動から生じる内的なフィードバックがどのようなものかがわかるようになる。このようにして知覚痕跡が確立されると2番目の段階である運動期に入る。この段階になると，外的なフィードバックはなくても運動から生じる内的なフィードバックを運動の記憶（知覚痕跡）とを比較するようになる。このようにして内的なフィードバックと運動の記憶を比較し，行動を修正しながら技能の学習は進んでいく。

アダムズの理論は単純な繰返しからなる運動にはよく当てはまるが，複雑な運動は十分説明できないとされる。日常の運動技能では動作は変動する。同じ動作をしても，人間の行動は少しずつ異なることが多い。サッカーのボールを蹴るという動作を例にとっても，同じように蹴っても動作は少しずつ異なる。また，字を書くときも同じように書いても字の形は違うことがある。このような行動の変動の問題はアダムズの理論では扱うことができない。

シュミットの提案した理論はスキーマ説といわれている。これはフィードバックを重視するアダムズの考え方を継承しながら，この変動を説明しようとする（Schmidt, 1975）。この理論では個々の運動の記憶を考えるのではなくスキーマの形成を考えることによりアダムズの理論より適用範囲を広げている。

閉ループ理論では内的なフィードバックと運動の記憶の比較が重視された。一方，技能においてフィードバックを重視しない考え方もある。すなわち，技能は中枢の**運動のプログラム**（motor program）により統制されるという考え方である。この考え方はフィードバックの存在は否定しないが，それがなくても熟練した行動の遂行には差し支えないとする。この考え方は，**開ループ理論**ともいわれる。

運動のプログラムの初期の定義は次のようなものである。「運動のプログラムの概念は，運動系列が始まる前に構造化され，末梢のフィードバックに影響されず全体の系列を遂行することを可能にする筋肉への命令のセットとみることができる」（Keele, 1968, p.387）

練習により運動のプログラムが形成されると，行動はフィードバックなしで進行する。あるいは，フィードバックがあってもそれは利用されないと考えられていた。実際に，この考えが正しいかどうかということが検討された（Summers, 1989）。現在では，フィードバックなしに技能の遂行が行われるとは考えられていない。運動のプログラムは，行動を始動し，行動が正しく遂行されているかどうかをモニターするものとみなしてよいであろう。

12.3 認知技能

技能には，運動よりも認知的な側面が重要なものがあることも考慮に入れる必要がある。たとえば，暗算は類似の問題を数多く行うことによって，早くまた正確になる。このような技能は日常生活で身近なものであるが，実験室の実験でも検討されている。

12.3.1 認知技能の3段階

これまで述べてきた運動技能の3段階，すなわち，**認知**，**連合**，**自律**の段階は認知技能にも当てはまると考えられている。暗算の場合は，計算のルールを学ぶ段階，練習の段階，数字をまとめて計算できる段階ということになるであろう。この3段階は以下に述べる実験で例証されている。

実験で課題として用いられたのはアルファベットを利用した等式である。アルファベットの間隔を数字で示し，真偽判断を行う。たとえばH＋3＝Kはその一例である。この場合は，KはHから3番目のアルファベットの文字であるので正しい。H＋3＝Lは正しくない。このような式が正しいかどうかをなるべく速くキーを押して判断するのが課題である（Compton & Logan, 1991）。

このような課題を行うと，課題を繰り返すにつれて反応時間は早くなり誤りも減少する。この課題において，はじめはアルファベットの文字の数を数えて判断する。このことは，2つのアルファベットの間隔が大きくなると反応時間は長くなることからも推測される。そして練習を重ねると，文字の数を数えなくても，2つの文字を見ただけでその間隔を直接判断できるようになる。この自律の段階になると，文字の間隔が大きくなっても反応時間がそれに比例して大きくなるということはない。これらのことは参加者の報告からもうかがえる。

この学習は実験のために用意された比較的単純な学習の例であるが，運動技能のところで述べた技能学習の3段階が当てはまる。はじめに，課題の性質を知る必要がある。これが認知の段階である。そして次に，練習により文字の数え方が早くなる段階がある。すなわち連合の段階がある。そして，課題を繰り返すと文字の数を数えなくても直接文字の間隔を判断できるようになる。すなわち自律の段階にいたる。

一般には，日常生活での技能はかなり複雑である。将棋や囲碁の技能を例にとってみても，上達するには過去の対戦例などを勉強する必要がある。そして知識が増えるに伴いストラテジー（方略）も変化していく。したがって，認知の過程は連合の過程と並行して進んでいき，認知，連合，自律の段階に必ずしも単純に分けることができない。一方で，練習により必ずしも変化しないようにみえる技能もある。筆跡はかなり練習をしてもあまり変化しないことがある。

12.3.2　初心者と専門家

初心者と専門家はさまざまな面で異なっている。専門家は多くの知識を持っており，それらを有効に利用している。経験のある医師が患者の症状を見て素

早く適切な診断を下すことができるのは，病気に関する知識が豊かであることも重要な要因となっている。そのような医師はまた，患者の病気についての記憶も優れている。囲碁や将棋の専門家はゲームが終わってから，そのゲームの経過を再現して検討する。彼らは，終了したゲームの駒の動きをすべて記憶しているのである。

　チェスの名人が駒の配置をよく記憶しているということは，実験で示すことができる。チェスの駒の配置を短時間提示し，その記憶を調べると技能が上達するにつれてよく記憶していることが示されている。しかし，これは実際のゲームに生じる配置についてであり，ランダムな配置では専門家も初心者と変わらなかった（Chase & Simon, 1973）。このような実験例はほかにもある（de Groot, 1966）。これは，専門家は駒の配置のパターンをいくつも知っており，駒の配置をそのパターンに当てはめて，つまりパターンによりチャンク化して記憶するためであると考えられる。

12.4　知覚技能

　私たちにとって普段見慣れないものは区別しにくい。このことは植物の細かい区別などについてもいえることである。植物に関心がないと見過ごしてしまうような細かい区別も，日ごろ植物をよく観察している人はすぐ気がつく。つまり観察により弁別の能力が高まるが，これは観察により**知覚技能**が習得される例とみなすことができるであろう。このような知覚技能はさまざまな技能の一部となっている。

　音楽の演奏についても，楽譜を素早く読みとる技能は演奏の技能の大切な部分であろう。また，野球の選手は投手が投げる球のわずかな違いを弁別することができるであろう。また，レントゲン写真を見て診断を下す医師は写真の細部を弁別する技能を身につけている。

　知覚技能の例は，知覚学習の実験にみることができる。図 12.5 は渦巻きの線画であるが，渦の数，巻く方向，水平方向の幅がそれぞれ異なる。実際には，渦の数 3 種類，方向は右巻きと左巻きの 2 種類，渦の幅 3 種類を組み合わせる

図12.5　知覚学習の実験に用いられた図形（Gibson & Gibson, 1955）

と18の図形ができるが，図にはこのうち17が示されている。

　このような図形を区別する課題が課せられた。参加者は図形の異同の判断を繰り返す。すると，その判断が正しいかどうかは教えなかったにもかかわらず，判断を繰り返すことにより弁別の成績は向上した（Gibson & Gibson, 1955）。

12.5　学習曲線とベキ関数

　技能は一般に，学習のはじめは急速に進み，だんだん進歩が少なくなるという経過をとることが多い。この経過はベキ関数で表されるということが指摘されている。すなわち，縦軸と横軸を対数目盛りにして学習の経過のグラフを描くと直線になる。認知的技能においてこのような傾向がいくつかの研究で指摘されてきた。

　場合によると，技能の向上は数年にも及ぶことがある。有名な研究であるが，

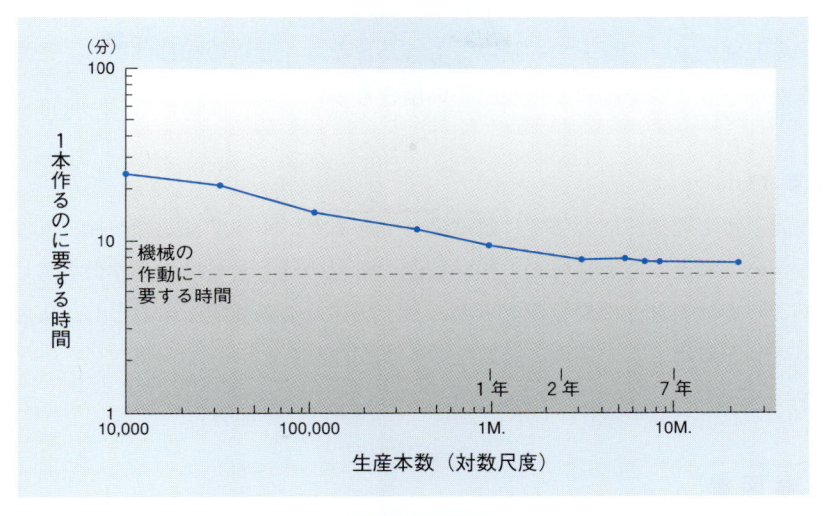

図 12.6 葉巻づくりの経験と所要時間 (Crossman, 1959)

工場で葉巻を作る時間が数年間にわたり短縮されることを示した研究がある (Crossman, 1959；図 12.6)。この図は，経験年数の異なる従業員が葉巻を作る時間を示したものであるが，この技能の習熟の経過にベキ関数を当てはめることができる。

12.6 技能の転移

以前に行ったある学習が，その後の学習を促進したり遅らせたりすることがある。このようなときに**学習の転移**（transfer）があるという。学習が促進される場合は**正の転移**，その逆の場合は**負の転移**があるといわれる。

一般に運動技能においては正の転移はあるが，負の転移は比較的少ないと考えられている。しかし，負の転移も観察されていないわけではない。たとえば，

同じ刺激に異なる反応をしなければならない課題の間では負の転移がみられる。

　認知技能の場合も，たとえばあるコンピュータのソフトウェアの使い方に習熟すると別のソフトウェアの使い方も容易になるなど正の転移はある。ただし，技能がかなり特殊で転移が生じにくい場合も多い。

むすび

　技能学習を運動技能の学習に限る場合もあるが，本章では認知技能，知覚技能も含めて考えることにした。知覚技能の学習の例としては知覚学習をあげたが，この点は他書とは異なる点であろう。記述は運動技能を中心とし，実験例をいくつかあげてこの領域の問題を示すようにした。

[参考図書]
神宮英夫（1993）．スキルの認知心理学　川島書店
メイザー, J. E.　磯　博行・坂上貴之・川合伸幸（訳）（1996）．メイザーの学習と行動　二瓶社

引 用 文 献

1 章

Ebbinghaus, H. (1885). *Über das Gedächtnis*. Verlag von Duncker & Humblot.
　(エビングハウス，H. 宇津木　保・望月　衛（訳）(1978). 記憶について――実験心理学への貢献―― 誠信書房)
ファーブル，J. H. 山田吉彦・林　達夫（訳）(1993). ファーブル昆虫記（一） 岩波書店
Pavlov, I. P. (1960). *Conditioned reflexes*. Dover.
　(パヴロフ，I. P. 川村　浩（訳）(1975). 大脳半球の働きについて――条件反射学―― 上・下　岩波書店)
Thorndike, E. L. (1898). Animal intelligence. Psychological Review Monograph Supplements, No. 8. In W. Dennis(Ed.)(1948), *Readings in the history of psychology*. Appleton-Century-Crofts.
Yerkes, R. M., & Morgulis, S. (1909). The method of Pavlov in animal psychology. *Psychological Bulletin*, **6**, 257-273.

2 章

Balsam, P. D., & Gibbon, J. (1988). Formation of tone-US associations does not interfere with the formation of context-US associations in pigeons. *Journal of Experimental Psychology : Animal Behavior Processes*, **14**, 401-412.
Brogden, W. J. (1939). Sensory pre-conditioning. *Journal of Experimental Psychology*, **25**, 323-332.
DiCara, L. V. (1970). Learning in the autonomic nervous system. *Scientific American*, **222**, 30-39.
Kagan, J., & Segal, J. (1988). *Psychology : An introduction*. 6th ed. Harcourt Brace Jovanovich.
Kamin, L. J. (1969). Predictability, surprise, attention, and conditioning. In B. A. Cambell, & R. M. Church (Eds.), *Punishment and aversive behavior*. Appleton-Century-Crofts.
Kandel, E. R. (1979). Small systems of neurons. *Scientific American*, **241**, 66-76.
Mackintosh, N. J. (1975). A theory of attention. *Psychological Review*, **82**, 276-298.
McAllister, W. R. (1953). Eyelid conditioning as a function of the CS-US interval. *Journal of Experimental Psychology*, **45**, 417-422.
Moore, J. W. (1972). Stimulus control : Studies of auditory generalization in rabbits. In A. H. Black, & W. F. Prokasy (Eds.), *Classical conditioning II*. Appleton-Century-Crofts.
Obrist, P. A., Sutterer, J. R., & Howard, J. L. (1972). Preparatory cardiac changes : A psycho-biological approach. In A. H. Black, & W. F. Prokasy (Eds.), *Classical conditioning II*. Appleton-Century-Crofts.
Pavlov, I. P. (1960/1927). *Conditioned reflexes*. Dover.
Rescorla, R. A. (1967). Pavlovian conditioning and its proper control procedures. *Psychological Review*, **74**, 71-80.
Rescorla, R. A. (1988). Pavlovian conditioning : It's not what you think it is. *American Psychologist*, **43**, 151-160.
Rescorla, R. A., & Wagner, A. R. (1972). A theory of Pavlovian conditioning : Variations in the

effectiveness of reinforcement and non-reinforcement. In A. H. Black, & W. F. Prokasy (Eds.), *Classical conditioning* II. Appleton-Century-Crofts.
Ross, R. T., & Holland, P. C. (1981). Conditioning of simultaneous and serial feature-positive discriminations. *Animal Learning and Behavior*, 9, 293-303.
Schneiderman, N., Fuentes, I., & Gormezano, I. (1962). Acquisition and extinction of the classically conditioned eyelid response in the albino rabbit. *Science*, 136, 650-652.
Schull, J. (1979). A conditioned opponent theory of Pavlovian conditioning and habituation. In G. H. Bower (Ed.), *The psychology of learning and motivation*. Vol.13. Academic Press.
Schwarts, B. (1984). *Psychology of learning and behavior*. Norton.
Siegel, S. (1975). Evidence from rats that morphine tolerance is a learned response. *Journal of Comparative and Physiological Psychology*, 92, 1137-1149.
Solomon, R. L., & Corbit, J. D. (1974). An opponent process theory of motivation I : The temporal dynamics of affect. *Psychological Review*, 81, 119-145.

3 章

Atkinson, R. L., Atkinson, R. C., Smith, E. E., & Bem, D. J. (1990). *Introduction to psychology*. 10th ed. Harcourt Brace Javanovich.
Brown, P., & Jenkins, H. M. (1968). Autoshaping of the pigeon's keypeck. *Journal of the Experimental Analysis of Behavior*, 10, 1-8.
Colwill, R. M., & Rescorla, R. A. (1988). Associations between the discriminative stimulus and the reinforcer in instrumental learning. *Journal of Experimental Psychology : Animal Behavior Processes*, 14, 155-164.
Deese, J. (1958). *The psychology of learning*. McGraw-Hill.
DiCara, L. V. (1970). Learning in the autonomic nervous system. *Scientific American*, 222, 30-39.
Ferster, C. B., & Skinner, B. F. (1957). *Schedules of reinforcement*. Appleton-Century-Crofts.
Gellerman, L. W. (1933). Form discrimination in chimpanzees and two-year-old children : I. Form (triangularity) perse. *Journal of Genetic Psychology*, 42, 3-27.
Guttman, N., & Kalish, H. I. (1956). Discriminability and stimulus generalization. *Journal of Experimental Psychology*, 51, 79-88.
Hammond, L. J. (1980). The effect of contingency upon the appetitive conditioning of free operant behavior. *Journal of the Experimental Analysis of Behavior*, 34, 297-304.
Hanson, H. M. (1959). Effects of discrimination training on stimulus generalization. *Journal of Experimental Psychology*, 58, 321-334.
Herrnsten, R. J. (1979). Acquisition, generalization and discrimination reversal of a natural concept. *Journal of Experimental Psychology : Animal Behavior Processes*, 5, 116-129.
Hull, C. L. (1943). *Principles of behavior*. Appleton-Century-Crofts.
Kagan, J., & Segal, J. (1988). *Psychology : An introduction*. 6th ed. Harcourt Brace Jovanovich.
Kelleher, R. T. (1958). Fixed-ratio schedules of conditioned reinforcement with chimpanzees. *Journal of the Experimental Analysis of Behavior*, 1, 281-289.
Köhler, W. (1939). Simple structural functions in the chimpanzee and the chicken. In W. D. Ellis (Ed.), *A source book of Gestalt psychology*. Harcourt Brace.
Lashley, K. S. (1930). The mechanism of vision : I. A method for rapid analysis of pattern-vision in the rat. *Journal of Genetic Psychology*, 37, 453-460.
Lawrence, D. H., & DeRiviera, J. (1954). Evidence for relational discrimination. *Journal of Comparative and Physiological Psychology*, 47, 465-471.

Mazur, J. E. (1994). *Learning and behavior*. 3rd ed. Prentice Hall.
  (メイザー, J. E. 磯　博行・坂上貴之・川合伸幸（訳）(1996). メイザーの学習と行動　二瓶社)
Miller, N. E. (1969). Learning of visceral and glandular responses. *Science*, 163, 434-445.
Miller, N. E., & Banuazizi, A. (1968). Instrumental learning by curarized rats of a specific visceral response, intestinal or cardiac. *Journal of Comparative and Physiological Psychology*, 65, 1-7.
Reynolds, G. S. (1975). *A primer of operant condtioning*. Scott, Foresman.
  (レイノルズ, G. S. 浅野俊夫（訳）(1978). オペラント心理学入門——行動分析への道——　サイエンス社)
Seligman, M. E. P., & Maier, S. F. (1967). Failure to escape traumatic shock. *Journal of Experimental Psychology*, 74, 1-9.
Skinner, B. F. (1938). *The behavior of organisms*. Appleton-Century-Crofts.
Skinner, B. F. (1948). "Superstition" in the pigeon. *Journal of Experimental Psychology*, 38, 168-172.
Spence, K. W. (1937). The differential response in animals to stimuli varying within a single dimension. *Psychological Review*, 44, 430-444.
Staddon, J. E. R., & Simmelhag, V. L. (1971). The "superstition" experiment : A reexamination of its implications for the principles of adaptive behavior. *Psychological Review*, 78, 3-43.
Terrace, H. S. (1971). By-products of discrimination learning. In G. H. Bower, & J. Spence (Eds.), *The psychology of learning and motivation*. Vol. 5. Academic Press.
Timberlake, W., & Grant, D. L. (1975). Auto-shaping in rats to the presentation of another rat predicting food. *Science*, 190, 690-692.
Williams, D. R., & Williams, H. (1969). Auto-maintenance in the pigeon : Sustained pecking despite contingent non-reinforcement. *Journal of the Experimental Analysis of Behavior*, 12, 511-520.

4 章

Allison, J., & Timberlake, W. (1974). Instrumental and contingent saccharin-ricking in rats : Response deprivation and reinforcement. *Learning and Motivation*, 5, 231-247.
Bandura, A. (1965). Influence of model's reinforcement contingencies on the acquisition of imitative responses. *Journal of Personality and Social Psychology*, 1, 589-595.
Bandura, A. (1977). *Social learning theory*. Prentice-Hall.
Camp, D. S., Raymond, G. A., & Church, R. M. (1967). Temporal relationship between response and punishment. *Journal of Experimental Psychology*, 74, 114-123.
Deese, J. (1958). *The psychology of learning*. 2nd ed. McGraw-Hill.
Ferster, C. B. & Skinner, B. F. (1957). *Schedules of reinforcement*. Appleton-Century-Crofts.
Herrnstein, R. J. (1961). Relative and absolute strength of response as a function of frequency of reinforcement. *Journal of the Experimental Analysis of Behavior*, 4, 267-272.
Herrnstein, R. J. (1969). Method and theory in the study of avoidance. *Psychological Review*, 76, 49-69.
Hull, C. L. (1943). *Principles of behavior*. Appleton-Century-Crofts.
Kamin, L. J., Brimer, C. J., & Black, A. H. (1963). Conditioned suppression as a monitor of fear of the CS in the course of avoidance training. *Journal of Comparative and Physiological Psychology*, 56, 497-501.
Miller, N. E. (1948). Studies of fear as an acquirable drive. *Journal of Experimental Psychology*,

38, 89-101.
Mowrer, O. H. (1960). *Learning theory and behavior*. Wiley.
Olds, J., & Milner, P. (1954). Positive reinforcement produced by electrical stimulation of septal area and other regions of rat brain. *Journal of Comparative and Physiological Psychology*, 47, 419-427.
Premack, D. (1959). Toward empirical behavioral laws : I. Positive reinforcement. *Psychological Review*, 66, 219-233.
Reber, A. S. (1967). Implicit learning of artificial grammars. *Journal of Verbal Learning and Verbal Behavior*, 6, 855-863.
Reber, A. S. (1989). Implicit learning and tacit knowledge. *Journal of Experimental Psychology : General*, 118, 219-235.
Schwartz, B. (1984). *Psychology of learning and behavior*. Norton.
Skinner, B. F. (1938). *The behavior of organisms*. Appleton-Century-Crofts.
Skinner, B. F. (1957). The experimental analysis of behavior. *American Scientist*, 45, 343-371.
Timberlake, W. (1980). A molar equilibrium theory of learned performance. In G. H. Bower (Ed.), *The psychology of learning and motivation*. Vol.14. Academic Press.
Tolman, E. C. (1932). *Purposive behavior in animals*. Appleton-Century-Crofts.

5 章

Bolles, R. C. (1970). Species-specific defence reactions and avoidance learning. *Psychological Review*, 77, 32-48.
Breland, K., & Breland, M. (1961). The misbehavior of organisms. *American Psychologist*, 16, 681-684.
Deese, J. (1958). *The psychology of learning*. 2nd ed. McGraw-Hill.
Garcia, J., & Koelling, R. A. (1966). The relation of cue to consequence in avoidance learning. *Psychonomic Science*, 1, 123-124.
Glucksberg, S., & Cowan, G. N. Jr. (1970). Memory for nonattended auditory material. *Cognitive Psychology*, 1, 149-156.
Hess, E. H. (1958). "Imprinting" in animals. *Scientific American*, 198, 81-90.
Hess, E. H. (1959). Imprinting. *Science*, 130, 133-141.
Hess, E. H. (1972). "Imprinting in a natural laboratory". *Scientific American*, 227, 24-31.
入来正躬・外山敬介（編著）(1986). 生理学１　文光堂
Kalat, J. W. (1984). *Biological psychology*. 2nd ed. Wadsworth.
　　（カラット, J. W. 中溝幸夫・木藤恒夫（訳者代表）(1987). バイオサイコロジーⅢ——心理学の新しい流れ——　サイエンス社）
Kandel, E. R. (1991). *Principles of neural science*. 3rd ed. Elsevier.
Kandel, E. R. (1979). Small systems of neurons. *Scientific American*, 241, 66-76.
Kandel, E. R., & Hawkins, R. D. (1992). The biological basis of learning and individuality. *Scientific American*, 267, 78-87.
Lorenz, K. (1961). *The king Solomon's ring*. Methuen.
　　（ローレンツ, K. 日高敏隆（訳）(2006). ソロモンの指環——動物行動学入門——　早川書房）
松村道一 (1995). ニューロサイエンス入門　サイエンス社
Olton, D. S. (1978). Characteristics of spatial memory. In S. H. Hulse, H. Fowler, & W. K. Honig (Eds.), *Cognitive processes in animal behavior*. Erlbaum.
Olton, D. S., & Samuelson, R. J. (1976). Remembrance of places passed : Spatial memory in

rats. *Journal of Experimental Psychology : Animal Behavior Processes*, 2, 97-116.
Revusky, S. H., & Garcia, J. (1970). Learned associations over long delays. In G. H. Bower, & J. T. Spence (Eds.), *The psychology of learning and motivation*. Vol.4. Academic Press.
Seligman, M. E. P. (1970). On the generality of the laws of learning. *Psychological Review*, 77, 406-418.
Squire, L. R. (1987). *Memory and brain*. Oxford University Press.
 (Squire, L. R. 河内十郎（訳）(1989). 記憶と脳──心理学と神経科学の統合── 医学書院)
Thompson, R. F. (1975). *Introduction to physiological psychology*. Harper & Row.
Tinbergen, N. (1965). *Social behavior in animals*. Methuen.
Wilcoxin, W. B., Dragoin, W. B., & Kral, P. A. (1971). Illness-induced aversions in rat and quail : Relative salience of visual and gustatory cues. *Science*, 171, 823-828.
Zimbardo, P. G. (1980). *Essential of psychology and life*. 10th ed. Scott, Foresman.
 (ジンバルドー, P. G. 古畑和孝・平井 久（監訳）(1983). 現代心理学Ⅱ サイエンス社)

6 章

Atkinson, R. C., & Shiffrin, R. M. (1968). Human memory : A proposed system and its control processes. In K. W. Spence, & J. T. Spence (Eds.), *The psychology of learning and motivation*. Vol.2. Academic Press.
Atkinson, R. C., & Shiffrin, R. M. (1971). The control of short-term memory. *Scientific American*, 225, 82-90.
Baddeley, A. D. (1986). *Working memory*. Oxford University Press.
Baddeley, A. D. (1990). *Human memory : Theory and practice*. Erlbaum.
Baddeley, A. D. (2007). *Working memory, thought, and action*. Oxford University Press.
Baddeley, A. D., & Hitch, G. J. (1977). Recency reexamined. In S. Dornic (Ed.), *Attention and performance VI*. Earlbaum.
Baddeley, A. D., Lewis, V. J., & Vallar, G. (1984). Exploring the articulatory loop. *Quarterly Journal of Experimental Psychology*, 36, 233-252.
Baddeley, A. D., & Lieberman, K. (1980). Spatial working memory. In R. Nickerson (Ed.), *Attention and performance VIII*. Erlbaum.
Baddeley, A. D., Thomson, N., & Buchanan, M. (1975). Word length and the structure of short-term memory. *Journal of Verbal Learning and Verbal Behavior*, 14, 575-589.
Broadbent, D. E. (1958). *Perception and communication*. Pergamon Press.
Brooks, L. R. (1968). Spatial and verbal components of the act of recall. *Canadian Journal of Psychology*, 22, 349-368.
Conrad, R. (1964). Acoustic confusions in immediate memory. *British Journal of Psychology*, 55, 75-84.
Daneman, M., & Carpenter, P. A. (1980). Individual differences in working memory and reading. *Journal of Verbal Learning and Verbal Behavior*, 19, 450-466.
Darwin, C. J., Turvey, M. T., & Crowder, R. G. (1972). The auditory analogue of the Sperling partial report procedure : Evidence for brief auditory storage. *Cognitive Psychology*, 3, 255-267.
Glanzer, M., & Cunitz, A. R. (1966). Two storage mechanisms in free recall. *Journal of Verbal Learning and Verbal Behavior*, 5, 351-360.
Grant, D. S. (1975). Proactive interference in pigeon short-term memory. *Journal of Experimental*

Psychology : Animal Behavior Processes, 1, 207-220.
Grant, D. S. (1984). Rehearsal in pigeon short-term memory. In H. L. Roitblat, T. G. Bever, & H. S. Terrace (Eds.), *Animal cognition*. Erlbaum.
James, W. (1890). *Principles of psychology*. Vol.1. Holt.
Miller, G. A. (1956). The magical number seven, plus or minus two : Some limits on our capacity for processing information. *Psychological Review*, 63, 81-97.
Neisser, U. (1967). *Cognitive psychology*. Appleton.
Parkin, A. J. (1993). *Memory*. Blackwell.
Parkin, A. J., & Leng, R. C. (1993). *Neuropsychology of the amnestic syndrome*. Earlbaum.
Peterson, K. R., & Peterson, M. J. (1959). Short-term retention of individual verbal items. *Journal of Experimental Psychology*, 58, 193-198.
Rundus, D., & Atkinson, R. C. (1970). Rehearsal processes in free recall : A procedure for direct observation. *Journal of Verbal Learning and Verbal Behavior*, 9, 99-105.
Smith, E. E., & Jonides, J. (1997). Working memory : A view from neuroimaging. *Cognitive Psychology*, 33, 5-42.
Sperling, G. (1960). The information available in brief visual presentations. *Psychological Monographs*, 74 (Whole no.498).
渡邊正孝 (2005). 思考と脳――考える脳のしくみ―― サイエンス社
Wilding, J., & Mohindra, D. (1980). Effects of subvocal suppression, articulating aloud and noise on sequence. *British Journal of Psychology*, 71, 247-261.

7 章

Brewer, W. F. (1986). What is autobiographical memory? In D. C. Rubin (Ed.), *Autobiographical memory*. Cambridge University Press.
Brown, R., & McNeill, D. (1966). The "tip of the tongue" phenomenon. *Journal of Verbal Learning and Verbal Behavior*, 5, 325-337.
Cavanaugh, J. C. (1988). The place of awareness in memory development across adulthood, In L. W. Poon, D. C. Rubin, & B. A. Wilson (Eds.), *Everyday cognition in adulthood and later life*. Cambridge University Press.
Graf, P., Squire, L. R., & Mandler, G. (1984). The information that amnestic patients do not forget. *Journal of Experimental Psychology : Learning, Memory, and Cognition*, 10, 164-178.
Hart, J. (1965). Memory and the feeling-of-knowing experience. *Journal of Educational Psychology*, 56, 208-216.
Kintsch, W. (1974). *The representation of meaning in memory*. Wiley.
Kvavilashvili, L. (1987). Remembering in tention as a distinct form of memory. *British Journal of Psychology*, 78, 507-518.
Lachmann, J. L., Lachman, R., & Thronesberry, C. (1979). Metamemory through the adult life span. *Developmental Psychology*, 15, 543-551.
McClelland, J. L., Rumelhart, D. E., & the PDP Research Group (Eds.) (1986). *Parallel distributed processing : Explorations in the microstructure of cognition*. Vol.2. Psychological and biological models. MIT Press.
Nelson, T. O., Leonesio, R. J., Landwehr, R. S., & Narens, L. (1986). A comparison of three predictors of individual's memory performance : The individual's feeling of knowing versus base-rate item difficulty. *Journal of Experimental Psychology : Learning, Memory and Cognition*, 12, 279-297.
Parkin, A. J., & Leng, R. C. (1993). *Neuropsychology of the amnestic syndrome*. Earlbaum.

プラトン　田中美知太郎（訳）（1966）．テアイテトス　岩波書店
Schacter, D. L. (1987). Implicit memory : history and current status. *Journal of Experimental Psychology : Learning, Memory and Cognition*, 13, 501-518.
Squire, L. R. (1987). *Memory and brain*. Oxford University Press.
Tulving, E. (1983). *Elements of episodic memory*. Oxford University Press.
Tulving, E., Shacter, D. L., & Stark, H. A. (1982). Priming effects in word-fragment completion are independent of recognition memory. *Journal of Experimental Psychology : Learning, Memory and Cognition*, 8, 336-342.

8　章

Bartlett, F. C. (1932). *Remembering*. Cambridge University Press.
Bousfield, W. A. (1953). The occurence of clustering in recall of randomly arranged associates. *Journal of General Psychology*, 49, 229-240.
Bower, G. H. (1972). Mental imagery and associative learning. In L. W. Gregg (Ed.), *Cognition in learning and memory*. Wiley.
Bower, G. H., Clark, M. C., Lesgold, A. M., & Winzenz, D. (1969). Hierarchical retrieval schemes in recall of categorized word lists. *Journal of Verbal Learning and Verbal Behavior*, 8, 323-343.
Bransford, J. D., & Johnson, M. K. (1972). Contextual prerequisites for understanding : Some investigations of comprehension and recall. *Journal of Verbal Learning and Verbal Behavior*, 11, 717-726.
Brewer, W. F., & Treyens, J. C. (1981). Role of schemata in memory for place. *Cognitive Psychology*, 13, 207-230.
Brown, R., & Kulik, J. (1977). Flashbulb memories. *Cognition*, 5, 73-99.
Craik, F. I. M., & Lockhart, R. S. (1972). Levels of processing : A framework for memory research. *Journal of Verbal Learning and Verbal Behavior*, 11, 671-684.
Craik, F. I. M., & Tulving, E. (1975). Depth of processing and the retention of words in episodic memory. *Journal of Experimental Psychology : General*, 104, 268-294.
Craik, F. I. M., & Watkins, M. J. (1973). The role of rehearsal in short-term memory. *Journal of Verbal Learning and Verbal Behavior*, 12, 599-607.
Glenberg, A. M. (1976). Monotonic and nonmonotonic lag effects in paired-associate and recognition memory paradigms. *Journal of Verbal and Verbal Behavior*, 15, 1-16.
Freud, S. (1905/1972). Drei Abhandlungen zur Sexualtheorie. In S. Freud, *Gesammelte Werke*. 5 Band. Fisher.
　　（フロイト，S.　懸田克躬・吉村博次（訳）（1905/1990）．フロイト著作集5　性欲論三篇　人文書院　p.40）
Hasher, L., & Zacks, R. T. (1979). Automatic and effortful processes in memory. *Journal of Experimental Psychology : General*, 108, 356-388.
Hyde, T. S., & Jenkins, J. J. (1973). Recall for words as a function of semantic, graphic, and syntactic orienting tasks. *Journal of Verbal Learning and Verbal Behavior*, 12, 471-480.
Keppel, G. (1964). A facilitation in short- and long-term retention of paired associates following distributed practice in learning. *Journal of Verbal Learning and Verbal Behavior*, 3, 91-111.
Madigan, S. A. (1969). Intraserial repetition and coding processes in free recall. *Journal of Verbal Learning and Verbal Behavior*, 8, 828-835.
Mandler, J. M., & Parker, R. E. (1976). Memory for descriptive and spatial information in complex pictures. *Journal of Experimental Psychology : Human Learning and Memory*, 2, 38-48.

Miller, G. A., Galanter, E., & Pribram, K. H. (1960). *Plans and the structure of behavior*. Holt.

Morris, C. D., Bransford, J. D., & Franks, J. J. (1977). Levels of processing versus transfer appropriate processing. *Journal of Verbal Learning and Verbal Behavior*, 16, 519-533.

Neisser, U. (1982). Snapshots or benchmarks? In U. Neisser (Ed.), *Memory observed : Remembering in natural contexts*. Freeman.

Nickerson, R. S., & Adams, M. J. (1979). Long-term memory for a common object. *Cognitive Psychology*, 11, 287-307.

Paivio, A. (1971). *Imagery and verbal process*. Holt, Reinehart & Winston.

Peterson, L. R., Wampler, R., Kirkpatrick, M., & Salzman, D. (1963). Effect of spacing of presentations on retention of a paired associate over short intervals. *Journal of Experimental Psychology*, 66, 206-209.

Pillmer, D. B. (1984). Flashbulb memories of the assassination attempt on President Reagan. *Cognition*, 16, 63-80.

Tulving, E. (1962). Subjective organization in free recall of "unrelated" words. *Psychological Review*, 69, 344-354.

Wollen, K. A., Weber, A., & Lowry, D. H. (1972). Bizarreness versus interaction of images as determinants of learning. *Cognitive Psychology*, 3, 518-523.

Yates, F. A. (1966). *The art of memory*. Routledge & Kegan Paul.

9 章

Bahrick, H. P. (1984). Semantic memory content in permastore : Fifty years of memory for Spanish learned in school. *Journal of Experimental Psychology : General*, 113, 1-35.

Bartlett, F. C. (1932). *Remembering*. Cambridge University Press.

Conway, M. A. (1990). *Autobiographical memory*. Open University Press.

Crovitz, H. F., & Schiffman, H. (1974). Frequency of episodic memories as a function of their age. *Bulletin of the Psychonomic Society*, 4, 517-518.

Deese, J. (1959). On the prediction of particular verbal intrusions in immediate recall. *Journal of Experimental Psychology*, 58, 17-22.

Ebbinghaus, H. (1885). *Über das Gedächtnis*. Verlag von Duncker & Humblot.
（エビングハウス, H. 宇津木　保・望月　衛（訳）(1978). 記憶について――実験心理学への貢献―― 誠信書房）

Erdelyi, M. H., & Becker, J. (1974). Hypermnesia for pictures. Incremental memory for pictures but not words in multiple recall trials. *Cognitive Psychology*, 6, 159-171.

Fernandez, A., & Glenberg, A. M. (1985). Changing environmental context does not reliably affect memory. *Memory and Cognition*, 13, 333-345.

Godden, D. R., & Baddeley, A. D. (1975). Context-dependent memory in two natural environments : On land and underwater. *British Journal of Psychology*, 66, 325-331.

Godden, D. R., & Baddeley, A. D. (1980). When does context influence recognition memory? *British Journal of Psychology*, 71, 99-104.

Jenkins, J. G., & Dallenbach, K. M. (1924). Obliviscence during sleep and waking. *American Journal of Psychology*, 35, 605-612.

Loftus, E. F. (1997a). Creating false memories. *Scientific American*, 277, 70-75.
（ロフタス, E. F. 仲　真紀子（訳）(1997). 偽りの記憶を作る――あなたの思い出は本物か―― 日経サイエンス, 12月号, 18-25.）

Loftus, E. F. (1997b). Creating childhood memories. *Applied Cognitive Psychology*, 11, 75-86.

Loftus, E. F., Burns, H. J., & Miller, D. G. (1978). Semantic integration of verbal information

into a visual memory. *Journal of Experimental Psychology : Human Learning and Memory*, 4, 19-31.
Loftus, E. F., & Loftus, G. R. (1980). On the permanence of stored information in the human brain. *American Psychologist*, 35, 409-420.
McGeoch, J. A. (1932). Forgetting and the law of disuse. *Psychological Review*, 39, 352-370.
McGeoch, J. A. (1942). *The psychology of human learning*. Longman.
Melton, A. W., & Irwin, J. M. (1940). The influence of dgree of interpolated learning on retroactive inhibition and the overt transfer of specific responses. *American Journal of Psychology*, 53, 173-203.
Payne, D. G. (1987). Hypermnesia and reminiscence in recall : A historical and empirical review. *Psychological Bulletin*, 101, 5-27.
Roediger, H. L. III, & Mcdermott, K. B. (1995). Creating false memories : Remembering words not presented in lists. *Journal of Experimental Psychology : Learning, Memory and Cognition*, 21, 803-814.
Rubin, D. C. (1982). On the retention function for autobiographical memory. *Journal of Verbal Learning and Verbal Behavior*, 21, 21-38.
Rubin, D. C., Wetzler, S. E., & Nebes, R. D. (1986). Autobiographical memory across the lifespan. In D. C. Rubin (Ed.), *Autobiographical memory*. Cambridge University Press.
Saufley, W. H., Otaka, S. R., & Bavaresco, J. L. (1985). Context effects : Classroom tests and context independence. *Memory and Cognition*, 13, 522-528.
Sheingold, K., & Tenney, Y. J. (1982). Memory for a salient childhood event. In U. Neisser (Ed.), *Memory observed : Remembering in natural contexts*. Freeman.
Smith, S. M. (1979). Remembering in and out of context. *Journal of Experimental Psychology : Human Learning and Memory*, 5, 460-471.
Underwood, B. J. (1957). Interference and forgetting. *Psychological Review*, 64, 49-60.

10 章

Anderson, J. R., & Bower, G. H. (1972). Recognition and retrieval processes in free recall. *Psychological Review*, 79, 97-123.
Bower, G. H. (1981). Mood and memory. *American Psychologist*, 36, 129-148.
Bower, G. H., Monteiro, K. P., & Gilligan, S. G. (1978). Emotional mood and context for learning and recall. *Journal of Verbal Learning and Verbal Behavior*, 17, 573-587.
Eich, J. E., & Metcalfe, J. (1989). Mood-dependent memory for internal versus external events. *Journal of Experimental Psychology : Learning, Memory and Cognition*, 15, 443-455.
Eich, J. E., Weingartner, H., Stillman, R. C., & Gillin, J. C. (1975). State-dependent accessibility of retrieval cues in the retention of a categorized list. *Journal of Verbal Learning and Verbal Behavior*, 14, 408-417.
Gardiner, J. M., & Java, R. I. (1990). Recollective experience in word and nonword recognition. *Memory and Cognition*, 18, 23-30.
Gardiner, J. M., & Java, R. I. (1991). Forgetting in recognition memory with and without recollective experience. *Memory and Cognition*, 19, 617-623.
Godden, D. R., & Baddeley, A. D. (1980). When does context influence recognition memory? *British Journal of Psychology*, 71, 99-104.
Goodwin, D. W., Powell, B., Bremer, D., Hoine, H., & Stern, J. (1969). Alcohol and recall : State dependent effects. *Science*, 163, 1358-1360.
Kintsch, W. (1970). Models for free recall and recognition. In D. A. Norman (Ed.), *Models of*

human memory. Academic Press.

Mandler, G. (1980). Recognising : The judgement of a previous occurence. *Psychological Review*, 27, 252–271.

プルースト, M. 井上究一郎（訳）. (1984). プルースト全集1　失われた時を求めて　第一編　スワン家のほうへ　筑摩書房

Shepard, R. N. (1967). Recognition memory for words, sentences, and pictures. *Journal of Verbal Learning and Verbal Behavior*, 6, 156–163.

Smith, S. M. (1979). Remembering in and out of context. *Journal of Experimental Psychology : Human Learning and Memory,* 5, 460–471.

Teasdale, J. D., & Fogarty, S. J. (1979). Differential effects of induced mood on retrieval of pleasant and unpleasant events from episodic memory. *Journal of Abnormal Psychology*, 88, 248–257.

Tulving, E. (1983). *Elements of episodic memory.* Oxford University Press.

Tulving, E., & Osler, S. (1968). Effectiveness of retrieval cues in memory for words. *Journal of Experimental Psychology*, 77, 593–601.

Watkins, M. J., & Tulving, E. (1975). Episodic memory : When recognition fails. *Journal of Experimental Psychology : General*, 104, 5–29.

Williams, M. D., & Hollan, J. D. (1981). The process of retrieval from very long-term memory. *Cognitive Science*, 5, 87–119.

11 章

Anderson, J. R., & Sheu, C. F. (1995). Causal inferences as perceptual inferences. *Memory and Cognition*, 23, 510–524.

Bruner, J. S., Goodnow, J. J., & Austin, G. A. (1956). *A study of thinking.* Wiley.

Gelman, S. A., & Markman, E. M. (1986). Categories and induction in young children. *Cognition*, 23, 183–209.

Gentner, D., & Gentner, D. R. (1983). Flowing waters or teeming crowds : Mental models of electricity. In D. Gentner, & A. Stevens (Eds.), *Mental models.* Lawrence Earlbaum Associates.

Gick, M. L., & Holyork, K. J. (1980). Schema induction and analogical transfer. *Cognitive Psychology*, 15, 1–38.

Gluck, M. A., & Bower, G. H. (1988). From conditioning to category learning : An adaptive network model. *Journal of Experimental Psychology : General*, 8, 37–50.

Hull, C. L. (1920). Quantitative aspects of the evolution of concepts. *Psychological Monographs*, 28 (Whole No.123).

Johnson-Laird, P. N. (1983). *Mental models.* Cambridge University Press.

Rosch, E. (1973). Natural categories. *Cognitive Psychology*, 4, 328–350.

Rosch, E. (1975). Cognitive representations of semantic categories. *Journal of Experimental Psychology : General*, 104, 192–233.

Schustuck, M. W., & Sternberg, R. J. (1981). Evaluation of evidence in causal inference. *Journal of Experimental Psychology : General*, 110, 101–120.

Thagard, P. M., & Nisbett, R. E. (1982). Variability and confirmation. *Philosophical Studies*, 42, 379–394.

12 章

Adams, J. A. (1971). A closed-loop theory of motor learning. *Journal of Motor Behavior*, 3, 111–

150.
Adams, J. A. (1987). Historical review and appraisal of research on the learning, retention, and transfer of human motor skills. *Psychological Bulletin*, 101, 41–74.
Adams, J. A., & Reynolds, B. (1954). Effect of shift in distribution of practice conditions following interpolated rest. *Journal of Experimental Psychology*, 47, 32–36.
Baddeley, A. D., & Longman, D. J. A. (1978). The influence of length and frequency on training sessions on the rate of learning to type. *Ergonomics*, 21, 627–635.
Bilodeau, E. A., & Bilodeau, I. M. (1958). Variable frequency of knowledge of results and the learning of a simple skill. *Journal of Experimental Psychology*, 55, 379–383.
Bryan, W. L., & Harter, N. (1897). Studies in the physiology and psychology of the telegraphic language. *Psychological Review*, 4, 27–53.
Chase, W. G., & Simon, H. A. (1973). Perception in chess. *Cognitive Psychology*, 4, 55–81.
Compton, B. J., & Logan, G. D. (1991). The transition from algorithm to retrieval in memory-based theories of automaticity. *Memory and Cognition*, 19, 151–158.
Crossman, E. R. (1959). A theory of the acquisition of speed-skill. *Ergonomics*, 2, 153–166.
Fitts, P. M. (1964). Perceptual motor skill learning. In A. W. Melton (Ed.), *Categories of human learning*. Academic Press.
Gibson, J. J., & Gibson, E. J. (1955). Perceptual learning : Differenciation or enrichment? *Psychological Review*, 62, 32–41.
de Groot, A. D. (1966). Perception and memory versus thought : Some old ideas and recent findings. In B. Kleinmunts (Ed.), *Problem solving : Research, method, and theory*. Wiley.
Keele, S. W. (1968). Movement control in skilled motor performance. *Psychological Bulletin*, 70, 387–403.
Lorge, I., & Thorndike, E. L. (1935). The influence of delay in the after-effect of a connection. *Journal of Experimental Psychology*, 18, 186–194.
Salmoni, A. W., Schmidt, R. A., & Walter, C. B. (1984). Knowledge of results and motor learning : A review and critical reappraisal. *Psychological Bulletin*, 95, 355–386.
Schmidt, R. A., (1975) A schema theory of discrete motor skill learning. *Psychological Review*, 82, 225–260.
Summers, J. J. (1989). Motor programs. In D. Holding (Ed.), *Human skills*. 2nd ed. Wiley.
Swinnen, S. P. (1990). Interpolated activities during the knowledge-of-results delay and post-knowledge-of-results interval : Effects on performance and learning. *Journal of Experimental Psychology : Learning, Memory and Cognition*, 16, 692–705.
Swinnen, S. P., Schmidt, R. A., Nicholson, D. E., & Shapiro, D. C. (1990). Information feedback for skill acquisition : Instantaneous knowledge of results degrades learning. *Journal of Experimental Psychology : Learning, Memory and Cognition*, 16, 706–716.
Thorndike, E. L. (1927). The law of effect. *American Journal of Psychology*, 39, 212–222.
Trowbridge, M. H., & Cason, H. (1932). An experimental study of Thorndike's theory of learning. *Journal of General Psychology*, 7, 245–260.
Winstein, C. J., & Schmidt, R. A. (1990). Reduced frequency of knowledge of results enhances motor skill learning. *Journal of Experimental Psychology : Learning, Memory, and Cognition*, 16, 677–691.

人名索引

ア 行
アダムズ（Adams, J. A.） 220
アトキンソン（Atkinson, R. C.） 100, 101
アンダーウッド（Underwood, B. J.） 164

ヴント（Wundt, W.） 3

エビングハウス（Ebbinghaus, H.） 4, 5, 91, 158, 159, 179

オールトン（Olton, D. S.） 89

カ 行
クレイク（Craik, F. I. M.） 153

ケーラー（Köhler, W.） 7, 50

ゴールトン（Galton, F.） 173
コンラッド（Conrad, R.） 100

サ 行
ジェームズ（James, W.） 97
ジェンキンズ（Jenkins, J. G.） 161
ジェンキンズ（Jenkins, J. J.） 152
シフリン（Shiffrin, R. M.） 100, 101
シュミット（Schmidt, R. A.） 220
ジョンソン-レアード（Johnson-Laired, P. N.） 201

スキナー（Skinner, B. F.） 36, 45, 72
スパーリング（Sperling, G.） 92, 93
スペンス（Spence, K. W.） 51

ソーンダイク（Thorndike, E. L.） 5, 91, 213

タ 行
タルビング（Tulving, E.） 120, 122, 123, 185, 192
ダレンバック（Dallenbach, K. M.） 161

ティンバーゲン（Tinbergen, N.） 78, 84

ドゥンカー（Duncker, K.） 207
トールマン（Tolman, E. C.） 74

ナ 行
ナイサー（Neisser, U.） 94, 95, 144

ハ 行
ハイド（Hyde, T. S.） 152
バウアー（Bower, G. H.） 188
パヴロフ（Pavlov, I. P.） 6, 13, 24, 91
バッドレー（Baddeley, A. D.） 106, 114, 117
バートレット（Bartlett, F. C.） 146, 169

ハル（Hull, C. L.） 72, 74, 196

ピーターソン（Peterson, K. R.） 97, 101, 103

ファーブル（Fabre, J. H.） 1
ブラウン（Brown, J.） 97
ブラウン（Brown, R.） 143
プルースト（Proust, M.） 181
ブルナー（Bruner, J. S.） 197
プレマック（Premack, D.） 73
フロイト（Freud, S.） 177
ブロードベント（Broadbent, D. E.） 97

ペイビオ（Paivio, A.）　155

マ 行
マギュウ（McGeoch, J. A.）　162, 164
マッキントッシュ（Mackintosh, N. J.）　32
マンドラー（Mandler, G.）　189

ミラー（Miller, G. A.）　142

ラ 行
ラッシュレー（Lashley, K. S.）　54, 88

ルビン（Rubin, D. C.）　175

レスコーラ（Rescorla, R. A.）　29, 32

ロックハート（Lockhart, R. S.）　153
ロッシュ（Rosch, E.）　200
ロフタス（Loftus, E. F.）　171, 172
ローレンツ（Lorenz, K.）　78

ワ 行
ワグナー（Wagner, A. R.）　29
ワトソン（Warson, J. B.）　3

事項索引

ア　行

アイコニック・メモリー　94
アメフラシ　33, 87, 88

維持リハーサル　153
1次記憶　97
移調　50
意図　149
偽りの記憶　172
意図学習　150
意味記憶　120
意味コード化　105
意味処理　151, 156
イメージ　138〜142
因果関係　203
隠蔽　28

ウォームアップ効果　218
運動学習　210
運動技能　210, 211
運動のプログラム　221

エコーイック・メモリー　95
エピソード記憶　120
エピソディック・バッファー　114
演繹推理　193
延滞条件づけ　17

オペラント条件づけ　36
オミッション　62
音韻コード化　105
音韻処理　156
音韻の貯蔵庫　107
音韻類似効果　110
音韻ループ　107, 109

カ　行

回顧記憶　126
ガイダンス仮説　213
外的強化　77
外的フィードバック　212
解発刺激　84
概念　195, 196
概念学習　196
概念形成　196
回避学習　67
回避学習の2要因説　69
開ループ理論　221
学習解除　164
学習曲線　224
学習性無気力　43
学習の転移　225
加算説　51
仮説検証　197
カテゴリー　57, 195
カテゴリー化　195
感覚記憶　100
感覚のレジスタ　100
間欠強化　62
眼瞼条件づけ　15
観察学習　77
干渉　162
感性予備条件づけ　24

記憶痕跡　161
記憶術　141
記憶の分布　173
記憶範囲　99
機会設定　24
機会設定子　25
既知感　131
技能　210
帰納推理　193, 194

機能的 MRI　116
帰納による学習　195
気分　187
気分依存効果　188
気分一致効果　188
逆向干渉　163, 164
逆行条件づけ　19
逆行性健忘　105
鏡映描写　121
強化　38, 61, 72
強化子　38, 62
強化随伴性　83
強化スケジュール　62
局所的表現　129

偶発学習　150
繰返しのプライミング　122
クリティカル語　173
グループ化　137

継時弁別学習　50
形態処理　156
系統的脱感作法　34
系列位置曲線　102
結果の知識　212
結果の知識の遅延　213
嫌悪刺激　67, 69
嫌悪療法　34
顕在記憶　121
検索　92, 181
減衰説　161
健忘症　124

効果の法則　6
行動主義　3
コード化　91, 100
語幹完成テスト　124
刻印づけ　78
語長効果　110
古典的条件づけ　6, 8, 13, 14
痕跡条件づけ　18

サ 行

再学習法　5, 159
再構成　169
再生　121, 181
再生可能な単語の再認の失敗　185
再認　121, 181
再認の失敗　185
細胞体　85
作業記憶　106
作動記憶　106

シェーピング　39
視覚情報保存　94
視覚的イメージ　138
視覚的感覚記憶　92, 94
時間条件づけ　18
時間的接近　25, 42
視空間メモ帳　107, 111
軸索　85
軸索末端　85
刺激―刺激の連合　23
刺激次元への注意　56
刺激の等価性　58
刺激般化　22
刺激―反応の連合　23
次元外移行　57
次元内移行　57
思考　193
試行錯誤　5
自己強化　77
事後情報効果　171
自然概念　199
質的な結果の知識　212
シッドマン型の回避学習　68
自伝的記憶　127, 174
自動形成　58
シナプス　87
自発的回復　14
シャドーイング　96
自由オペラント回避学習　68
自由再生　102, 135
集中学習　134, 217
主観的体制化　138

事 項 索 引

樹状突起　85
種に固有の防衛反応　83
順向干渉　163～165
準備性　83
瞬目条件づけ　14, 25
消去　38
消去抵抗　65
条件刺激　15
条件情動反応　17
条件性強化　39
条件性強化子　39
条件反射　8, 20
条件抑制　16, 17
状態依存の検索　187
ショックの遅延　68
初頭効果　102
処理水準　154
処理水準説　152, 153, 156
自律神経系の反応のオペラント条件づけ　46
新近効果　102

随伴性　25, 42
推理　193
推論　193
スキーマ　146, 147, 169
スキナー箱　37
スキャロップ　65
スクリプト　147
ストラテジー　197, 222
刷り込み　78

正刺激　50
生成再認理論　182
精緻化　155
精緻化リハーサル　153
正の強化　61
正の転移　225
生物学的制約　80, 82
節約法　5, 158
節約率　159
宣言記憶　121
前行性健忘　105

潜在学習（implicit learning）　74
潜在学習（latent learning）　74
潜在記憶　121
潜在消去　32
全体報告法　94

タ　行

対応法則　66
代理学習　77
代理強化　77
ターゲット　181
多重貯蔵庫モデル　101
短期記憶　97
短期記憶貯蔵庫　100
短期記憶の忘却　99
短期記憶の容量　99
断片完成課題　122

チェス　223
遅延見本合わせ　115
知覚運動学習　210
知覚学習　224
知覚技能　211, 223
チャンク　100, 137, 138
中央実行系　107, 114
中枢神経系　87
中性刺激　13
調音のコントロール・システム　107
調音の抑制　110
聴覚的感覚記憶　95
長期記憶　97, 119
長期増強　87
直接記憶範囲　99
直接プライミング　122
貯蔵庫　100

追跡回転盤　120, 218
対連合学習　139, 164

定時間隔スケジュール　62
ディストラクター　182
ティップ・オブ・ザ・タン状態　131
定比率スケジュール　63

低頻度分化スケジュール　63
手がかり再生　121, 181, 183
適切次元　56
手続き記憶　120
転移適切処理　156, 157
展望記憶　125, 126

動因　72
動因低減説　73
動機づけの相反過程説　22
同時弁別学習　50
道具的条件づけ　36
洞察　7
洞察学習　7
逃避学習　67
トークン　41
トゲウオの攻撃行動　84

ナ　行

内的フィードバック　212
慣れ　33

2次記憶　97
2次条件づけ　19
2重課題法　108
ニューロン　85
認知技能　210, 221
認知論　3

脳　87
脳の報酬領域　77

ハ　行

ハイパームネジア　179
パヴロフ型条件づけ　6, 14
場所法　141
罰　61, 70
発話プロトコル　189
ハトのワーキング・メモリー　115
般化　22, 48
般化勾配　49
反応競合　164
ハンフレイ効果　65

範例理論　202

ピークシフト　53
非侵襲的手法　116
表現　127
表象　128
敏感化　33
敏感期　78

フィードバック　213, 216, 217
フィードバックの遅延　214
複合刺激　28
複合刺激の条件づけ　31
符号化　91
符号化特定性原理　183, 185
負刺激　50
不使用説　161
不適切次元　56
負の強化　61
負の自動反応維持　58
負の転移　225
部分強化　62
部分強化効果　65
部分報告法　93, 95
プライミング　122, 124
フラッシュバルブ記憶　143
プレマックの原理　73
ブロッキング　28
プロトタイプ　199〜201
分散学習　134, 218
分散化効果　134, 135
分散的表現　129
文脈　165, 183

並立スケジュール　66
閉ループ理論　220
ベキ関数　224
ペグ法　142
変動間隔スケジュール　63
変動比率スケジュール　63
弁別　50
弁別学習　50

事項索引

忘却　158
忘却曲線　159
方向づけ課題　150
放射状迷路　89
放射線問題　207
保持　91
保存　91

マ　行

味覚嫌悪学習　80
見本合わせ　115

無意味綴り　5, 158
無条件刺激　15
無条件反射　8, 14

迷信　45
迷信行動　45
命題　128
メタ記憶　130
メンタル・モデル　201

目撃者の証言　171
モデリング　77
問題解決　207
問題箱　5

ヤ　行

幼児期健忘　176
陽電子断層装置　116
抑制の条件づけ　20
抑制比　17

ラ　行

リーディング・スパン　116
離散課題　211
離散試行回避学習　67
リハーサル　101, 104, 153
量作用　88
量的な結果の知識　212
リリーサー　84
臨界期　78

類推　205
累積記録器　64

レスコーラとワグナーのモデル　29
レスコーラとワグナーの理論　202
レスポンデント条件づけ　14
レミニセンス　179, 218
連合学習　33
連合強度　29
連続課題　211
連続強化　62
連続対連合学習　136

ワ　行

ワーキング・メモリー　106

英　字

DRMパラダイム　173
fMRI　116
PET　116

著者略歴

篠原 彰一
（しのはら しょういち）

1963年　東京大学大学院人文科学研究科
　　　　修士課程修了
　　　　自治医科大学助教授，東京都立大学教授，
　　　　帝京大学教授，学習院大学教授を経て
　　　　東京都立大学名誉教授
2015年　逝去

主要編著書
「適応行動の基礎過程」（編著）（培風館，1989）

新心理学ライブラリ＝6
学習心理学への招待 ［改訂版］
—— 学習・記憶のしくみを探る ——

1998年6月25日	©	初　版　発　行
2008年2月10日		初版第12刷発行
2008年9月25日	©	改訂版第1刷発行
2018年3月10日		改訂版第9刷発行

著　者　篠原彰一　　　発行者　森平敏孝
　　　　　　　　　　　印刷者　杉井康之
　　　　　　　　　　　製本者　小高祥弘

発行所　株式会社　サイエンス社

〒151-0051　東京都渋谷区千駄ヶ谷1丁目3番25号
営業　☎(03) 5474-8500（代）　振替00170-7-2387
編集　☎(03) 5474-8700（代）
FAX　☎(03) 5474-8900

印刷　株式会社ディグ　　製本　小高製本工業

《検印省略》

本書の内容を無断で複写複製することは，著作者および
出版者の権利を侵害することがありますので，その場合
にはあらかじめ小社あて許諾をお求め下さい．

ISBN978-4-7819-1204-2

PRINTED IN JAPAN

サイエンス社のホームページのご案内
http://www.saiensu.co.jp
ご意見・ご要望は
jinbun@saiensu.co.jp まで